Como Fazer Apresentações

O guia completo para
apresentar suas ideias e influenciar as pessoas
utilizando técnicas que realmente funcionam

MICHELLE BOWDEN

Como Fazer Apresentações

O guia completo para
apresentar suas ideias e influenciar as pessoas
utilizando técnicas que realmente funcionam

Tradução:
Bianca Rocha

Publicado originalmente em inglês sob o título *How to Present – The Ultimate Guide to Presenting Your Ideas and Influencing People Using Techniques That Actually Work*, por John Wiley & Sons.
© 2013, Michelle Bowden.
Direitos de edição e tradução para o Brasil.
Tradução autorizada do inglês.
© 2013, Madras Editora Ltda.

Editor:
Wagner Veneziani Costa

Produção e Capa:
Equipe Técnica Madras

Foto da Autora:
Jeff Mackay

Ilustrações p. 225-227:
Russel Jones

Ilustrações Internas:
Peter Reardon, pipelinedesign.com.au

Tradução:
Bianca Rocha

Revisão da Tradução:
Bianca Capitanio

Revisão:
Arlete Genari
Neuza Rosa
Maria Cristina Scomparini

Dados Internacionais de Catalogação na Publicação (CIP)
(Câmara Brasileira do Livro, SP, Brasil)

Bowden, Michelle
    Como fazer apresentações : o guia completo para apresentar suas ideias e influenciar as pessoas utilizando técnicas que realmente funcionam / Michelle Bowden ; tradução Bianca Rocha. -- São Paulo : Madras, 2013.

    Título original: How to present.
    ISBN 978-85-370-0888-1

    1. Apresentações empresariais 2. Comunicação nos negócios 3. Comunicação oral 4. Falar em público I. Título.

13-12978   CDD-658.452

Índices para catálogo sistemático:
    1. Apresentações : Comunicação oral : Administração 658.452

É proibida a reprodução total ou parcial desta obra, de qualquer forma ou por qualquer meio eletrônico, mecânico, inclusive por meio de processos xerográficos, incluindo ainda o uso da internet, sem a permissão expressa da Madras Editora, na pessoa de seu editor (Lei nº 9.610, de 19.2.98).

Todos os direitos desta edição, em língua portuguesa, reservados pela
MADRAS EDITORA LTDA.
Rua Paulo Gonçalves, 88 — Santana
CEP: 02403-020 — São Paulo/SP
Caixa Postal: 12183 — CEP: 02013-970
Tel.: (11) 2281-5555 — Fax: (11) 2959-3090
www.madras.com.br

Dedico este livro às três pequenas mulheres da minha vida – minhas lindas, obstinadas e confiantes filhas, Holly, Madeline e Annabelle. Meu desejo é que vocês cresçam para se tornarem mulheres felizes, saudáveis e decididas, que alcancem seu potencial por meio de uma comunicação corajosa.
E para você, Ian, pois sem você este livro não existiria!

Elogios ao sistema de Michelle Bowden para excelentes apresentações

Consegui meu patrocínio de um milhão de dólares! Muito obrigado, Michelle. Utilizei seu programa como guia e ele funcionou muito bem!
Neil McWhannell – diretor-executivo, HeartKids Australia

Michelle é cativante, empolgante e desafiadora. Seu trabalho com os membros de minha equipe de vendas realmente abriu os olhos deles para as oportunidades. Eles nunca mais aceitarão a palavra "não"!
Dan McArthur – gerente geral, National Surgical

Michelle é uma poderosa palestrante que demonstra como influenciar e criar mudanças em uma organização. Eu a recomendo muito como melhor especialista em apresentações e influências na Austrália.
Rob Dickerson – diretor de vendas, Menarini Australia

Michelle é atenciosa e perspicaz, sua energia é maravilhosa. Eu adorei a estrutura, o conteúdo, as regras e a fórmula para elaborar as apresentações. É excelente que os ensinamentos sejam baseados em uma teoria sólida e em anos de aplicação prática.
Dr. Matt Cahill, líder em pesquisa e desenvolvimento (P&D) na Austrália e Nova Zelândia, Dow AgroSciences

Michelle Bowden é simplesmente uma criadora de estrelas! Ela consegue transformar carvão em diamante, e estou muito impressionado. Habilidades em Apresentações Influentes é uma mistura impressionante de teoria e prática. Os 13 passos que ela percorre são lógicos e poderosos, e o tema todo é excelente. O impacto verdadeiro é seu estilo de ensinar. Ela tem um método muito bom e mantém tudo leve, otimista e cheio de energia. Você nunca olha para o relógio nem se sente desconfortável. Se você precisa fazer qualquer tipo de apresentação, este curso é absolutamente necessário!
Justin Tamsett – diretor e conferencista internacional

Gostei de tudo a respeito do sistema de Michelle. Ele me fez sair de minha zona de conforto e me expandir. Adquiri muitas dicas e sugestões práticas que são importantes para as atividades diárias, para a comunicação e, claro, para as apresentações. Muito obrigada!
Candice Fitzgerald – gerente de operações clínicas, Produtos Roche

Sinto que fomos apresentados aos segredos dos palestrantes excepcionais! Fui ao curso de Michelle sem saber exatamente o que esperar. Descobrir que Michelle Bowden é uma instrutora de habilidades em apresentações muito simpática, dinâmica e inteligente, superou qualquer expectativa que eu poderia ter. O programa foi divertido, abrangente e favorável aos participantes. Um importante sistema foi apresentado e praticado. Todos os participantes receberam muita atenção, feedback *positivo e dicas de treinamento. Muito obrigado, Michelle!*

Peter Phillips – gerente de suporte de estudos clínicos, Servier Laboratories

Brilhante. Simplesmente brilhante! Adorei o conteúdo. Tão desafiador e tão surpreendente. Quando eu dominar os 13 passos e eles se tornarem um costume, serei imbatível. Gostei que o método de Michelle pode ser utilizado tanto na comunicação geral quanto nas apresentações. Conseguirei aplicá-lo em todos os aspectos da minha vida.

Jennifer Lymer – gerente comercial nacional, Coca-Cola Amatil

Tenho trabalhado com Michelle nas últimas duas décadas para aperfeiçoar minhas habilidades em apresentações. Ao longo dos anos, o método de Michelle se tornou um costume. Atualmente, utilizo padrões de linguagem avançada com uma estrutura e um estilo de comunicação que permitem que eu expresse ideias de forma influente em qualquer situação.

Pauline Blight-Johnston – diretora administrativa, RGA Reinsurance Company

Bem! Por onde eu começo? Michelle é uma das instrutoras de habilidades em apresentações mais proeminentes e empolgantes com as quais já trabalhei. Sua energia é contagiante e seu método é muito eficiente. Ela não apenas ensina, envolve-se com as pessoas e faz com que obtenham um resultado produtivo. Uma ótima combinação de humor, anedotas, prática e teoria resultam em uma melhor apresentação praticamente garantida. Depois, ela mantém contato pessoalmente para garantir que você esteja praticando suas novas habilidades.

Brenton Smith – vice-presidente de vendas na região Ásia-Pacífico, Japão, Symantec.cloud

Índice

Prefácio 11

Sobre a autora 13

Obrigada! 15

Bem-vindo a este livro! 17

Capítulo 1 – Visão geral das apresentações influentes 23

Etapa 1: Análise – Seja claro em suas metas 39

Capítulo 2 – O que você pretende alcançar com
sua apresentação? 41

Etapa 2: Criação – Escreva sua apresentação 59

Capítulo 3 – Estruture sua mensagem 61

Capítulo 4 – Crie sua apresentação 73

Capítulo 5 – Escreva sua apresentação em 13 passos 83

Capítulo 6 – Fique atento à sua linguagem! 145

Capítulo 7 – A arte de contar histórias 161

Etapa 3: Comunicação – Cative seu público 177

Capítulo 8 – Prepare sua mente 179

Capítulo 9 – Prepare seu corpo e sua voz 189

Capítulo 10 – Conecte-se com seu público 199

Capítulo 11 – Fale com confiança.. 207
Capítulo 12 – Linguagem corporal... 215
Capítulo 13 – Envolva e entretenha!.. 231
Capítulo 14 – Lidando com pessoas difíceis................................ 243
Capítulo 15 – Utilizando recursos visuais 251
Capítulo 16 – Preparando a sala... 273
Capítulo 17 – Obtenha *feedbacks* positivos 279
Capítulo 18 – Resumo das dicas de como Fazer Apresentações... 285
Agora é com você 299
Fontes.. 301
Índice Remissivo.. 303

Aviso legal

O material nesta publicação é somente de natureza de comentários gerais e não representa um aconselhamento profissional. Não tem a intenção de oferecer uma orientação específica para circunstâncias particulares e não deve ser utilizado como base para qualquer decisão de adotar ou não uma ação sobre qualquer assunto tratado. Os leitores devem obter aconselhamento profissional, quando apropriado, antes de tomarem qualquer decisão. No limite máximo permitido pela lei, o autor e o editor se eximem de toda responsabilidade e obrigação referente a qualquer pessoa, resultando direta ou indiretamente de uma pessoa adotar ou não uma ação baseada nas informações contidas nesta publicação.

Prefácio

Existem dois momentos na vida em que você está totalmente sozinho: um pouco antes de morrer e um pouco antes de fazer um discurso ou uma apresentação.

Admita: esses momentos antes de ser chamado à frente de uma sala ou ao palco para se dirigir a um público podem ser absolutamente atemorizantes.

Mas não precisa ser desta forma.

Parece difícil de acreditar, mas existem pessoas que, além de *não terem medo* de fazer uma apresentação, na verdade *sentem prazer* em fazer isso.

Há pessoas que não hesitam ou ficam sem jeito durante uma apresentação. Elas transmitem sua mensagem de forma eloquente e sem esforço. E existem pessoas que se impressionam com suas palavras.

E este é o ponto crucial: essas pessoas não nasceram excelentes oradoras. Elas não saíram do útero com um microfone e algumas piadas de abertura. Aprenderam a falar de forma brilhante, passo a passo.

E você também pode.

Com certeza é uma habilidade que vale a pena dominar. Aqueles que conseguem se apresentar bem, geralmente, ganham mais, são promovidos mais rápido e obtêm o que querem com mais frequência. No mundo corrido em que vivemos, geralmente, aqueles que conseguem organizar melhor seus pensamentos obtêm todas as recompensas.

Então, parece que você tem duas escolhas: esconder seus talentos ou dominar a oratória e aprender a técnica do discurso de uma vez por todas.

Escolha a segunda opção e seu desafio será simples: encontrar um excelente professor. Por que isso é tão simples? Porque você já está segurando um em suas mãos.

O livro de Michelle Bowden é uma obra-prima sobre o assunto. Ela não somente sabe tudo sobre como fazer apresentações de forma culta, divertida e poderosa, como também sabe como ensinar sua riqueza de conhecimento de maneira animada e que permanece com você ao se comunicar na vida.

Então, se você já quis impressionar um público e fazer com que ele prestasse muita atenção a cada palavra sua, parabéns – você encontrou o livro que pode ajudá-lo a conseguir exatamente isso.

Aprenda suas importantes lições e, em breve, dará discursos que deixarão as outras pessoas sem palavras.

Siimon Reynolds
Empresário, autor e palestrante profissional

Sobre a autora

87% dos executivos admitem ficar devaneando durante reuniões e conversas importantes.*

75% das pessoas dizem acreditar que receberiam mais respeito por seu conhecimento e sua capacidade se fossem melhores comunicadores.

Infelizmente, apenas 28% das pessoas dizem que a reunião mais recente da qual elas participaram fez com que tomassem uma atitude – 72% voltaram para suas mesas e não mudaram nada.

Se você já pensou que gostaria de aperfeiçoar a maneira como se comunica com as pessoas ao seu redor, para que suas relações se tornassem mais fáceis... vai adorar trabalhar com Michelle!

Michelle Bowden (mestre em educação de adultos) é especialista em habilidades em apresentações e técnicas para influenciar. É uma das 35 palestrantes profissionais certificadas na Austrália. Essa é a mais alta designação para oradores no mundo. Michelle foi indicada nos últimos quatro anos ao Educator Award for Excellence; é escritora prolífica e consultora de uma lista de importantes clientes internacionais. É autora de

---

* Professor John Croucher (especialista em estatística e professor de administração na MGSM).

STOP! Your PowerPoint is Killing Me! How to Present – Tips from the Masters e *Don't Picture Me Naked* (uma versão anterior deste livro).

Como diretora de uma empresa de treinamento nacional muito solicitada, especializada em soluções em habilidades em apresentações e técnicas para influenciar, Michelle tem transmitido seu treinamento de habilidades em apresentações influentes a milhares de pessoas com uma precisão sempre inovadora. Ela também é bem conhecida por seu treinamento executivo, para auxiliar diretores-executivos e executivos seniores de empresas listadas na Fortune 500 a alavancarem suas ideias ao nível de conselho e conseguirem grandes vendas.

Michelle é renomada por alcançar resultados por meio do aprendizado e do riso. E agora é sua vez de ser beneficiado pela sua experiência por intermédio deste livro!

Para saber mais sobre Michelle Bowden, ou sobre seus treinamentos, conferências ou produtos disponíveis, por favor, entre em contato com ela:

Site: <www.michellebowden.com.au>
Telefone: +61 412 391 170
E-mail: *michelle@michellebowden.com.au*

Obrigada!

Estive cercada por adultos fortes, poderosos e inspiradores desde jovem, e cada uma dessas pessoas me encorajou a ficar firme e atingir meu potencial. Atualmente, como especialista em habilidades em apresentações e técnicas para influenciar, estou continuamente em contato com indivíduos surpreendentes, corajosos e inspiradores, que agora são meus amigos, colegas e modelos exemplares. Quanta sorte eu tenho! Mal posso acreditar que convivo com pessoas tão motivadoras.

Este livro é um reflexo de muitas das coisas que todos vocês me ensinaram, e por meio desta obra todos iremos continuar a inspirar outras pessoas a caminhar e emitir sua luz aos outros, de forma que se esforcem para dar seu melhor. Obrigada por sua inspiração.

A todos os meus incríveis clientes (alguns deles aparecem nas minhas análises de caso neste livro) – são vocês que mantêm a chama acesa. Vocês me desafiam e me ajudam a caminhar, enquanto eu os ajudo a se tornarem melhores. Desejo-lhes toda a força e a coragem do mundo.

Agradeço do fundo do meu coração à minha maravilhosa mãe, por ter revisado meu manuscrito inicial. Eu te amo, mãe.

Obrigada, Syann Williams, extraordinária fonoaudióloga, por todo seu apoio e ensinamento. Syann é uma especialista em ajudar as pessoas a revelar sua voz mais confiante, autêntica e carismática. Você pode saber mais sobre Syann no *site:* <www.vivavoce.com.au>.

Uma menção especial às pessoas com os melhores ouvidos feitos para ouvir: Toni Esser, por sua generosa e profissional formatação de texto da versão original de *Don't Picture Me Naked*, e o generoso Dale Beaumont, que me ajudou no processo de escrita do meu primeiro livro. O que eu teria feito sem a maravilhosa Melissa Williscroft, que revisou meu manuscrito por inteiro e me ajudou a digitar algumas partes reescritas nesta nova e melhorada versão do meu livro? Mel – "obrigada" não é o suficiente –, você é uma salva-vidas! Meu agradecimento de coração a Lucy Raymond, da Wiley, que enxergou o potencial deste manuscrito como uma força para mudar o mundo. E viva a toda a equipe da Wiley, que me ajudou a reescrever um grande livro que realmente ajudará as pessoas a se manterem firmes e serem ouvidas em suas vidas. Eu amo todos vocês!

Bem-vindo a este livro!

Você já pensou por que algumas pessoas parecem alcançar rapidamente os níveis hierárquicos mais altos nos negócios, mesmo quando existem outros candidatos mais experientes e especializados? Ou já percebeu que, quando se trata dos melhores empregos, algumas pessoas parecem conseguir todos?

Nas reuniões, por que algumas poucas pessoas têm a habilidade de dizer exatamente o que querem dizer com aquela confiança, clareza e influência, mesmo quando estão sob pressão? Como conseguem fazer isso? Elas têm algum tipo de mágica ou segredo?

Você já participou de uma reunião de negócios em que parecia que o orador estava apenas delirando sobre nada muito interessante? Para você, parecia que ele estava falando "blá, blá, blá"? Você queria estar em outro lugar?

Você já conduziu uma reunião na qual podia ver as pessoas do público desanimadas enquanto você falava, fazendo-o se sentir frustrado e inadequado? E você também queria estar em outro lugar?

Quanto mais executivos e diretores bem-sucedidos eu conheço, mais percebo que, independentemente de sua inteligência e astúcia nos negócios, essas pessoas bem-sucedidas sabem como apresentar suas ideias de maneira influente e convincente. Elas sabem como demonstrar sua capacidade profissional. Sabem como estruturar seus pensamentos e se conectar com as pessoas, e dizem o que querem dizer de uma maneira que cativa seu público. Elas inspiram e convencem seu público a tomar uma atitude!

> **DICA**
>
> *Michelle diz...*
> *Todo mundo pode ser um excelente palestrante!*

Como especialista em habilidades em apresentações, tive a oportunidade de trabalhar com muitos milhares de pessoas. Minhas experiências me ensinaram que a maioria delas não tem nenhuma ciência das centenas de pequenas dicas, técnicas e segredos que podem ser combinados para criar um excelente influenciador, que alcança resultados animadores. Observei que, uma vez que as pessoas sabem o que fazer para influenciar seu público e realmente fazem isso, elas automaticamente aumentam seu sucesso no trabalho e em casa.

Testemunhei o desenvolvimento exponencial da autoestima e da confiança das pessoas, conforme elas alcançavam resultados que nunca pensaram ser possíveis em suas conferências e apresentações. Conheço muitas pessoas que agora realizam mais negócios e são mais bem-sucedidas nas entrevistas de emprego.

E é por isso que escrevi este livro abrangente. Meu desejo é que você, não importa se já é um palestrante eficiente ou não, leia esta obra e utilize-a frequentemente para guiá-lo e inspirá-lo, a fim de alcançar melhores resultados para si mesmo, para sua organização e para seu público.

Diferente de outros livros sobre habilidades em apresentações, este é escrito com um método passo a passo para empresários que desejam apresentar suas ideias com confiança, clareza e influência. Este é o meu programa Habilidades em Apresentações Influentes, um curso de dois dias transformador e indicado a prêmios. Para decidir quais das muitas informações eu incluiria neste livro, utilizei as perguntas que meus clientes me fizeram ao longo dos anos, conforme aprendíamos juntos em minhas sessões de orientação e treinamento. Que eu tenha conhecimento, não existe nada igual no mercado, no qual empresários são apresentados a um método simples, extremamente prático e passo a passo, para se manterem firmes no trabalho e apresentarem suas ideias.

Abordo as apresentações a partir de uma perspectiva completamente prática e pronta para ser aplicada, baseada em muitas décadas de experiência como treinadora de habilidades em apresentações, mentora, oradora e escritora. Tenho paixão em ver as pessoas se apresentando de forma melhor do que acreditavam ser possível, e estou muito contente com esta oportunidade de compartilhar minha especialidade e experiência com você. Minha intenção é simplificar a habilidade de se apresentar e ensinar o que você precisa fazer, um passo de cada vez, para se manifestar de maneira incrível!

O sucesso nos negócios me estimula. Existem tantos empresários poderosos e competentes com muito a oferecer no trabalho. Este livro não somente abrirá seus olhos para as possibilidades, como também fornecerá dicas, técnicas e segredos para garantir que isso aconteça com você!

Existem técnicas inestimáveis nos capítulos seguintes. Por que elas são inestimáveis? Porque tratam de todos os erros muito comuns que os palestrantes podem cometer. Antes de continuarmos, reserve um momento para analisar minha lista dos dez erros mais comuns em apresentações.

Os dez principais erros em apresentações de negócios

Aqui estão as dez principais coisas que os palestrantes cometem o erro em não praticar.

1. Perceber que não se trata deles, trata-se do público – a maioria dos palestrantes está muito focada em si mesma.

2. Lembrar-se: "Eu estou no controle" – muitos palestrantes não percebem que devem estar completamente no controle de si mesmos, de sua mensagem e de seu ambiente se querem aumentar a probabilidade de mudança de comportamento em seu público.

3. Analisar seu público antes de escrever o roteiro – na verdade, muitos palestrantes nem mesmo pensam sobre quem estará presente em seu público e como isso pode mudar a maneira como eles deveriam transmitir suas mensagens.

4. Ensaiar – infelizmente, a maioria dos palestrantes corre de uma reunião para outra, tendo pouco tempo até mesmo para pensar sobre o que vão falar, ensaiarem sozinhos em voz alta para verificar como irá soar.

5. Preparar-se – se você já tropeçou pelas palavras, sabe como isso pode atrapalhá-lo e fazer se sentir nervoso; e, quando você tropeça nas palavras, isso também reduz sua credibilidade.

6. Conectar-se com seu público – eles fazem do PowerPoint sua apresentação e começam a lê-lo para seu público. "Morte por PowerPoint" inclui confiar muito em *slides* com informações que ninguém consegue ler, um método que não funciona.

7. Usar o corpo para sustentar sua mensagem – por exemplo, eles colocam suas mãos sobre a virilha, posição que é conhecida como folha de figueira, pegada na virilha ou nudista relutante – gestos distrativos tiram o foco da mensagem.

8. Olhar realmente para o público entre os *slides* – o público sabe quando você está lá por ele em vez de por você, e um contato visual indireto ou falso resultará em falta de conexão e de comprometimento com seu público.

9. Pausar – eles utilizam vícios de linguagem como "hum", "ah" e "então" em vez de pausar, maneirismos que podem fazer você parecer desconfortável e que irão diminuir o poder de sua mensagem.

10. Chamar seu público para uma ação e encerrar a apresentação com força – quando o palestrante falha ao expressar seu resultado desejado, é provável que o público simplesmente retorne ao trabalho e não mude nada.

Vamos nos assegurar de que você não cometa esses erros!

Como aproveitar ao máximo este livro

Recomendo que você leia os capítulos e faça as atividades quando possível. Depois, quando precisar fazer uma apresentação mais formal no trabalho, poderá percorrer os passos um de cada vez, garantindo que sua mensagem seja bem desenvolvida e que você aumente a probabilidade de atingir seus objetivos.

Lembre-se: não importa quão boa sua mensagem seja se ninguém estiver ouvindo. E também não importa o quanto seja inteligente, criativo ou esforçado se ninguém o estiver ouvindo. Portanto, vamos nos assegurar de que seu público o escute enquanto você está falando.

Eu estou torcendo por você! Aproveite!

Capítulo 1

Visão geral das apresentações influentes

Você tem, dentro de você, neste momento, tudo o que precisa para lidar com qualquer coisa que o mundo possa lhe expor.

Brian Tracy, palestrante motivacional

Toda apresentação importante deve ser planejada, e a boa notícia é que, quanto mais você tiver prática e habilidade em desenvolver sua mensagem, mais eficiente e produtivo irá se tornar.

Existem apenas três etapas para uma excelente apresentação:

1. Análise – etapa na qual você define o que gostaria de alcançar. É a etapa em que você define o estado atual do seu público, bem como seu estado desejado.
2. Criação – etapa na qual você desenvolve sua apresentação, certificando-se de transformar o estado atual do seu público em seu estado desejado.
3. Comunicação – etapa na qual você transmite a mensagem para seu público, de forma que ele seja convencido a tomar uma atitude.

Esse método de três etapas é baseado em resultados. No fundo, ele ajudará a inspirá-lo a:

1. impor-se e realmente ser ouvido pelas pessoas ao seu redor;
2. estruturar sua mensagem, de forma que seja clara e convincente;
3. transmitir sua mensagem com excelência (não importa quão maçante você pense que seu assunto seja!), de forma que seu público responda positivamente.

O detalhe de cada uma dessas três etapas foi ajustado durante os muitos anos em que me especializei em habilidades em apresentações e técnicas para influenciar. Ele é inspirado em minha vasta experiência, assim como no trabalho de outros teóricos e especialistas no assunto, permitindo que qualquer um que deseje aprender como fazer apresentações compreenda, rapidamente, tanto as habilidades essenciais como as avançadas, para se tornar um excelente palestrante.

> **DICA**
>
> **Michelle diz...**
> *Não importa o quanto você seja inteligente, criativo ou esforçado se ninguém o estiver ouvindo.*

O que diz a pesquisa sobre nossa habilidade de fazer apresentações na área de negócios?

Minha pesquisa de 2010, com mais de 800 entrevistados do mundo dos negócios, mostra que os membros do público são muito rígidos quando se trata de prestar ou não atenção durante uma apresentação. De forma conservadora, eles dão menos de cinco minutos para os palestrantes se mostrarem antes de se desligarem. A maioria das pessoas disse que dá menos de dois minutos para os palestrantes se mostrarem antes de se desligarem e pensarem em alguma outra coisa. Então, você não dispõe de muito tempo para se conectar com seu público, capturar sua atenção e passar uma boa impressão. É importante que você comece de maneira forte. (O capítulo 5 irá demonstrar como fazer isso.)

Quando questionados sobre os palestrantes que viram nos últimos 12 meses no local de trabalho:

- 50% dos entrevistados acharam os palestrantes um pouco entediantes.
- Apenas 52% dos entrevistados acharam que os palestrantes realizaram sua apresentação de forma que os membros do público conseguiram se conectar com sua mensagem.
- Apenas 38% dos entrevistados acharam que os palestrantes compreenderam suas necessidades como um membro do público.
- Apenas 40% dos entrevistados acharam os palestrantes cativantes.

Visão geral das apresentações influentes

• Infelizmente, apenas 28% dos entrevistados disseram que foram levados a tomar uma atitude após a apresentação mais recente a que assistiram.

A morte por PowerPoint não está funcionando!

Quando questionados sobre os palestrantes que viram nos últimos 12 meses no local de trabalho:

• 70% dos entrevistados disseram que os palestrantes geralmente confiavam muito nos *slides* de PowerPoint. Isso gerava um impacto em sua habilidade de se conectar com o público e de fazer seu assunto valer a pena ser ouvido.

• 55% dos entrevistados disseram que, no geral, os palestrantes liam seus *slides* de PowerPoint – momento em que a maioria dos membros do público preferia se desligar e pensar sobre alguma outra coisa.

Nessa pesquisa, fica claro que o público na área de negócios está solicitando um novo método para fazer apresentações que não envolva a morte por PowerPoint.

Nós sabemos que precisamos de desenvolvimento

Quando questionados sobre apresentações que fizeram no trabalho:

• Mais de 60% dos entrevistados admitiram utilizar seus *slides* para se lembrar do que dizer.

• Quase 60% dos entrevistados admitiram ficar nervosos com frequência antes de fazer apresentações, o que reduziu sua habilidade em se conectar com seu público.

• Apenas 37% dos entrevistados acham que são palestrantes influentes e persuasivos.

• 75% dos entrevistados acreditam que seriam mais respeitados por seu conhecimento e sua capacidade se fossem melhores oradores em público.

Então, o que significa tudo isso?

Significa que, normalmente, estamos indo a muitas reuniões e apresentações de trabalho entediantes, das quais o palestrante não está gostando e o público está gostando menos ainda! É importante que você se lembre de que todos podem ser excelentes palestrantes. É apenas uma questão de saber o que deve ser feito e de colocar isso em prática.

> **DICA**
>
> *Michelle diz...*
> *Tome uma atitude hoje para aperfeiçoar a maneira como você faz apresentações na área de negócios.*

Vamos esclarecer o que significa se apresentar

Acredito que se apresentar é qualquer forma de se comunicar com outra pessoa (incluindo pessoalmente, por telefone, por *e-mail* ou pela internet), individualmente ou em pequenos ou grandes grupos, e creio que nos apresentamos tanto formal quanto informalmente. Resumindo, a maioria das pessoas na área de negócios se apresenta todos os dias de suas vidas.

Apresentar-se significa conectar-se com as pessoas por meio das palavras que se escolhe dizer e da maneira como se escolhe dizê-las. Quando você se apresenta, demonstra para as pessoas quem você é e como pode ajudá-las. É uma oportunidade de ir adiante e ser notado por aquilo que você tem a oferecer. Apresentar-se proporciona uma oportunidade única para demonstrar sua capacidade profissional e acelerar sua carreira.

DICA

Michelle diz...

Apresentar-se significa conectar-se com seu público utilizando uma estrutura inteligente e uma comunicação habilidosa.

Muitas pessoas pensam em habilidades em apresentações como técnicas que ajudam a ter uma voz confiante e uma boa postura, ou que ajudam a criar seus *slides* em PowerPoint. Acredito que se apresentar não é apenas uma habilidade para falar de forma clara, com uma articulação precisa e boa postura, e com certeza não se trata de seus *slides*! Claro que fazer apresentações inclui tudo isso – mas é muito, muito mais.

Muitas pessoas confessam que seu método padrão para fazer apresentações é passar a maior parte do tempo usando seus recursos visuais ou apresentações em *slides*, e depois apenas esperar conseguir improvisar o restante. Na melhor das hipóteses, os *slides* terminam restringido a habilidade do palestrante de se conectar com seu público; na pior das hipóteses, esse método força o palestrante a simplesmente ficar em pé e ler seus *slides* para seu público. Eu tenho certeza de que você concordaria que nenhuma dessas opções é muito boa para seu público.

Palestrantes bem-sucedidos, confiantes e cativantes pensam muito sobre seu público, e têm certeza daquilo que estão tentando alcançar. Resumidamente, fazem o trabalho! Eles respeitam seu público e dominam sua arte.

Se você quer ser um palestrante confiante e influente, é importante que compreenda seu público antes mesmo de pensar em criar o que irá apresentar. Se você passar algum tempo pensando sobre qual será o estado de seu público para depois definir o que gostaria de alcançar, será mais provável que comece sua apresentação com uma estrutura de mente confiante. Você também aumentará a probabilidade de mudar o comportamento de seu público – que geralmente é a razão pela qual estamos fazendo a apresentação, certo? Independentemente se você deseja exercer influência sobre uma opinião, apresentar ideias controversas ou alterar políticas antigas ou métodos redundantes, compreender seu público irá ajudá-lo a se sentir muito mais confiante. O capítulo 2 fornecerá os detalhes sobre como fazer isso.

> **DICA**
>
> *Michelle diz...*
> *É importante que você seja tão autêntico quanto possível.*

No mundo dos negócios, muitas pessoas passam boa parte de seu tempo tentando agradar ou impressionar os outros. Se você se pegar fazendo isso, pode acabar se perdendo. Pode se tornar confuso sobre quem realmente é, e o resultado é que o público pode, então, achar difícil se conectar com você. Graças a Deus o mundo é feito de pessoas de todos os tipos. E sei que não importa quem você seja, qual seja o seu estilo, você é brilhante!

Portanto, em vez de tentar ser alguém que não é, apenas saiba que você é fantástico, e seja o melhor que pode sendo você mesmo! Em outras palavras, concentre-se em suas forças e em ser o melhor que pode ser. Este é o segredo para ter confiança, compreensão e autenticidade permanentes como um palestrante.

Lembre-se de que existem apenas três etapas para uma excelente apresentação:

• Etapa 1 – Análise
• Etapa 2 – Criação
• Etapa 3 – Comunicação

Tudo o que você precisa fazer é percorrer essas três etapas passo a passo, e vai conseguir influenciar seu público a mudar o comportamento. É simples assim!

> *Nosso medo mais profundo não é sermos inadequados. Nosso medo mais profundo é sermos poderosos além da medida... Nós nos perguntamos: "Quem sou eu para ser brilhante...?". Na verdade, quem é você para não sê-lo?*
>
> Marianne Williamson, autora e palestrante internacional

Princípios orientadores

Estes princípios orientadores devem ser seu mantra de apresentação para todos os dias nos quais você sai para trabalhar:

• Não se trata de mim. Trata-se do público!

• Eu respeito meu público, preparo-me com antecedência e me esforço para dominar minha arte.

• Sou confiante e interessante, e me esforçarei para ser tão bom quanto possível sendo meu eu autêntico.

• Não importa quão boa seja minha mensagem se ninguém estiver ouvindo! Farei o possível para ajudá-los a ouvirem.

• Apresentar-me é muito além de ter uma boa voz, uma boa linguagem corporal e alguns *slides* em PowerPoint.

• Apresentar-me significa conectar-me com as pessoas por meio das palavras que escolho dizer e da maneira como dizê-las. Eu vou escolher com cuidado!

Nervosismo e apresentações

Claro que este não seria um livro sobre habilidades em apresentações se eu não tratasse do que muitas pesquisas afirmam ser o maior medo do mundo – o medo de falar em público! Vamos abordar isso agora mesmo.

A maioria das pessoas se sente muito ansiosa antes de apresentações importantes. Para muitas, essa ansiedade pode se estender para reuniões informais de equipe ou apresentações aos colegas, mesmo se tais eventos ocorrerem com frequência.

Se você é uma das muitas pessoas que se sentem nervosas antes de uma apresentação, provavelmente sabe que esse nervosismo pode se apresentar em uma variedade de formas. Os sintomas podem ser tão moderados quanto suor nas palmas das mãos, boca seca, face corada ou fortes batidas do coração, passando por enfermidades físicas como tremedeira, vômito ou diarreia (para citar apenas algumas!). Não é de se surpreender que falar em público esteja entre alguns dos maiores medos do mundo! Esses sintomas desagradáveis podem reduzir significantemente a capacidade de satisfação que você produz ao se comunicar em nível elevado com outras pessoas.

Bem, é hora de algumas boas notícias. Fazer apresentações pode ser divertido! Na verdade, acredito que fazer apresentações *deveria* ser divertido. Controlar o nervosismo, na maioria das vezes, tem relação com seu método, independentemente se você está fazendo uma apresentação no trabalho ou em uma conferência.

Lutar ou fugir

Em 1915, o conceito de lutar ou fugir foi desenvolvido pelo dr. Walter Cannon para descrever uma resposta animal à ameaça. Basicamente, você pode pensar sobre isso desta maneira: ao se deparar com o estresse (apresentar-se é muito estressante para várias pessoas), você tem duas escolhas:

• Enfrentá-lo. Você pode enfrentá-lo; em outras palavras, pode persistir e transpor seu desconforto para derrotar o sentimento. Se você lutar, pode aproveitar ao máximo as oportunidades que se apresentam, impor-se e ser ouvido, de forma que as pessoas saibam do que você é capaz.

• Fugir. Você poderia escolher fugir, ou seja, escapar, evitar se apresentar e delegar a tarefa a um colega. Se você fugir, evitará o conflito, mas também perderá a chance de demonstrar sua capacidade profissional, e ninguém saberá o que você realmente pensa ou sente sobre o assunto, e pode acabar sendo ignorado em futuras oportunidades.

Você tem duas escolhas quando se depara com o estresse: lutar ou fugir.

Dr. Walter Cannon, professor e fisiologista norte-americano

Junte esse conhecimento sobre lutar ou fugir do dr. Cannon com o conceito descrito pelo dr. Hans Selye, que descobriu e documentou o fato de que, como humanos, sentimos dois tipos principais de estresse. O dr. Selye chamou esses dois tipos de estresse de distresse e eustresse. O distresse é o tipo de estresse ruim, ou negativo, que o enfraquece e o incapacita; e o eustresse é o estresse bom, ou positivo, que o fortalece e o capacita. A principal maneira de transformar seu distresse em eustresse é usar o poder de sua mente e seu diálogo interno, e recompor em sua mente que você é um palestrante forte e confiante, e que vai fazer um bom trabalho ao se apresentar.

Outra maneira de tornar seu estresse positivo é realmente tentar ficar se lembrando de que a apresentação não se trata de você: trata-se do público. Se você fizer o que for preciso para concentrar sua atenção na forma como seu público está se sentindo e no que ele precisa ouvir de você, seu nervosismo se dissipará imediatamente. Isso porque você fica com menos espaço em seu cérebro para analisar sua própria consciência. Em outras palavras, se você estiver mais concentrado em seu público, ficará menos preocupado consigo mesmo.

Você pode utilizar inúmeras técnicas excelentes para diminuir seu nervosismo e aumentar sua satisfação quando estiver se apresentando, e isso não inclui imaginar seu público sem roupa! Que comédia! Já me contaram diversas histórias de palestrantes que receberam a sugestão de seus chefes para imaginar o público sem roupa, e eles ou ficaram paralisados no palco ou se sentiram mais nervosos do que nunca.

> **DICA**
>
> ### Michelle diz...
> *Imaginar seu público sem roupa não funcionará; portanto, por favor, não faça isso!*

Você aprenderá a lidar com o nervosismo ao falar diante das pessoas quando compreender seu público (capítulo 2), preparar-se cuidadosamente, ensaiar (capítulo 8), aquecer sua mente, sua voz e seu corpo (capítulos 8 e 9) e se conectar com o público ao Expandir o Ego (capítulo 10).

Se o nervosismo realmente é um problema para você, então também é importante dar passos para eliminar suas crenças limitadas, ser você mesmo e procurar, de modo produtivo, *feedbacks* positivos (capítulo 17).

Deixe-me incentivá-lo a aumentar sua confiança tratando brevemente de alguns desses elementos antes de analisar o dilema do nervosismo mais detalhadamente ao longo deste livro.

Erros comuns cometidos pelas pessoas ao tentar diminuir o nervosismo

Os dois erros comuns cometidos pelas pessoas na tentativa de diminuir o nervosismo são: tornarem-se muito dependentes do Power--Point ou evitarem totalmente as apresentações.

Algumas pessoas lidam com a pressão de se apresentar tornando os *slides* de PowerPoint o foco de suas apresentações. Elas simplesmente leem seus *slides* e confiam neles, o que não é ideal se você está tentando influenciar um público. Para obter ajuda sobre como criar sua apresentação de forma que você não precise confiar em seus *slides* de PowerPoint, leia os capítulos 4 e 5.

Outras pessoas lidam com a pressão de se apresentar fazendo o máximo para evitar totalmente as apresentações! Um maravilhoso cliente meu evitou fazer apresentações em 24 anos de carreira. Ele chegou a abrir mão de empregos para evitar se apresentar. Em um programa que realizei recentemente, um participante de 24 anos me disse que seus pais passaram toda sua carreira desistindo de empregos para evitar se apresentarem. Ele estava em meu programa para garantir que não repetiria o ciclo negativo, vicioso e extremamente contagioso que observou quando criança.

> ## Principais dicas para desenvolver mais confiança ao se apresentar
>
> Não existe um único elemento, uma fórmula mágica ou um atalho que seja uma panaceia para falta de confiança ao se apresentar. Se você sente que lhe falta confiança, considere uma mudança de método. Comece escrevendo um *slogan* em letras maiúsculas:
>
> NÃO SE TRATA DE MIM. TRATA-SE DO PÚBLICO!
>
> Depois, tente as seguintes dicas:
>
> • Analise seu público.
>
> • Estruture sua mensagem.
>
> • Respire profundamente usando o diafragma.
>
> • Relaxe os músculos.
>
> • Concentre-se totalmente no público.
>
> • Use o poder de sua mente.
>
> • Obtenha *feedbacks*.

Analise seu público

É muito importante passar um tempo analisando tanto o estado atual quanto o estado desejado de seu público. Dessa maneira, você compreenderá melhor o que seu público necessita ouvir em sua apresentação e também terá mais clareza sobre o que precisa alcançar com ela. Esse passo é muito importante porque, sem ele, você estará criando *slides* de PowerPoint ou apenas improvisando sua apresentação sem um propósito claro.

Estruture sua mensagem

Se você tem uma mensagem boa, firme e bem desenvolvida e a criou com um modelo que permite que se lembre das informações sem depender de anotações, então, com certeza, sentir-se-á mais confiante.

Respire profundamente usando o diafragma

Respirar é algo que fazemos naturalmente. Pensamos e respiramos o tempo todo. Na verdade, um dos *feedbacks* mais comuns que dou aos meus clientes no treinamento e instrução de habilidades em apresentações é a respiração! Apesar de a respiração diafragmática (capítulo 9) exigir um pouco de prática, ela lhe proporcionará muitos benefícios:

• Você se sentirá mais calmo.

• Sua voz ficará mais poderosa.

• Você conservará sua clareza de pensamento, porque, ao respirar profundamente, o sangue bombeia oxigênio em seu corpo de forma mais eficiente.

Relaxe os músculos

Pratique liberar a tensão em seu corpo. Relaxar é algo que exige muita prática. Apenas pense nos milhões de pessoas ao redor do mundo que se comprometem com algum tipo de meditação, ioga ou massagem, para tentar relaxar. Quem se apresenta muito, provavelmente, não consegue sair para fazer uma massagem antes de cada apresentação. Então, o que você pode fazer para se ajudar? Tente verificar onde concentra sua tensão. Talvez ela esteja em seus ombros, em seu pescoço ou em seu rosto? Muitas pessoas tendem até mesmo a manter a tensão nas nádegas. Ao isolar a região com problemas, tente contrair e relaxar os músculos associados a essa região. Faça isso logo antes de se apresentar – você se surpreenderá com a diferença. O capítulo 10 apresenta alguns exercícios detalhados para você.

Concentre-se totalmente no público

Você deve concordar que, quando está nervoso, você se concentra nos sintomas que indicam nervosismo. Em outras palavras, você se torna ciente das fortes batidas do coração, das borboletas em seu estômago e de um aumento da temperatura do corpo. E, geralmente, quando se concentra nos sintomas, eles se tornam piores e você se sente muito mais nervoso.

Há um segredo chamado Expandir o Ego, que o ajudará a parar de prestar tanta atenção em si mesmo. A ideia por trás de Expandir o Ego é que, se você consegue descobrir uma maneira de se concentrar totalmente em seu público, então não estará ciente de sentir os vários sintomas nervosos, e isso significa que você não se sentirá nervoso.

Como Expandir o Ego

Isso é um pouco complicado, e até mesmo alguns dos melhores oradores em público não o fazem tão bem. No entanto, quando você descobrir como fazer isso, será garantido que se tornará um palestrante cativante, confiante e carismático em todos os momentos. Aqui está um resumo para você.

No momento de fazer sua apresentação, é importante se lembrar do seguinte:

Não se trata de mim. Trata-se do público!

1. Assuma seu espaço de forma confiante e carismática na ponta da mesa de reuniões ou no centro da sala ou do palco em que você está se apresentando.

2. Em seguida, imagine que existe uma bolha ao redor de você e de seu público.

3. Depois, transmita sua atenção pela bolha.

4. Olhe bem no fundo dos olhos dos membros de seu público, em vez de olhar de relance por suas cabeças ou fingir olhar para eles. Tenha consciência de que eles são seres humanos reais e vivos, e você tem a incrível oportunidade de influenciá-los e ajudá-los. Isso tira o foco de si mesmo e de seu nervosismo e coloca sua atenção em seu público – o que, por sua vez, aumenta sua conexão ou relação com ele.

Isso é tão bom quanto mágica! O capítulo 10 abordará essa importante técnica com mais detalhes para você.

Use o poder de sua mente

Muitos dos melhores palestrantes usam o poder do pensamento positivo antes de se apresentar. Eles se imaginam como palestrantes bem-sucedidos, confiantes e cativantes, e muitas vezes ficam satisfeitos com os resultados. Outros se imaginam como algo mais ou outra pessoa. É claro que você não pode deixar esta técnica transformá-lo em algo que você não é. Em vez disso, ela deve ajudá-lo a trazer à tona uma qualidade inerente que você acredita ainda não estar demonstrando. O capítulo 8 explora o poder da mente em mais detalhes e inclui alguns exemplos fascinantes.

Obtenha *feedbacks*

Muitas pessoas se concentram demais em seus pontos negativos e em seu nervosismo, em vez de se concentrarem em seus atributos positivos, como sua voz ou apresentação pessoal. Estabelecer um sistema no trabalho no qual possa dar e receber *feedbacks* das pessoas que você respeita, e que são sensíveis às suas necessidades, é ótima maneira de descobrir o que você está fazendo direito. Isso pode estimular muito a sua confiança (mais informações no capítulo 17).

DICA

Michelle diz...
Acredite em si mesmo. Você consegue!

Após décadas de experiência, eu realmente acredito que a maioria das pessoas fica mais nervosa do que precisa, simplesmente porque não tem a mínima ideia do que deve fazer para controlar seu nervosismo.

Então, prepare-se para se transformar de um palestrante nervoso em um palestrante confiante e cativante, que alcança os resultados. Utilize as dicas, ferramentas e técnicas deste livro para reduzir radicalmente seu nervosismo e fazer das apresentações uma experiência proveitosa para si mesmo, não importa as circunstâncias em que esteja envolvido.

A propósito, mesmo que você não seja um palestrante geralmente nervoso ou ansioso, ainda existem muitas observações neste livro para ajudá-lo a se conectar com seu público e influenciá-lo a aceitar (e até adorar) suas ideias, de forma que você obtenha mais daquilo que almeja. Que empolgante! Vamos nessa!

Etapa 1: Análise

Seja claro em suas metas

> Capítulo 2

O que você pretende alcançar com sua apresentação?

O professor mediano conta.
O bom professor explica.
O professor superior demonstra.
O excelente professor inspira.

William Arthur Ward, autor motivacional

Você provavelmente concordará que muitas apresentações de negócios são realizadas apenas para informar o público sobre a situação, para atualizar sobre o que está acontecendo com a equipe, o projeto ou o negócio. Se você já esteve presente em uma dessas sessões informativas, saberá quanto pode ser muito entediante fazer parte de um público que está sendo informado! O motivo para o tédio é que as atualizações, muitas vezes, são muito abrangentes por natureza. Elas podem soar desnecessárias por não estarem especificamente relacionadas a você e ao que você faz no trabalho. Portanto, embora seja bom saber o que está acontecendo, dependendo da maneira como o palestrante explica sua visão, nem sempre é tão relevante para você.

Quando você é o palestrante, a probabilidade é de que, enquanto algumas das pessoas em seu público gostam de ser informadas, provavelmente existe um monte de pessoas que realmente esperam que você as interesse, motive, capacite e até inspire em sua apresentação.

Quando você faz uma apresentação, quanto tempo passa pensando sobre os diferentes tipos de pessoas em seu público? Qual é seu método atual ao se apresentar? Pense sobre suas respostas para as seguintes perguntas:

- Antes de criar suas apresentações, você passa algum tempo pensando sobre seu público e as expectativas dele em relação a você? Ou você tende mais a se concentrar no que quer obter pessoalmente de sua apresentação?
- Quando você se apresenta nos negócios, é possível que seu público deixe suas apresentações sentindo-se confuso sobre o objetivo de sua mensagem?
- Você sabe como se preparar para uma apresentação de forma a influenciar seu público a fazer o que você almeja?

> **DICA**
>
> *Michelle diz...*
> *É muito importante se preparar cuidadosamente antes de criar sua apresentação.*

Uma preparação cuidadosa antes mesmo de começar a criar a sua apresentação é o segredo para fazer apresentações bem-sucedidas. Pense sobre o que você gostaria de alcançar e como servirá seu público antes de definir o que irá dizer e de criar seus *slides*.

Como devo me preparar para uma apresentação?

Você pode usar um processo simples e rápido em cinco passos para se preparar cuidadosamente – chamo isso de ferramenta de análise do público em cinco passos. Esses cinco passos irão ajudá-lo a definir o que você gostaria de alcançar, de forma que sua apresentação seja tão focada no público quanto possível. Desta maneira, você aumentará as chances de seu público mudar de pensamento e comportamento conforme você deseja.

Cinco passos ao se preparar para uma apresentação

Existem cinco passos a serem seguidos ao se preparar para uma apresentação:
1. Identifique seu tema.
2. Decida sua meta.
3. Determine seu objetivo.
4. Escreva seu discurso principal.
5. Analise seu público.

Vamos percorrer esses cinco passos.

Passo 1: Identifique seu tema

A primeira coisa que você precisa fazer é definir qual é seu tema. Ele é o conteúdo sobre o qual irá falar.

Um tema é um assunto amplo e extenso; por exemplo, mudanças climáticas. Um tema é tão amplo por natureza que você poderia falar por dias sobre o assunto, se quisesse.

Vamos observar alguns exemplos.

Exemplo 1

Se você trabalha na indústria farmacêutica e quer realizar uma reunião sobre boas práticas clínicas (BPC), então o tema é Boas Práticas Clínicas.

Exemplo 2

Se você trabalha em recursos humanos e quer apresentar maneiras de aprimorar o comprometimento em seus negócios, o tema é Comprometimento. O tema é extenso e amplo por natureza, em vez de ser específico.

Exemplo 3

Se você trabalha em telecomunicações e está fazendo uma apresentação sobre a situação de uma implementação de Voz sobre IP (VoIP) para um cliente, seu tema será Implementação de VoIP.

Exemplo 4

Se você está fazendo uma apresentação sobre a importância de aprimorar o serviço de atendimento ao cliente de sua equipe, seu tema é Serviço de Atendimento ao Cliente.

Exemplo 5

Se você está fazendo uma apresentação sobre a importância de aumentar as vendas de determinado produto oferecido, então seu tema deve ser o nome do produto (vamos chamá-lo de Produto X). O tema deve ser Produto X.

Simples, não é?

Passo 2: Decida sua meta

O segundo passo em sua preparação é quando você decide sua meta. Ela explica o que você pretende alcançar com sua apresentação. Em outras palavras, é o que você quer que seu público faça quando a apresentação acabar. A meta é completamente focada em você e no que quer, e é sua perspectiva egocêntrica sobre sua apresentação.

Ter uma meta clara garante que sua apresentação seja mais focada no direcionamento e na realização do que se você fosse apenas falar sobre o tema. Uma meta geralmente começa com a palavra "convencer", por exemplo: "Convencer meu público de que nossa organização deveria desempenhar um papel na redução de gases do efeito estufa".

Vamos observar alguns exemplos.

Exemplo 1

Para o exemplo de Boas Práticas Clínicas:

• Seu tema é Boas Práticas Clínicas.

• Sua meta pode ser: "Convencer os médicos pesquisadores a respeitar as Boas Práticas Médicas".

Exemplo 2

Para o exemplo de Comprometimento:

• Seu tema é Comprometimento.

• Sua meta pode ser: "Convencer minha equipe a tomar atitudes para fazer deste local de trabalho um lugar fantástico para se estar presente diariamente".

Exemplo 3

Para o exemplo de Implementação de VoIP:

• Seu tema é Implementação de VoIP.

• Sua meta pode ser: "Convencer meus colegas a me dar apoio na implementação de VoIP para o cliente X".

Exemplo 4

Para o exemplo de Serviço de Atendimento ao Cliente:

• Seu tema é Serviço de Atendimento ao Cliente.

• Sua meta pode ser: "Convencer minha equipe de que ela deve aprimorar seu serviço de atendimento ao cliente".

Exemplo 5

Para o exemplo de Vendas:

• Seu tema deve ser o nome do produto (Produto X).

• Sua meta pode ser: "Convencer a equipe de que ela deve vender mais o Produto X do que nosso antigo produto oferecido".

Passo 3: Determine seu objetivo

O terceiro passo em sua preparação é determinar seu objetivo. No passo anterior, você pode observar que sua meta está focada no palestrante. Ou seja, ela comunica o que você, o palestrante, pretende alcançar com sua apresentação. Agora, você precisa mudar seu objetivo, de maneira que ele tire o foco do palestrante e foque no público. Isso o colocará no caminho certo para garantir que você esteja realmente conectado com seu público.

O caminho para definir seu objetivo é se questionar: "Qual é a minha meta?" (Passo 2), e depois transformar sua meta (que é focada no palestrante por natureza) em um discurso focado no público. Pode ficar mais fácil se você utilizar as palavras: "Por que deveríamos", "Como poderíamos", "Os benefícios de..." (ou qualquer outra variação desse conceito).

Exemplo 1

Usando o tema de Boas Práticas Clínicas, seu objetivo pode ser algum dos seguintes:

• "Por que as Boas Práticas Clínicas são importantes para o sucesso de nossa experiência?".

• "Como podemos garantir a conformidade em nossa prática?".

• "Como poderíamos melhorar nossos resultados?".

• "Como as mudanças propostas os influenciarão em seu departamento?".

Exemplo 2

Para o tema de Comprometimento, seu objetivo pode ser:

• "Podemos fazer da Empresa X um ótimo local de trabalho!".

Exemplo 3

Para o tema de VoIP, seu objetivo pode ser:

• "O papel de ABC e XYZ ao garantir a implementação de VoIP para o Cliente X é bem-sucedido".

Exemplo 4

Para o exemplo de Serviço de Atendimento ao Cliente, seu objetivo pode ser algum dos seguintes:

• "Por que devemos oferecer um excelente serviço de atendimento ao cliente?".

• "Os benefícios de um excelente serviço de atendimento ao cliente para nossos consumidores".

• "Como garantirmos a superação das expectativas de nossos consumidores".

• "Mudanças estimulantes para nos ajudar a aprimorar nosso serviço!".

Exemplo 5

Se você está falando sobre o Produto X para um público interno, seu objetivo pode ser algum dos seguintes:

- "O Produto X irá melhorar nossos números de vendas este ano".
- "Produto X – o segredo para alcançarmos nossos objetivos".
- "Como vender o Produto X".
- "Como demonstrar o Produto X".
- "Por que escolhemos promover o Produto X neste momento?".

Recapitulando, seu objetivo é sua meta focada no público. É sua meta (que é focada no palestrante) expressada a partir da perspectiva de seu público. Em outras palavras, é escrito de uma maneira que faria sentido para seu público e o interessaria. Geralmente começa com as palavras "Por que deveríamos", "Como poderíamos" ou "Os benefícios de...".

Passo 4: Escreva seu discurso principal

No Passo 4, você define qual é seu discurso principal.

- É a sua mensagem mais importante. É o fato no qual você realmente quer que seu público acredite.
- Geralmente é controverso por natureza – significando que é provável que o público queira discutir com você sobre esse discurso.
- Deve ser sensato.

Vamos observar alguns exemplos.

Exemplo 1

O exemplo de Boas Práticas Clínicas:

- Seu tema é Boas Práticas Clínicas.
- Sua meta pode ser: "Convencer os médicos pesquisadores de que eles devem respeitar as Boas Práticas Médicas".
- Seu objetivo pode ser: "Por que as Boas Práticas Clínicas são importantes para o sucesso de nossa experiência".
- Seu discurso principal pode ser: "Aderir completamente às Boas Práticas Clínicas é importante para o sucesso de nossa experiência".

Exemplo 2

O exemplo de Comprometimento:

• Seu tema é Comprometimento.

• Sua meta pode ser: "Ajudar minha equipe a fazer deste local de trabalho um lugar fantástico para se estar presente diariamente".

• Seu objetivo pode ser: "Como podemos fazer da Empresa X um ótimo local de trabalho".

• Seu discurso principal pode ser: "Com algumas iniciativas simples e divertidas, podemos fazer da Empresa X um ótimo local de trabalho".

Exemplo 3

O exemplo de VoIP:

• Seu tema é Implementação de VoIP.

• Sua meta pode ser: "Motivar e inspirar o público a me dar apoio na implementação de VoIP para meu cliente".

• Seu objetivo pode ser: "O papel de ABC e XYZ ao garantir a implementação de VoIP para o Cliente X é bem-sucedido".

• Seu discurso principal pode ser: "Se permanecermos concentrados, essa será uma implementação muito bem-sucedida para todos nós".

Exemplo 4

O exemplo de Serviço de Atendimento ao Cliente:

• Seu tema é Serviço de Atendimento ao Cliente.

• Sua meta pode ser: "Convencer minha equipe de que ela deve aprimorar seu serviço de atendimento ao cliente".

• Seu objetivo pode ser: "Mudanças estimulantes para nos ajudar a aprimorar nosso serviço".

• Seu discurso principal pode ser: "Nós podemos superar as expectativas de nossos clientes".

Exemplo 5

Para o exemplo de Vendas:

• Seu tema deve ser Produto X.

• Sua meta pode ser: "Convencer a equipe de que ela deve vender mais este produto do que nosso antigo produto".

• Seu objetivo pode ser: "O Produto X irá melhorar nossos números de vendas este ano".

• Seu discurso principal pode ser: "O Produto X é o segredo para alcançarmos nosso bônus este ano".

A história de Paul

Paul é um representante de atendimento ao cliente e faz parte do Comitê Representativo de sua empresa. O Comitê Representativo é uma corporação de membros eleitos que representam as visões dos membros de uma equipe em reuniões mensais e que defendem mudanças para a melhoria do local de trabalho. Como membro do Comitê Representativo, Paul tem de realizar diversas apresentações em diferentes fóruns. Ele também é palestrante do programa mensal de apresentação para os iniciantes.

Quando pediram pela primeira vez que Paul apresentasse o programa mensal de apresentação, ele criou alguns *slides* para descrever o que era o Comitê Representativo. Com o passar dos primeiros meses apresentando seus *slides*, Paul percebeu que seu público não ficava interessado em sua apresentação e sentiu que ela não encorajava os iniciantes a participar e se envolver. Ele obteve *feedback* dos formulários de avaliação dizendo que era "entediante". Coitado!

Paul percebeu que estava fazendo a apresentação com um tema na cabeça em vez de uma meta. Após aprender sobre o processo de preparação em cinco passos, Paul mudou seu método e propôs o seguinte:

• Seu tema era Comissão Representativa.

• Sua meta era: "Convencer os iniciantes a se envolver com sua Comissão Representativa local".

• Havia tantos objetivos que ele poderia escolher qual utilizar. Após uma consideração cuidadosa, Paul decidiu que seu objetivo deveria ser: "Como vocês podem aprimorar seu ambiente de trabalho envolvendo-se com sua Comissão Representativa".

• Seu discurso principal era: "A Comissão Representativa ajuda a garantir que a Empresa X seja um ótimo local de trabalho".

Depois de identificar sua meta e seu objetivo, Paul trocou seus *slides* e começou a apresentar sua mensagem com seu objetivo no foco principal. Ele descobriu ser muito mais cativante e o público parecia ficar mais interessado em sua apresentação. As pessoas do público podiam sentir que ele estava fazendo a apresentação para elas, não para si mesmo. Elas o procuravam com frequência nas pausas para o chá, a fim de parabenizá-lo por sua apresentação e questioná-lo sobre como poderiam participar. Por sua vez, isso estimulou muito a confiança de Paul como palestrante.

Paul descobriu o que os palestrantes influentes já sabem: quando você faz uma apresentação com uma meta clara em mente, tem mais probabilidade de alcançar o resultado que deseja.

Passo 5: Analise seu público

No Passo 5, você analisa seu público e, após estabelecer o tema, a meta, o objetivo e o discurso principal, começa a determinar os detalhes de suas intenções e como os pensamentos e as emoções de seu público precisam ser transformados de forma que você alcance seus objetivos.

Por que você deve analisar seu público

Como você sabe, o público é composto por uma variedade de pessoas, com ideias, atitudes e abordagens diferentes para as tarefas e os desafios. Elas estão assistindo sua apresentação com todos os tipos de coisas passando pela cabeça, distrações e programações, muitas das quais não estão relacionadas à sua apresentação! Então, neste ponto, você precisa se colocar no lugar das pessoas em seu público e decifrar o que elas estão pensando sobre você e sua mensagem, a fim de que possa transformar, do seu jeito, a maneira como elas pensam.

Nesta vida ocupada que levamos, geralmente é difícil achar um tempo para refletir sobre seu público. Se você fizer isso, descobrirá que o restante de sua preparação é rápido e fácil.

Ao pensar intensamente sobre quem estará presente em seu público, o que ele pode estar esperando de você e o que você está tentando alcançar, você se posiciona de forma ideal para influenciar uma mudança em suas atitudes e comportamentos.

A história de Andrew

Andrew é gerente sênior em uma grande empresa australiana. Todo ano, sua organização realiza uma pesquisa de comprometimento. Ironicamente, os empregados de sua empresa relutam em se comprometer com uma pesquisa de comprometimento! Então, Andrew implementou uma série de prêmios e recompensas para as pessoas como incentivo para completarem a pesquisa. Apesar dos prêmios e das recompensas, ainda havia muito ceticismo em relação à importância de uma pesquisa de comprometimento.

Quando os resultados da pesquisa eram conferidos, uma apresentação em PowerPoint era criada na matriz e disseminada na forma de um pacote para palestrantes a todos os líderes de equipes na empresa, de forma que eles pudessem explicar os resultados da pesquisa para seus membros de equipe.

Andrew estava refletindo sobre os resultados das pesquisas de comprometimento nos últimos anos e imaginava por que havia tido pouca melhora nos resultados de comprometimento.

Ele percebeu que os líderes estavam simplesmente informando os resultados das pesquisas às suas equipes. Eles não estavam apresentando a informação às suas equipes de modo a relacioná-la às suas questões diárias nas operações dos negócios. Como era apenas uma reunião para informar ou atualizar, os líderes não envolviam os membros de suas equipes em discussões sobre o que eles podiam fazer como uma equipe para melhorar as coisas no local de trabalho tendo em vista os resultados, a fim de que eles se sentissem mais comprometidos com o trabalho.

Andrew treinou todos os líderes de equipes para explicar os resultados da pesquisa de comprometimento. Ele lhes mostrou como analisar as necessidades de seu público antes de realizar a apresentação. Ele também lhes mostrou como definir o que estavam tentando alcançar quando se comunicavam com suas equipes.

Essa simples estratégia mostrou que os líderes eram capazes de envolver seus membros de equipe em discussões significativas sobre as melhorias no local de trabalho. As discussões foram focadas no público e completamente adaptadas a questões, desafios e sucessos diários dos membros da equipe. Eles escutavam e participavam ativamente nas discussões. Faziam alguns planos de melhorias e se comprometiam com seus próprios planos.

No ano seguinte, os resultados de comprometimento melhoraram em 25%, e a rotatividade de pessoal nos negócios diminuiu.

Você consegue ver como a história de Andrew se relaciona a você como palestrante?

Recomendo que tenha a intenção de levar as pessoas presentes em seu público para uma viagem, a qual as transporte de sua mentalidade atual para a mentalidade que você deseja. Esse método funcionará muito melhor do que simplesmente esperar seu público adotar suas visões, interpretar informações ou chegar a conclusões da sua maneira.

O modelo Pensar/Sentir/Fazer (ver figura 2.1) é utilizado para analisar o estado atual de seu público e o estado desejado por você, e ele o ajudará a transformar seu público a partir de sua mentalidade atual.

Toda vez que você se apresenta, deve ter a intenção de fazer seu público pensar, sentir e fazer algo. Afinal de contas, você quer que

Figura 2.1: o modelo Pensar/Sentir/Fazer

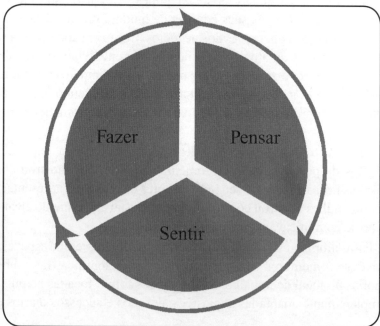

ele compreenda conceitos ou informações, quer que ele sinta uma ou muitas emoções diferentes e quer que ele faça algo para mudar seu comportamento de alguma maneira. Você quer influenciá-lo.

DICA

Michelle diz...
Causar uma mudança comportamental em seu público é a marca de um excelente palestrante.

A boa notícia é que esse é um processo bem fácil para auxiliar a mudança comportamental se você for claro sobre exatamente qual ponto está transformando seu público de uma coisa para outra.

Como analisar o estado atual de seu público

A fim de influenciar seu público, você deve primeiro mostrar a ele que o compreende e que entende suas circunstâncias atuais. As pessoas gostam de ser compreendidas. Então, o que os membros de seu público estão pensando, sentindo e fazendo neste momento? Chamamos de "estado atual" aquilo que o público está pensando, sentindo e fazendo (antes da apresentação). É nosso papel, como palestrantes, transformarmos o comportamento do público de seu estado atual para o nosso estado desejado. O que estamos fazendo é mudar suas atitudes e comportamentos.

Para analisar o estado atual de seu público, passe algum tempo pensando sobre as respostas para as seguintes perguntas:

• O que meu público está pensando a meu respeito, sobre minha mensagem e sobre meu departamento ou minha empresa?

• O que meu público está sentindo a meu respeito, sobre minha mensagem e sobre meu departamento ou minha empresa?

• O que meu público está fazendo? Como estará o clima ou a vibração da reunião antes de eu me apresentar?

Dessa forma, você sabe o que deve esperar no momento de entrar.

Como analisar o estado desejado de seu público

Planeje seu estado desejado perguntando-se:

• O que quero que meu público pense a meu respeito, sobre minha mensagem e sobre meu departamento ou minha empresa?

• O que quero que meu público sinta a meu respeito, sobre minha mensagem e sobre meu departamento ou minha empresa?

• O que quero que meu público faça quando eu terminar de falar?

Existe sempre um aspecto de sentir e de fazer em uma apresentação?

As pessoas geralmente diziam para mim que aquilo que o público pensa sobre a mensagem da apresentação é, com certeza, a preocupação mais importante do palestrante, especialmente quando são profissionais das áreas de pesquisa e desenvolvimento, de direito ou de finanças e contabilidade, por exemplo.

Com certeza, o aspecto de pensar em sua apresentação é importante – mas também é verdade que se sua apresentação não trata de sentir e fazer, porque você acredita que realmente só precisa informar seu público, então deveria poupar todos do esforço de presenciar sua apresentação. Apenas envie a apresentação a eles por *e-mail*, e assim eles podem lê-la no trem.

Provavelmente, se você apenas se concentrar na parte de pensar do modelo Pensar/Sentir/Fazer, perderá a oportunidade de conseguir algum tipo de ação ou resultado a partir de sua apresentação. Talvez possa pedir apoio de seu público, para auxiliá-lo nos momentos apropriados, para conversar com os outros a respeito do que você está fazendo, para procurá-lo quando tiver perguntas ou para atualizá-lo sobre suas atividades caso estejam relacionadas ao seu projeto.

Recomendo que tente encontrar o *aspecto de fazer* em suas apresentações e que se lembre de chamar seu público para uma ação. No capítulo 5, explico como você pode alcançar isso por meio da influência.

Compreender seu público é a primeira etapa na criação de qualquer apresentação. Se você aplicar o modelo Pensar/Sentir/Fazer antes de criar sua apresentação, estará à frente dos outros. Que demais!

Quanto tempo demora a análise Pensar/Sentir/Fazer?

Supondo que você vá se apresentar para pessoas com as quais já teve algum contato no trabalho, perceberá que essa técnica demorará apenas uns cinco minutos.

Se você vai se apresentar para um público que lhe é totalmente desconhecido, o processo pode demorar mais. É necessário se lembrar de que, se você passar um tempo tentando conhecer seu público, irá se sentir muito mais confiante quando ficar em frente dele para realizar sua apresentação, e provavelmente conseguirá fazer seu público mudar suas atitudes e comportamentos.

A história de Kate

Kate é uma gerente sênior profissional e admirada em uma organização de pesquisa e desenvolvimento. Ela me procurou para verificar se conseguia descobrir uma maneira de diminuir seu nervosismo incapacitante quando se dirigia a diferentes equipes e departamentos em sua organização. Como um objetivo secundário, ela estava disposta a se tornar capaz de aumentar a aceitação de sua mensagem.

Pedi para Kate descrever seu processo ao criar uma apresentação. Como frequentemente é o caso com as pessoas que conheço, ela me explicou que geralmente montava uma série de *slides* no Microsoft PowerPoint, que descreviam o que ela queria do público, e depois desenvolvia o que dizer sobre os *slides*. Tornou-se cada vez mais óbvio que ela não costumava passar algum tempo tentando compreender o que seu público queria da apresentação.

O que sabemos é que as pessoas são mais propensas a mudar seu comportamento se tiverem alguma relação com o palestrante. E é difícil para o palestrante estabelecer uma relação sem compreender seu público.

Nós percorremos a técnica Pensar/Sentir/Fazer para analisar o público. Kate agora usa essa técnica com frequência e acredita que chega a um acordo com mais rapidez e facilidade. Ela também sente que seu nervosismo está mais controlado em suas apresentações como gerente sênior, pois está preparada e sabe o que deve esperar!

Utilizar o modelo Pensar/Sentir/Fazer ajuda-o a compreender onde seu público está e onde você quer que ele esteja. Após completar esta etapa importante de sua preparação, você estará no caminho certo para criar a apresentação de verdade, que transformará seu público do estado atual dele para seu estado desejado.

TENTE FAZER ISTO

Exercício

1. Pense em uma apresentação que você terá de realizar em breve. Pode ser uma apresentação para apenas uma pessoa na mesa dela, ou pode ser uma apresentação para um público bem grande. Cabe a você escolher o cenário que lhe seja mais relevante.
2. Passe pelo processo de definir o tema, a meta, o objetivo e o discurso principal. Você pode usar o modelo fornecido em meu *site* se preferir. Visite: <www.michellebowden.com.au/howto-present> (conteúdo em inglês).
3. Proceda à análise do estado atual de seu público conforme descrito neste capítulo. Escreva suas respostas em partes relevantes do modelo.
4. Proceda à análise do seu estado desejado conforme descrito neste capítulo. Escreva suas respostas em partes relevantes do modelo.
5. Reflita sobre a diferença entre o estado atual de seu público e seu estado desejado. Existe uma diferença grande ou pequena entre as respostas no estado atual e no estado desejado? Você precisa fazer uma grande transformação?
6. A lista de metas ou objetivos que você estabeleceu para sua apresentação é possível?
7. Quais benefícios você sente que obteria ao concluir uma análise cuidadosa de seu público antes de começar a etapa de criação de sua apresentação?

O que você pretende alcançar com sua apresentação?

Principais dicas para alcançar seu objetivo

- Comece sua preparação definindo seu tema. Ele é o conteúdo sobre o qual você irá falar. É amplo por natureza.
- Quando tiver seu tema, é hora de definir sua meta. Uma meta é uma expressão do que você quer alcançar. Ela é completamente focada em você e no que você quer. As metas geralmente começam com a palavra "convencer".
- A partir da meta, você pode transformar sua apresentação para que ela seja focada no público. Você consegue fazer isso definindo seu objetivo. Ele é a meta focada no público. É sua meta (que é focada no palestrante) expressada a partir da perspectiva de seu público.
- Seu objetivo o ajudará a decidir seu discurso principal. Ele é sua mensagem mais importante. É o fato no qual você realmente quer que seu público acredite.
- Seu público estará pensando, sentindo e fazendo algo ao se sentar para ouvi-lo. Nós chamamos isso de seu estado atual.
- Toda vez que você se apresenta, quer fazer seu público pensar, sentir ou fazer algo. Nós chamamos isso de seu estado desejado.
- Seu papel é transformar o público do estado atual dele para seu estado desejado.
- Se você passar um tempo tentando conhecer seu público, irá se sentir muito mais confiante ao realizar sua apresentação.
- O modelo de preparação em cinco passos irá acelerar a criação de uma apresentação produtiva e influente.
- O modelo Pensar/Sentir/Fazer é uma importante ferramenta de análise do público para o estágio de preparação de sua apresentação.

Etapa 2: Criação

Escreva sua apresentação

Capítulo 3

Estruture sua mensagem

Eu nunca gostei muito do conceito de uma estrutura inflexível em um sistema... Sempre senti como se isso sugerisse a omissão de algo mais importante. Finalmente, percebi que o "algo" omitido é a base de toda a existência.

Zeb Reynolds, *designer*

Parabéns por concluir a análise de seu público usando o modelo Pensar/Sentir/Fazer no capítulo 2. Se influenciar seu público é importante para você, então é uma boa ideia aproveitar melhor o tempo que já utilizou para compreender seu público transformando suas anotações sobre Pensar/Sentir/Fazer em uma apresentação que trata das necessidades de todas as pessoas em seu público, para alcançar resultados excelentes. Este capítulo descreve como estruturar sua mensagem de forma que sua visão seja clara e interessante para seu público.

Eu lhe pergunto: como você normalmente estrutura uma apresentação? No passado, já criou apresentações utilizando o PowerPoint, combinando *slides* existentes ou criando alguns *slides* novos e depois elaborando o que dizer sobre eles? Ou talvez você já tenha utilizado o modelo "introdução, objetivo, qualificações, texto um, texto dois, texto três, resumo, conclusão", que geralmente é ensinado nas escolas e universidades. Algumas pessoas utilizam uma variedade de técnicas de mapeamento mental, tais como o diagrama de espinha de peixe. Algum desses métodos soa familiar?

Essas abordagens tendem a ser modelos focados nos palestrantes, e também a ser voltadas ao conteúdo.

Se você estiver disposto a influenciar seu público em sua apresentação, precisa de um modelo focado no público, que trate das diferentes necessidades e expectativas de todas as diferentes pessoas em seu público.

Como você pode ver, os indivíduos recebem as informações de maneira diferente, aprendem de maneira diferente e formam opiniões de maneira diferente. Como resultado, membros individuais de seu público estarão silenciosamente preocupados com distintas programações e expectativas que eles têm sobre você. Essas programações e expectativas os levam a formular certas perguntas não ditas que eles esperam que sejam abordadas por você em sua apresentação.

Quando se trata de estruturar sua apresentação, recomendo que utilize um modelo de aprendizado que o ajude a adaptar sua mensagem às questões não ditas que as pessoas em seu público estão se fazendo. Isso irá garantir que você tenha mais aceitação, pois assegurará que atenda às diversas necessidades de seu público em vez de criar uma apresentação focada demais em suas necessidades.

> *Você não constrói para si mesmo. Você sabe o*
> *que as pessoas querem e constrói para elas.*

Walt Disney, produtor cinematográfico norte-americano

A história de Hailey

Hailey é uma cliente minha incrível que, antes de me conhecer, evitou fazer apresentações em 20 anos de carreira. Sim, isso mesmo: 20 anos! Ela até deixou empregos, para evitar ter de se apresentar. Hailey trabalhava como consultora de uma grande empresa. Sua função era auxiliar os clientes, dando aconselhamento e assistência pelo telefone. Ela era fantástica em seu trabalho. Recebeu inúmeras cartas de apoio de seus clientes e da família deles, e era muito querida. Também era extremamente bem-sucedida em aumentar as vendas em sua organização por meio de seu comprometimento e direcionamento.

Para sua infelicidade, Hailey foi solicitada por seu gerente para iniciar uma série de apresentações por todo o país para as pessoas que indicavam seu serviço para seus clientes. Sua função seria explicar o que ela fazia e convencê-las a continuar trabalhando com ela, indicando seus clientes a ela sempre que possível.

Bem, você pode imaginar o que ela fez! Disse-me que podia deixar seu trabalho ou se consultar com um clínico geral, para obter uma prescrição de betabloqueadores. Eles reduzem o efeito da agitação e do esforço físico no coração, diminuem a dilatação dos vasos sanguíneos e também reduzem o tremor e a quebra de glicogênio. Na minha opinião, nenhuma dessas escolhas era a solução ideal.

Quando você aprende o que precisa saber sobre uma excelente apresentação, é surpreendente como isso não parece ser tão estressante. Não me interprete mal: após cinco sessões de treinamento de duas horas e muitos ensaios, Hailey ainda ficou, como muitas pessoas definem, nervosa, mas ela também ficou muito entusiasmada e sabia que estava pronta para tudo.

Hailey sabia que se sairia bem com suas apresentações, pois investiu em muito planejamento e ensaio, e tinha desenvolvido seu roteiro com o público em mente. Ela sabia que iria convencer o público a colocar muitos clientes em seu caminho. E, assim como pressupôs, após ter evitado fazer apresentações em 20 anos, ela foi totalmente bem-sucedida em sua primeira apresentação. Muitas pessoas foram até ela no fim e comentaram como estavam impressionadas. Disseram coisas como: "Você foi a melhor palestrante neste evento". Um bom resultado!

É importante que você perceba que palestrantes talentosos foram treinados, não nasceram assim! Palestrantes e influenciadores bem-sucedidos respeitam seu público, estruturam sua mensagem para ele e ensaiam e dominam a arte. Eles dão conta do trabalho!

O que Hailey percebeu é que uma técnica fundamental para influenciar os outros e reduzir seu nervosismo é estruturar sua mensagem para atender às necessidades de seu público. Isso aumenta a chance de eles fazerem o que você está pedindo, o que é muito bom para seus próprios níveis de confiança.

Se você tem uma mensagem clara, bem estruturada, focada no público e que o convence, e se a criou com um modelo que lhe permite se lembrar das informações sem depender de anotações, então, com certeza, se sentirá mais confiante – assim como Hailey.

> **DICA**
>
> *Michelle diz...*
> *É importante estruturar sua mensagem de uma maneira que atenda às necessidades de todas as pessoas em seu público, não apenas daquelas com o mesmo estilo de aprender e ouvir que você!*

É importante estruturar sua mensagem de uma maneira que atenda às necessidades de todas as pessoas em seu público, não apenas daquelas com o mesmo estilo de aprender e ouvir que você!

Um modelo focado no público

O modelo que sugiro e talvez você goste de usar para estruturar suas apresentações foi desenvolvido pela Dra. Bernice McCarthy, pesquisadora, acadêmica e educadora mundialmente famosa. A dra. McCarthy se inspirou nas várias teorias de ensino para adultos propostas por psicólogos e teóricos ao longo dos tempos, como Carl Jung, Jean Piaget, Kurt Lewin e David Kolb. Ela é apaixonada pela diversidade de estilos de ensino e pelas várias necessidades dos diferentes estudantes em uma classe. Em outras palavras, ela sente realmente que nem todos os estudantes devem ser ensinados do mesmo jeito. Ela criou um sistema de treinamento que trata das necessidades intrínsecas de todos os tipos de público. A dra. McCarthy denominou seu modelo de 4MAT System® (ver figura 3.1). O 4MAT System reconhece que os indivíduos necessitam de respostas para quatro perguntas principais. Em alguns casos, as perguntas são explícitas e conhecidas pelos membros do público e pelo palestrante. Em outros casos, as perguntas são mais implícitas por natureza e, portanto, ainda não conscientes para o palestrante ou para os membros do público.

Na maioria dos casos, por virtude de sua personalidade e de seu estilo de aprendizado preferido, os membros do público serão mais propensos a fazer uma dessas quatro perguntas. Para serem convencidos pelo seu argumento, eles precisarão ter suas perguntas primárias respondidas. Isso não significa que não ficarão interessados em outras perguntas também. Para capturar os corações e as mentes de todos os membros de seu público, você precisará ter certeza de que sua apresentação responde a todas as quatro perguntas em uma determinada ordem.

Figura 3.1: o modelo 4MAT System para estruturar sua apresentação

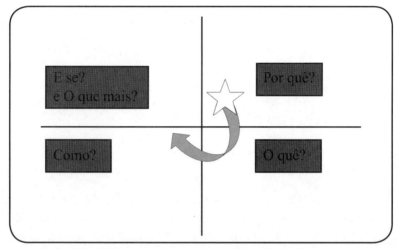

Adaptado do modelo 4MAT de Bernice McCarthy (em *4MAT in Action: creative lesson plans for teaching to learning styles with right/left mode techniques*, de Bernice McCarthy e Susan Leflar, 1990, About Learning Inc.)

As quatro perguntas principais a serem tratadas no modelo são:
- *Por quê?* O membro do público tem necessidade de esclarecer o contexto e o raciocínio.
- *O quê?* O membro do público tem necessidade de identificar o detalhe naquilo que será aprendido.
- *Como?* O membro do público tem necessidade de explorar como utilizar e aplicar o que é aprendido.
- *E se?* e *O que mais?* O membro do público necessita saber as alternativas para a nova informação, de forma que possa modificar, adaptar e criar novos contextos. Ele também necessita saber o que acontecerá se tomar ou não a ação que você sugeriu.

Como utilizar as quatro perguntas em sua apresentação

Toda mudança verdadeira envolve uma grande incerteza, e não podemos negar aos outros um tempo de questionamento simplesmente porque já respondemos às perguntas para nós mesmos.

Dra. Bernice McCarthy, criadora do 4MAT System

Vamos dar uma olhada no que você incluiria em cada um dos quadrantes do 4MAT System, de forma que se certifique de utilizar o modelo da maneira mais eficiente possível.

Por quê?

A pergunta *Por quê?* é feita pela maioria dos membros do público no início das apresentações ou reuniões. Ao responder à pergunta *Por quê?* para seu público, você o está ajudando a obter um significado pessoal e a conectar novas informações com a experiência pessoal. Isso ajuda seu público a estabelecer a utilidade da informação em sua vida. Estamos falando de perguntas como: Por que eu deveria ouvir? O que eu vou ganhar com isso? Por que isso é relevante para mim na minha vida?

Ao responder à pergunta *Por quê?* no início de sua apresentação, você irá envolver as pessoas e elas ficarão mais motivadas e inspiradas a ouvir o restante de sua mensagem.

O quê?

A pergunta *O quê?* é respondida em seguida, para aprofundar a compreensão dos membros de seu público em relação aos conceitos e processos. É quando você comunica os fatos, os números, os dados, as informações e as estatísticas em sua apresentação. Também é quando você deve se lembrar de explicar sua credibilidade e as evidências que apoiam sua informação. Nesse ponto, você deve responder ao seu público perguntas como: Qual é a definição desse assunto? O que eu sei sobre isso? Quais análises ou pesquisas foram feitas para se chegar a essa conclusão? Quais são os fatos sobre o assunto? Acredito que você concordará comigo que essas são as perguntas geralmente respondidas na maioria das apresentações de negócios.

Como?

Você precisa responder à pergunta *Como?* após ter respondido à pergunta *O quê?* Este é o ponto em que você explica os passos e a aplicação do conteúdo tratado na seção *O quê?* de sua apresentação. Você pode promover atividades de aprendizado concretas e práticas que podem envolver seu público e serem experimentadas. Você deve responder especificamente a perguntas como: Como isso funciona? Como instalo isso? Como irei implementar isso? Como utilizarei isso? Como posso aplicar isso? Como iremos fazer isso acontecer?

E se? e O que mais?

E se? e *O que mais?* são as últimas perguntas às quais você deve responder em suas apresentações. É quando você acrescenta seus pensamentos e informações adicionais. É quando resolve todas as questões e relembra seu público de suas mensagens principais. Também é quando você oferece ao público a chance de explorar algumas de suas perguntas em uma sessão de perguntas e respostas e, depois, finaliza para a ação. Nessa parte, aproveite a oportunidade para observar as possibilidades além do quadrado, respondendo a perguntas como: Em vez disso, e se fizéssemos assim? O que mais podemos fazer para aumentar o retorno de investimento? E se acontecer XYZ – o que faremos? E se não fizermos nada disso? E se tentarmos fazer isso?

O palestrante que consegue percorrer com facilidade as várias perguntas do 4MAT System tratará, de maneira elegante, das necessidades de todo o público e estará mais propenso a alcançar os resultados.

É preciso fazer as quatro perguntas do 4MAT System na mesma ordem?

Sim, você deve responder às perguntas na ordem apresentada aqui:
1. Por quê?
2. O quê?
3. Como?
4. E se? e O que mais?

Acredito que você irá achar este modelo de bom senso. Você deve tratar da pergunta *Por quê?* primeiro, pois ela irá motivar seu público, de forma que ele se envolva com você e com sua mensagem.

Você deve tratar da pergunta *O quê?* em seguida, porque o público precisa ouvir seus dados e suas informações. *O quê?* vem antes de *Como?*, porque seu público não pode aplicar as informações se não souber do que se tratam! Em outras palavras, seu público precisa compreender sobre o que você está falando, e a história, os fatos e as estatísticas por trás de seu conteúdo, antes de poder aplicar as informações de maneira significativa.

Você deve tratar da pergunta *Como?* após tratar da pergunta *O quê?*, pois os membros de seu público estão motivados a ouvir neste momento, e eles compreendem sobre o que você está falando – o contexto de sua mensagem. Eles agora estão prontos para pensar com você nas implicações de sua mensagem e como as coisas precisam mudar.

Por fim, você deve tratar das perguntas *E se?* e *O que mais?*, para mostrar a seu público que você abordou todos os fundamentos. Você também deve recapitular suas mensagens principais, pois, curiosamente, sabemos que a maioria das pessoas do público, quando escuta o resumo, já esqueceu o começo. É triste, mas é verdade! Portanto, você deve sempre conectar as informações para o público, resumir, chamá-lo para uma ação, responder às suas perguntas, apontar os prós e os contras da mensagem e encerrar com força.

Os benefícios de estruturar as apresentações usando esse modelo focado no público

Existem muitos benefícios ao utilizar as quatro perguntas que compõem a base do 4MAT System. Irei listá-los para você:

- Ele faz você pensar sobre as necessidades de seu público.
- É muito mais completo do que apenas tratar da parte da mensagem que você acha interessante – o que, infelizmente, é o que a maioria das pessoas faz.
- Ele não supõe que seu público queira estar lá: ele supõe que você tem de trabalhar um pouco para transformá-lo, o que é um método realista para suas apresentações de negócios.
- É simples. Existem apenas quatro perguntas que precisam ser respondidas.
- Torna-se senso comum quando você aprender a fazer isso; então, é lógico e fácil para lembrar e utilizar.

Situações nas quais você pode utilizar as perguntas do 4MAT System em sua vida

Existem muitas aplicações desse modelo em sua vida. Irei listá-las para você:

- Apresentações formais. Para grupos de qualquer tamanho.
- Ao preparar reuniões. Por exemplo: "É por isso que estamos aqui; iremos tratar disso; é assim que iremos fazer isso; e aqui estão as consequências de aderir ou não às nossas regras".
- Apresentações improvisadas. Por exemplo: você está em uma reunião e alguém lhe faz uma pergunta sem que você tivesse ideia de que seria convocado para discutir o assunto. Você se identifica com esse cenário? Você já esteve em uma reunião de equipe na qual alguém lhe fez uma pergunta e você gaguejou na resposta e se culpou depois dizendo: "Eu queria ter dito isso ou aquilo"? Se você responder utilizando as quatro perguntas, vai parecer que já estava preparado para responder a essa pergunta durante sua vida toda!

Como Fazer Apresentações

- Programas de treinamento. Cada módulo de um programa de treinamento deve responder a todas as quatro perguntas do modelo.
- Orientações. Para explicar procedimentos e processos a uma equipe.
- Entrevistas de emprego. Para perguntar e responder. Na verdade, abrindo um breve parêntese, muitas pessoas que já participaram de meus treinamentos me mandam *e-mail* para me avisar sobre suas promoções. Elas explicam que, graças às quatro perguntas, agora conseguem responder muito bem às perguntas durante as entrevistas.
- *E-mails.* O seu *Por quê?* entra no espaço do assunto, e *O quê?*, *Como?*, *E se?* e *O que mais?* podem ser breves ou detalhados, conforme você julgue necessário, no corpo do seu *e-mail.*
- Propostas ou atas. Considere escrever o relatório de forma que trate das quatro perguntas. Você também pode escrever o corpo de texto usando as quatro perguntas.
- Apresentações informais em reuniões para a equipe. Essas são as reuniões informais que podem ocorrer no local de trabalho sem aviso ou preparação. Por que não utilizar essas quatro perguntas para você sempre estar apto a se comunicar e influenciar as pessoas – mesmo em conversas informais?
- Comunicação pessoal. Para se comunicar com mais clareza com amigos, filhos ou com o parceiro.

Você realmente pode utilizar as quatro perguntas do 4MAT System em muitas situações. E, por falar nisso, acredito veementemente que, quanto mais você aborda essas quatro perguntas em sua comunicação pessoal em casa, achará mais fácil utilizá-las quando necessário no trabalho.

Eu realmente admiro esse modelo focado no público e recomendo que você o utilize ao se comunicar nos negócios.

Estruture sua mensagem

TENTE FAZER ISTO

Exercício

1. Pense em uma comunicação ou apresentação que você terá de fazer nas próximas semanas.
2. Pratique a transmissão de sua mensagem abordando todas as perguntas – *Por quê?*, *O quê?*, *Como?*, e *E se?* e *O que mais?* –, na ordem correta.
3. Perceba como esse tipo de apresentação é completo.
4. Quais benefícios você observa ao utilizar esse modelo para estruturar suas mensagens?

Principais dicas para estruturar sua mensagem

- Certifique-se de utilizar um modelo focado no público em vez de um modelo focado no palestrante para estruturar suas apresentações.
- Utilize as quatro perguntas que compõem a base do 4MAT System da dra. Bernice McCarthy ao estruturar sua mensagem.
- As perguntas são *Por quê?*, *O quê?*, *Como?* e *E se?* e *O que mais?*
- Ao utilizar essas perguntas para estruturar sua apresentação, você verá que sua mensagem está mais completa e estará mais propenso a atender às necessidades de todos os membros de seu público, sempre.
- Lembre-se de aplicar o seguinte lema do capítulo 1 em sua apresentação: **Não se trata de mim. Trata-se do público!**

> ### Capítulo 4

Crie sua apresentação

A criação não se trata apenas da aparência e da sensação de algo.
A criação trata-se da maneira como algo funciona.

Steve Jobs, cofundador da Apple Inc.

Agora que você já analisou seu público e compreendeu o 4MAT System para estruturar sua mensagem, é hora de criar ou escrever sua apresentação. Por favor, tome cuidado para não confundir o que significa "criar" neste livro. A etapa de criação geralmente é confundida com a preparação de *slides* em PowerPoint. Na verdade, embora essa etapa inclua a criação de alguns *slides*, o componente essencial dela não tem nenhuma relação com seus *slides*. Na etapa de criação, você define o que realmente irá dizer quando realizar a apresentação. É a criação do que muitas pessoas podem chamar de roteiro.

> ### DICA
>
> **Michelle diz...**
> *Criar sua apresentação está pouco relacionado com os* slides *que você está criando; trata-se de selecionar cuidadosamente as palavras certas para dizer, a fim de influenciar o público a modificar seu pensamento e seu comportamento.*

Criar sua apresentação está pouco relacionado com os *slides* que você está criando; trata-se de selecionar cuidadosamente as palavras certas para dizer, a fim de influenciar o público a modificar seu pensamento e seu comportamento.

Quanto você realmente gosta de preparar o que você vai dizer? Quando se trata de criar sua apresentação:

- Você deixa para a última hora? Você se descobre caçando qualquer outra tarefa possível, não importa quão pequena e insignificante, antes de se sentar e criar o roteiro de sua apresentação?
- A etapa de criar a apresentação é desagradável, árdua e a parte menos divertida ao preparar sua apresentação?

Se isso soa verdadeiro para você, então vai ficar feliz em saber que existe uma técnica bem simples de criação que o ajudará a:

- encontrar um fluxo lógico para sua apresentação;
- incluir toda a informação que você precisa, nos momentos corretos, sem lacunas;
- revelar maneiras criativas de apresentar sua mensagem de forma que você se sobressaia.

E adivinha? Ao utilizar essa técnica, você não precisará ler as suas anotações – você nem mesmo vai precisar olhar seus *slides* de Power-Point para se lembrar do que dizer em seguida!

Parece muito bom para ser verdade, não é?!

Storyboarding: uma técnica mágica de criação

Tenha uma boa ideia e a mantenha. Persista nela e trabalhe-a até que seja realizada, e realizada corretamente.

Walt Disney, produtor cinematográfico norte-americano

A técnica mágica para criar sua apresentação é chamada de *storyboarding*. Ela foi utilizada pela primeira vez por Walt Disney nos anos 1930, e é muito utilizada atualmente ao redor do mundo por produtores cinematográficos e pessoas criativas na área de negócios para planejar ou ter ideias, para elaborar um roteiro, um livro, uma campanha – qualquer coisa, até uma apresentação.

O modelo de Walt Disney utiliza três chapéus – isso mesmo, chapéus como os que você usa em sua cabeça. Os três chapéus são chamados de Sonhador (no qual você tem suas ideias), Realista (no qual você distribui suas ideias na parte correta do 4MAT System) e Crítico (no qual você faz alguns julgamentos sobre o que manterá, o que rejeitará e sobre a ordem em que apresentará seus argumentos).

Mas não se preocupe, pois você não precisa sair e comprar três chapéus! Apenas acompanhe o processo a seguir e observe como é fácil, minucioso e eficiente.

Como fazer um *storyboard*?

O processo de *storyboarding* é fácil e rápido, e o melhor é que você pode utilizar o conceito de *storyboard* com o 4MAT System, discutido no capítulo 3. A figura 4.1 demonstra como criar um *storyboard*.

Figura 4.1: construindo um *storyboard*

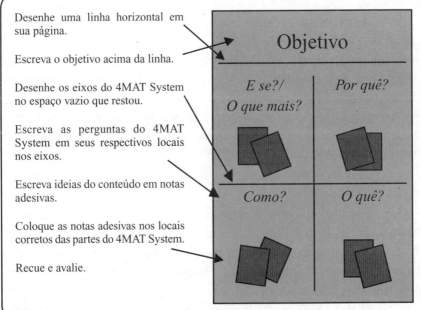

Primeiro, prepare-se:

1. Pegue uma folha de papel para *flipchart* e alguns pincéis atômicos.

2. Fixe a parte superior do papel em uma parede, um pouco acima da linha dos seus olhos, de forma que você olhe para cima para ver o papel.

3. Desenhe uma linha horizontal na parte superior da página, a cerca de dez centímetros do limite superior.

4. Desenhe o espaço para as quatro perguntas do 4MAT System usando os eixos e ocupando a maior parte do papel (ver figura 3.1, na p. 65).

5. Escreva as perguntas *Por quê?*, *O quê?*, *Como?*, *E se?* e *O que mais?* nos respectivos locais no 4MAT System.

6. Escreva o objetivo de sua apresentação (que você definiu na etapa 1 deste livro) na parte superior do papel, acima da linha que foi feita. Isso o ajudará a se manter concentrado enquanto estiver usando o chapéu de Sonhador e tendo ideias para essa apresentação.

Depois, comece a fazer o *storyboard*, seguindo estes passos:

1. Tenha ideias. Coloque seu chapéu de Sonhador. Esta é a etapa de ter ideias. Ao usar o chapéu do Sonhador, sua função é propor todo o conteúdo que possa fazer parte de sua apresentação. Permita-se ser tão criativo quanto possível. Lembre-se: seu objetivo é apresentar maneiras incríveis de transformar o que seu público está pensando/sentindo/fazendo no que você gostaria que ele estivesse pensando/sentindo/fazendo. Com certeza algumas de suas ideias serão desordenadas e impraticáveis, mas isso não tem problema nesta etapa.

2. Resuma. Cada vez que você pensa em uma ideia, deve resumi-la com uma palavra-chave.

3. Escreva. Escreva a palavra em uma nota adesiva com letras maiúsculas de fácil leitura. Certifique-se de utilizar palavras-chave.

4. Cole. Depois de escrever a palavra-chave em uma nota adesiva, coloque-a acima da linha traçada. (Não tem problema se colar as notas adesivas uma em cima da outra.)

5. Distribua. Quando terminar de usar o chapéu de Sonhador, tire-o (isto é, metaforicamente!) e substitua-o pelo chapéu de Realista. Lembre-se: com o chapéu de Realista, você distribui as notas adesivas.

Então, nessa etapa do processo, você simplesmente pega cada nota adesiva e a coloca na parte correta do 4MAT System. Em outras palavras, coloque os argumentos de *Por quê?* na seção *Por quê?*, e assim por diante.

6. Analise. Ao terminar a distribuição, tire o chapéu de Realista (falando de novo metaforicamente) e coloque o chapéu de Crítico. Lembre-se: com o chapéu de Crítico, você deve fazer alguns julgamentos sobre o que será mantido e o que será descartado. Nessa etapa do processo, você deve analisar criticamente seu conteúdo. Quantas ideias você colocou em cada quadrante? Você deu preferência a um quadrante em detrimento de outros? Você precisa colocar seu chapéu de Sonhador de novo e pensar em outras ideias para um ou mais quadrantes que parecem estar um pouco vazios?

7. Selecione. Elimine repetições ou quaisquer ideias que, verificando novamente, não parecem fazer parte dessa apresentação específica. Considere também quão apresentáveis são suas ideias mais criativas. Algumas dessas ideias são muito radicais para seu público? Se existe algo que você acha que não vai funcionar em sua apresentação, agora que você a está observando direito, elimine essas notas adesivas, retirando-as de seu *storyboard*.

8. Acrescente. Veja se você consegue pensar em alguma informação adicional ou em novas ideias que gostaria de acrescentar nessa apresentação específica e inclua-as em novas notas adesivas, colocando-as na parte correta do *storyboard*.

9. Organize. Coloque as notas adesivas em um padrão (qualquer padrão) dentro de seus quadrantes. Você pode colocá-las em linhas horizontais, verticais, diagonais, ou em círculos, o que funcionar melhor para você.

> **DICA**
>
> *Michelle diz...*
> *A única regra com o padrão é que ele deve fazer sentido para você, pois é assim que irá se lembrar melhor de seus argumentos em cada quadrante no 4MAT System.*

Parabéns! É hora de retirar seu chapéu de Crítico e fazer a apresentação!

Quer você perceba ou não, está no caminho certo para conseguir se apresentar sem as anotações! Como pode ver, sua escolha de padrão realmente o ajudará a se lembrar dos argumentos. Surpreendente! Mágico! Sem recorrer às suas anotações, você terá mais credibilidade e envolvimento, e ficará mais bem conectado com as pessoas em seu público.

> **DICA**
>
> *Michelle diz...*
> *A todo o custo, você quer pelo menos tentar se apresentar sem recorrer às suas anotações. Isso porque, toda vez que você olha as anotações, passa uma mensagem ao público dando a entender que não conhece o conteúdo, o que, por sua vez, diminui sua credibilidade e toda a eficácia.*

Os benefícios do *storyboarding* como ferramenta de criação

> *O sucesso depende de uma preparação prévia, e, sem tal preparação, o fracasso é certo.*
>
> Confúcio, filósofo chinês

O *storyboarding* oferece muitos benefícios. Irei listá-los aqui:

- É uma ferramenta de memória. É o ato de escrever, colar e colar novamente suas notas adesivas que ajuda a fixar as mensagens principais em sua memória.
- É rápido. Você começa a trabalhar em sua apresentação sem aquela terrível vontade de deixar para depois – de verdade, não existem mais desculpas!
- É abrangente. Ele garante que você aborde todas as áreas importantes para todos em seu público, não apenas para as pessoas que ouvem e aprendem da mesma maneira que você.

- É interessante e envolvente. Você pode fazer sua apresentação sem olhar para suas anotações. Isso significa que você pode ter contato visual com seu público, o que é ótimo para estabelecer uma relação.
- Induz à confiança. Quando você sabe que colocou a quantidade certa de trabalho para levar a mensagem a um nível profissional e efetivo, e sabe que atende às necessidades de todo o público, como pode não se sentir confiante? Você será capaz de permanecer firme e transmitir sua mensagem com a confiança que a preparação lhe proporciona.
- É flexível. Já ocorreu de pessoas o interromperem enquanto você está fazendo uma apresentação e isso fazer você se sentir terrivelmente fora do caminho? Bem, usar o *storyboarding* significa que você conhecerá sua mensagem bem o suficiente para fazer uma pausa quando for interrompido, abordar o assunto que foi trazido à tona e depois retornar ao ponto em que estava em sua mensagem. Fantástico, não é?

A história de Michael

Michael me chamou para trabalhar com ele em um discurso de vendas muito importante para o setor executivo de seus negócios. Ele estava pedindo um grande aumento de orçamento em seu departamento.

Michael passou muitos dias trabalhando no PowerPoint para estruturar sua mensagem. Sua preocupação era que a mensagem ainda não fluísse de maneira efetiva do ponto de vista do público. Ele percebeu que era até mesmo difícil se lembrar de quais partes da mensagem ele deveria transmitir antes das outras; como consequência, ele sentia que passaria a impressão de desorganizado ao apresentar o conteúdo. Ele podia dizer do fundo do coração que não teria a aceitação de que necessitava.

Expliquei para Michael que o PowerPoint não é o melhor ponto de partida quando se está criando uma apresentação. É difícil visualizar todas as suas informações e estruturar seus argumentos de forma lógica. E, o mais importante, criar dessa maneira tende a ter o foco no palestrante e propensão a diminuir sua habilidade de influenciar o público a transformar seu pensamento ou comportamento.

Convenci Michael de que ele deveria abandonar a apresentação na qual havia trabalhado por tanto tempo. Em vez de perder mais um segundo em um tipo de criação que não estava funcionando, fizemos um *storyboard* de sua apresentação.

Michael colocou suas mensagens principais acima da linha em sua folha de papel para *flipchart*. Depois, colocou cada nota adesiva em seu quadrante respectivo do 4MAT System, acrescentou algumas ideias novas, retirou algumas ideias que percebeu não serem apropriadas e dispôs as notas adesivas restantes em um padrão. Adivinhe o que aconteceu? Sua apresentação nova, revisada e convincente foi completamente criada em 15 minutos!

Em seguida, Michael seguiu meus 13 Passos para Criar uma Excelente Apresentação (esses passos são abordados em detalhes no capítulo 5), aumentando a chance de influenciar seu público a dizer "sim" a seu pedido.

E qual foi o resultado? Michael foi recompensado com o orçamento que pediu. Ele ficou aliviado e radiante, e eu também fiquei entusiasmada por ele!

O *storyboarding* funciona – eu recomendo que você o experimente!

TENTE FAZER ISTO

Exercício

1. Reúna alguns papéis para *flipchart*, pincéis atômicos, alguns adesivos reutilizáveis (para colar o papel na parede) e notas adesivas.
2. Siga os passos deste capítulo para fazer o *storyboard* de sua própria apresentação.
3. Lembre-se de ter um objetivo, não um tema. Por exemplo: Por que viajar para Bornéu? Por que se exercitar? Por que viajar? Como ficar em forma?
4. Certifique-se de utilizar os três chapéus do *storyboarding*: o Sonhador, o Realista e o Crítico.

5. Que tal tentar fazer a apresentação sem olhar as suas anotações?
6. Saiba que se você acreditar em si mesmo, o *storyboarding* realmente vai funcionar!
7. Quando terminar, não olhe para trás e observe o que deixou passar – este não é o espírito da coisa! Olhe para trás, fique orgulhoso do que se lembrou e diga com entusiasmo: "Eu sou um excelente palestrante".

Pela minha experiência, quando as pessoas aprendem o 4MAT System para estruturar sua mensagem, elas o acham ótimo! Na verdade, após aprender esse modelo, muitos de meus clientes voltam para casa e o ensinam a seus filhos, para fazerem suas apresentações de escola, porque ele é fácil de utilizar. E eu realmente acredito que seja uma orientação eficiente. É um modelo prático, teoricamente rigoroso e focado no público. O que é complicado neste modelo, logo que você o aprende, é que algumas vezes pode ser difícil saber o que dizer para cada uma das quatro perguntas. E o capítulo 5 foi desenvolvido para ajudá-lo a fazer isso; portanto, você vai continuar lendo, não vai?!

Principais dicas para criar sua apresentação

- O *storyboarding* é uma ferramenta usada com o 4MAT System para criar sua apresentação em uma quantidade mínima de tempo.
- O *storyboarding* garante que você capture todas as suas ideias importantes de forma rápida e sucinta, sem deixar para depois.
- O *storyboarding* também é uma ferramenta de memória, então diminui sua necessidade de usar anotações e permite que você se conecte com seu público.
- Certifique-se de utilizar notas adesivas quando fizer o *storyboard*: elas irão ajudar a acelerar o processo e a lembrar dos objetivos principais.

Capítulo 5

Escreva sua apresentação em 13 passos

Deus está nos detalhes.
Ludwig Mies van der Rohe, arquiteto alemão

Em 2006, desenvolvi um modelo que o ajudará a passar de sua série de argumentos com uma palavra em seu *storyboard* para uma apresentação completamente desenvolvida, detalhada e roteirizada, que transformará seu público do estado atual dele para seu estado desejado. Eu chamo esse modelo de 13 Passos para Criar uma Excelente Apresentação (13 Passos).

Meus 13 Passos combinam todos os elementos principais de uma apresentação influente e o ajudam a saber exatamente o que dizer, com precisão, exatidão e domínio linguístico. Especificamente, meus 13 Passos o ajudarão a conquistar o seguinte:

- Estabelecer uma relação profunda com seu público.
- Estimular seu público a ouvir de maneira ativa.
- Lidar com os conflitos ou objeções do público em relação ao seu conteúdo.
- Influenciar seu público a pensar, sentir e fazer o que você planejou.
- Garantir que você responda às perguntas dos membros do público (tanto as ditas quanto as não ditas), independentemente da personalidade deles.
- Sentir-se confiante de que você se preparou cuidadosamente para qualquer público.

Aqui estão os 13 Passos resumidamente:

1. Estabeleça uma relação com seu público.
2. Expresse sua perspectiva.
3. Motive seu público a prestar atenção.
4. Lide de forma proativa com as objeções do público.
5. Controle e relaxe seu público.
6. Comunique os fatos, os números e os dados.
7. Explique os passos para implementar suas ideias.
8. Forneça outras informações.
9. Resuma seus três pontos principais.
10. Chame seu público para uma ação.
11. Aborde as perguntas e respostas.
12. Destaque as consequências negativas e positivas.
13. Encerre com chave de ouro!

Agora, vamos percorrer cada um dos 13 Passos mais detalhadamente. Você pode pensar em uma apresentação que precisa fazer em breve e que possa ser usada como um exemplo de trabalho conforme percorremos os vários padrões de linguagem. No fim de cada passo, você pode parar e escrever os padrões de linguagem relevantes para seu exemplo de trabalho específico.

Passo 1: Estabeleça uma relação com seu público

DICA

Michelle diz...

O objetivo da abertura de sua apresentação é alcançar 100% de inclusão. Isso significa que cada pessoa em todo o seu público concorda com você desde sua primeira palavra!

O público está habituado a aberturas terríveis, desajeitadas e pouco sofisticadas nas reuniões e apresentações. É por isso que é tão estimulante para o público quando você transmite sua abertura com confiança e carisma. Mas como fazer isso?

Escreva sua apresentação em 13 passos

Bem, excelentes palestrantes não começam direto realizando sua apresentação nem se apresentam primeiro. Eles reconhecem a necessidade de estabelecer uma relação com seu público como prioridade.

O que é uma relação?

Uma relação é sua conexão ou relacionamento com seu público. Você já deve ter percebido que é mais fácil estabelecer uma relação com pessoas que são como você. É por isso que você é parecido com seus amigos! E você deve estar muito ciente de que geralmente é difícil estabelecer uma relação com pessoas das quais não gosta ou que não são como você.

Nos discursos de abertura de sua apresentação, você deve se lembrar de que não está se apresentando apenas para pessoas que são exatamente como você. Na verdade, geralmente, você vai se apresentar para pessoas que não são nada parecidas com você. Então, como você naturalmente estabelece uma relação com os membros do público que são como você, o que fazer a respeito de todas as outras pessoas?

Ao começar sua apresentação, seu objetivo deve ser alcançar 100% de inclusão. Isso significa que você está tentando alcançar 100% de sucesso ao fazer seu público concordar com o que você tem a dizer e com o que você quer que ele faça. Isso não seria incrível? Parece bom demais para ser verdade, não é?

Como estabelecer uma relação na abertura de sua apresentação

DICA

Michelle diz...
Utilize discursos inclusivos que estabeleçam uma relação com seu público ao começar sua apresentação.

Para alcançar um alto nível de inclusão a partir do início de sua apresentação, a melhor forma de começar é utilizando o que chamo de discursos inclusivos.

Os discursos inclusivos são afirmações que os membros de seu público irão compreender, e com as quais irão se identificar e concordar. Existem dois tipos de discursos inclusivos: universais e truísmos.

Os universais são discursos compreendidos por todos, e todos se identificam com eles. Por exemplo:

Muitas pessoas gostariam de ser mais bem-sucedidas.
A maioria de nós gostaria de ter mais dinheiro para gastar com coisas que apreciamos.
Muitos de nós gostariam de ser amados em suas vidas.

Por outro lado, os truísmos são discursos verdadeiros apenas para o público específico para o qual você está fazendo a apresentação no momento, nesse contexto específico. Por exemplo, se eu estivesse falando para um grupo de empresários em um seminário motivacional, poderia dizer:

Muitos de vocês são bons em determinar e alcançar suas metas.
Apesar de vocês já serem bem-sucedidos em seus empreendimentos atuais, muitos de vocês estão aqui hoje porque estão buscando a chave para inspirá-los e capacitá-los para mais magnitude.
Muitos de vocês estão entusiasmados com a oportunidade de desbloquear seu potencial por inteiro.

Em outras palavras, um discurso universal é comum a todas as pessoas em todas as indústrias e ambientes. O truísmo é verdadeiro apenas para as pessoas para as quais você está fazendo a apresentação no momento; portanto, é mais focado no público. Por essa razão, os truísmos são mais propensos a serem específicos de uma indústria, profissão ou organização.

Por que você precisa fazer discursos inclusivos

Como você pode ver pelos exemplos, os discursos inclusivos podem ser utilizados de maneira muito produtiva para demonstrar empatia pelos membros do público e por sua situação. Esses discursos estabelecem uma relação com seu público porque refletem as atitudes dele de volta para ele. Toda vez que você faz um discurso com o qual os membros de seu público podem se identificar, eles acenam com a cabeça concordando e pensam: "Sim, essa pessoa compreende como é ser eu". É isso que chamamos de relação.

As pessoas que gostam umas das outras tendem a ser umas como as outras.

Anthony Robbins, autor de autoajuda e palestrante motivacional

Certificando-se de que os membros do público não discordem de seus discursos inclusivos

Existem algumas palavras inteligentes que você pode acrescentar em seus discursos inclusivos para garantir que as pessoas com tendência a serem advogadas do diabo não discordem facilmente de suas afirmações. São palavras como a *maioria, alguns, diversos, vários, muitos, poucos, outros* e *não*. Na verdade, existem muitas outras palavras semelhantes que trarão o mesmo resultado para você.

Deixe-me dar um exemplo. Se eu dissesse para o meu público: "Todos vocês assistiram a um excelente filme na semana passada", é provável que algumas pessoas pudessem discordar dessa afirmação. Se você discordar da minha afirmação, então eu (ainda) não fui bem-sucedido em conquistar sua concordância sobre as coisas que falei até agora.

Se, por outro lado, eu dissesse: "Se vocês assistiram a um excelente filme na semana passada ou não..." ou "Muitos de vocês podem ter assistido a um excelente filme na semana passada", ou até mesmo "Vários de vocês assistiram a um excelente filme na semana passada", então eu criaria ou manteria 100% da inclusão desejada.

Aqui está outro exemplo. Se eu dissesse: "*Todos* vocês concordarão com a necessidade do imposto sobre o carbono", você poderia discordar comigo quanto ao uso do termo absoluto "todos", o que torna esse discurso exclusivo, em vez de 100% inclusivo. Agora, sugiro utilizar esta alternativa: "Independentemente se vocês concordam ou não com a necessidade do imposto sobre o carbono, concordarão que devemos considerar cuidadosamente o impacto a longo prazo das mudanças climáticas na Austrália".

Escrevendo os melhores discursos inclusivos para sua apresentação

DICA

Michelle diz...
É importante que você esteja completamente focado no público ao escrever sua abertura.

Com certeza é muito importante que você escreva os melhores discursos inclusivos possíveis para iniciar sua apresentação.

Eu já observei pessoas utilizando esta técnica incorretamente, e elas acabam demonstrando que passaram pouco tempo pensando sobre as necessidades de seu público. Talvez você saiba o que estou querendo dizer.

O exemplo mais óbvio em que consigo pensar é quando treinadores corporativos recebem seus participantes novamente após o intervalo para o chá e fazem um comentário sobre esse intervalo como seu discurso de abertura para o próximo assunto do treinamento: "Esses bolinhos macios estavam deliciosos, não é, pessoal?". Embora isso seja realmente um truísmo (porque as pessoas viram esses bolinhos ou até mesmo os comeram), esse tipo de afirmação pode ser percebido como um pouco superficial, o tipo de discurso que alguém faz quando não consegue pensar em nada mais para dizer. Seria melhor conversar com os participantes durante o intervalo e depois abrir com um discurso iniciando o próximo assunto do treinamento, que se relaciona ao conteúdo que o público está prestes a aprender. Por exemplo: "Eu tive boas conversas com alguns de vocês durante o intervalo e agora compreendo que alguns podem querer passar mais tempo discutindo exemplos de discursos inclusivos".

O que seu público já sabe ser verdade?

Certifique-se de se colocar no lugar de seu público e apresentar os seus melhores, mais perspicazes e inclusivos discursos de abertura possíveis, para conseguir aumentar sua relação com ele. Ao escrever seus discursos inclusivos, é uma boa ideia se questionar: "O que meu público já sabe ser verdade?". Quando tiver algumas respostas, certifique-se de que todas elas estão relacionadas ao assunto, e flua natural e suavemente de um discurso ao seguinte. Você consegue identificar os discursos inclusivos em cada um destes exemplos?

Exemplo 1

Se eu fosse fazer uma apresentação a um grupo de consultores financeiros, poderia dizer:

> Vocês devem estar muito cientes da turbulência nos mercados financeiros atualmente. Alguns de vocês podem ter percebido que as preocupações dos clientes aumentaram acentuadamente de acordo com a recente atuação da quota de mercado internacional e da subsequente cobertura negativa da mídia. Muitos de vocês precisam falar com os clientes que querem retirar seus fundos de investimentos baseados em ações.

Exemplo 2

Se eu estivesse fazendo uma apresentação a um grupo de representantes do serviço de atendimento ao cliente, iria refletir o que eles já sabem ser verdade:

> Muitos de nós já recebemos um serviço de atendimento ao cliente fraco, e sabemos que geralmente isso significa que não iremos retornar ao prestador de serviços se pudermos evitar. Muitos de nós esperamos que o serviço de atendimento ao cliente (da Empresa X) se esforce para oferecer uma excelente assistência.

Você consegue observar como isso funciona?

Quantos discursos inclusivos você deve fazer?

O número de discursos inclusivos que você deve transmitir depende do nível de relação que você tem com seu público. Se você conhece bem seu público ou está na mesma profissão ou organização que os participantes, então provavelmente precisará de menos discursos inclusivos do que precisaria se fosse uma pessoa de fora. Além disso, se você tem a meta de influenciar intensamente seu público, precisará se esforçar mais para estabelecer uma relação, e isso significa que precisará de mais discursos inclusivos.

Eu tenho uma fórmula simples para você seguir na tabela 5.1.

Tabela 5.1: fórmula para estabelecer uma relação com seu público

Nível de relação	Número de discursos inclusivos
Se a relação for inexistente	Você precisa de, no mínimo, três discursos inclusivos.
Se a relação for boa	Você precisa de, no mínimo, dois discursos inclusivos.
Se a relação for excelente	Você precisa de, no mínimo, um discurso inclusivo.

Em outras palavras, o número de discursos inclusivos necessários está diretamente relacionado ao nível de relação existente.

TENTE FAZER ISTO

Exercício

1. Escreva seus discursos inclusivos para uma futura apresentação.
2. Ensaie algumas vezes como eles serão ditos, até que soem tão naturais, autênticos e fluentes quanto possível.

De que outra forma você pode estabelecer uma relação com seu público?

Você também pode estabelecer uma relação com os membros de seu público sendo tão semelhante a eles quanto possível. Isso também é conhecido como acompanhar seu público, e é o que muitos vendedores chamam de "combinar e refletir". Combinar e refletir ocorre quando você se certifica de que sua voz, sua linguagem corporal, seu contato visual e seu jeito de se vestir (citando apenas algumas coisas) estão alinhados com a voz, a linguagem corporal, o contato visual e o jeito de se vestir de seu público. Dessa forma, o público sentirá que você é como ele, e é verdade que gostamos de pessoas que são como nós. Dessa maneira, o acompanhamento estabelece uma relação com seu público. Acompanhar, combinar ou refletir não é a mesma coisa que imitar seu público. Imitar geralmente envolve um grau de sarcasmo e, portanto, rompe a relação.

> **DICA**
>
> *Michelle diz...*
> *É importante que você não acompanhe seu público de uma maneira óbvia, ou vai parecer que está usando uma técnica com seu público, e isso romperá a relação.*

Você pode combinar e refletir muitas coisas para parecer semelhante aos membros de seu público. Listarei algumas delas aqui. Você pode combinar e refletir o contato visual, a linguagem corporal, a variação de voz, a linguagem (incluindo gírias e jargões), a respiração, a energia, o jeito de se vestir, os interesses e as atitudes dos membros de seu público.

> *Descubra a parte deles que combina com uma parte sua, e com certeza criará uma relação significativa.*

Kirsty Spraggon, especialista em estabelecer relações

TENTE FAZER ISTO

Exercício

1. Algumas pessoas acham que o acompanhamento é mais fácil do que outras. Pense sobre a próxima vez em que você tem de realizar uma apresentação.
2. Faça uma lista de todas as maneiras como você pode acompanhar seu público (ou ser como ele).
3. Certifique-se de ter colocado em ação todos os passos necessários, a fim de que possa acompanhar seu público a partir do momento em que ficar diante dele.

Usando uma frase para quebrar o gelo ao começar sua apresentação

O que chamamos de começo geralmente é o fim. E fazer um fim é fazer um começo. O fim é por onde começamos.

T. S. Eliot, poeta, editor, dramaturgo, crítico literário e crítico social

Alguns oradores e palestrantes da área de negócios preferem começar com uma frase para quebrar o gelo em vez de usar alguns discursos inclusivos. É verdade que usar frases para quebrar o gelo pode ser um método muito eficiente para obter a atenção do público em determinadas situações. Se você escolher usar uma frase para quebrar o gelo, ainda assim deve usar, em seguida, alguns discursos inclusivos na maioria das situações. E recomendo que as frases para quebrar o gelo sejam usadas seletivamente, pois uma frase escrita ou transmitida de forma fraca pode dificultar o estabelecimento de uma relação. Se você gosta da ideia de começar sua apresentação com uma frase para quebrar o gelo, continue lendo.

O que é uma frase para quebrar o gelo?

Uma frase para quebrar o gelo pode ser uma piada ou um fato, um número ou uma estatística interessante que você transmite nos primeiros 30 segundos para ajudar seu público a se acomodar e prestar atenção no que você tem a dizer. É chamada de frase para quebrar o gelo porque sua tarefa é iniciar o discurso.

Alguns exemplos de boas frases para quebrar o gelo

Seguem algumas das melhores frases para quebrar o gelo que já ouvi ao longo dos anos:

Não se trata das cartas com as quais você está jogando. Trata-se da maneira como você as joga. Meu nome é [nome], e eu estou aqui hoje para falar com vocês sobre como viver sua vida melhor.

Na Austrália, uma em cada seis pessoas afirma que é intimidada. Meu nome é [nome], e eu estou aqui hoje para ajudá-los a compreender o impacto de sua marca cultural em sua organização.

Vocês sabiam que se pegássemos todos os biscoitos doces que produzimos em um ano e os colocássemos lado a lado, eles se estenderiam daqui até Nova York? São muitos biscoitos. Muito bem-vindos! Hoje, estou aqui para falar com vocês sobre a produção de nossa gama de biscoitos doces.

Como você pode ver, o padrão geral de uma frase para quebrar o gelo é:
- comunicar um fato, um número ou uma estatística interessante;
- anunciar seu nome e dar boas-vindas a seu público;
- dizer ao público sobre qual assunto você irá falar e o que eles vão obter ao ouvir sua apresentação.

O que você precisa saber para criar uma frase eficiente para quebrar o gelo

Seguem os pontos principais sobre como utilizar uma frase para quebrar o gelo de maneira eficiente:
- As frases para quebrar o gelo devem ser transmitidas antes de você se apresentar.
- Elas devem estar relacionadas ao conteúdo de sua apresentação.

- Elas devem ser transmitidas de maneira fluente, ou vai parecer que você ficou lendo um livro sobre habilidades em apresentações!
- O ideal é mencionar o assunto de sua frase para quebrar o gelo durante a apresentação e, depois, no encerramento, para haver alguma continuidade.

DICA

Michelle diz...

As frases para quebrar o gelo podem ser uma maneira muito eficiente de se começar uma apresentação. Você também já deve ter percebido que algumas dessas frases nem sempre estabelecem uma relação. Na verdade, elas podem romper uma relação com seu público. Portanto, tenha cuidado. Se você decidir utilizar uma frase para quebrar o gelo, certifique-se de utilizá-la corretamente.

TENTE FAZER ISTO

Exercício

1. Pense em uma frase para quebrar o gelo que você poderia usar em sua próxima apresentação.
2. Escreva-a e ensaie algumas vezes como você vai dizê-la até que pareça natural, autêntica e fluente.
3. Planeje e ensaie a ligação entre sua frase para quebrar o gelo e seu conteúdo, para que a abertura de sua apresentação seja o mais harmoniosa possível.

Passo 2: Expresse sua perspectiva usando um discurso principal

Perguntar é o começo para receber. Certifique-se de não ir para o mar com uma colherzinha. Leve pelo menos um balde, assim as crianças não vão rir de você.

Jim Rohn, empresário, autor e palestrante motivacional

Depois de estabelecer uma relação com seu público nos discursos de abertura, usando discursos inclusivos que refletem o que ele já sabe ser verdade, você está na posição perfeita para apresentar seu discurso, sua ideia, sua visão, sua opinião, sua proposta ou seu argumento principal, o que, por definição, será mais controverso. Esse discurso é chamado de discurso principal.

As características que definem um discurso principal são as seguintes:

- É sua mensagem principal e aquilo em que você realmente quer que seu público acredite.
- É controverso por natureza – significando que o público pode muito bem discordar de você.
- Deve ser lógico. Não faz sentido inventar um discurso principal com o qual seu público nunca vai concordar, porque é tão controverso que chega a ser ridículo. Certifique-se de que o discurso principal seja algo com o qual o público poderia, eventualmente, concordar (possivelmente após alguma determinada negociação).

Você deve se lembrar de que nos concentramos no discurso principal na etapa 1 (capítulo 2). Portanto, se fez sua preparação em cinco passos (discutida detalhadamente no capítulo 2), já escreveu seu discurso principal.

Utilizando seu discurso principal com seus discursos inclusivos para uma abertura poderosa

Imagine-se caminhando pela sua vizinhança. Conforme caminha, você observa um amigo seu correndo mais adiante. Vamos supor neste exemplo que você queira conversar com seu amigo. O que precisa fazer? Sim, isso mesmo: você tem de começar a correr em direção a ele, não é? Mas vamos supor que você não goste muito de correr! Depois de correr com ele por um tempo, se você diminuir o ritmo e caminhar, o que acha que seu amigo provavelmente fará? Sim, eu também acho isto: ele provavelmente vai diminuir o ritmo e caminhar com você. É isso que chamamos de *acompanhar* e *conduzir*.

Acompanhar é quando você corre com seu amigo, na velocidade e no ritmo dele – é quando você fica o mais parecido com ele possível. No contexto de sua apresentação, é quando você combina e reflete a voz, a linguagem corporal, o contato visual e o jeito de se vestir dos membros de seu público. E é quando você transmite seus discursos inclusivos, que refletem o que eles já sabem ser verdade. Conduzir é quando você desacelera e seu amigo se ajusta a seu ritmo. No contexto da apresentação, conduzir é quando você transmite seu discurso principal ou a mensagem principal na qual deve fazer seu público acreditar.

Em outras palavras, quando se trata da abertura de sua apresentação, você acompanha as atitudes de seu público utilizando discursos inclusivos e depois conduz o público, afirmando aquilo em que você quer que ele acredite (seu discurso principal).

> **DICA**
>
> **Michelle diz...**
> *Você não tem permissão para conduzir seu público até tê-lo acompanhado primeiro.*

Como imprimir ritmo e liderar na abertura de sua apresentação

Uma das maneiras de imprimir ritmo e liderar na abertura de sua apresentação é, primeiramente, fazer alguns discursos inclusivos que reflitam a seu público o que ele já sabe ser verdade. Esses discursos inclusivos devem estar relacionados e fazer sentido entre si, além de levar o público a acreditar em seu discurso principal. Depois de fazer seus discursos inclusivos e estabelecer uma relação forte, você então deve fazer seu discurso principal.

Combinando discursos inclusivos com um discurso principal

Aqui está um exemplo para você.

Muitos de nós já recebemos um serviço de atendimento ao cliente fraco, e sabemos que, geralmente, isso significa que não procuraremos novamente o prestador de serviços se pudermos evitar. Muitos de nós esperamos que o serviço de atendimento ao cliente da Empresa X se esforce para oferecer uma excelente assistência. A Assistência ao Cliente da Empresa X está empenhada a superar as expectativas de nossos clientes de diversas maneiras; e, como resultado, temos apenas 10% de rotatividade de clientes a cada ano.

Você pode ver neste exemplo que os três discursos inclusivos tornam mais fácil aceitar o discurso principal sobre comprometimento e porcentagem da rotatividade de clientes. Sem os discursos inclusivos antes do discurso principal, você pode parecer muito direto ou confrontante. Você não tem permissão para conduzir ou influenciar seu público até ter estabelecido uma relação utilizando discursos inclusivos.

Isso parece ser manipulador. Não tem problema?

Você está totalmente certo: imprimir ritmo e liderar é a técnica para influenciar mais antiga que existe. E você já parou para pensar que você não pode *não* influenciar? É verdade, não é? Estamos constantemente influenciando os outros, às vezes de forma consciente, às vezes de forma inconsciente. Quando se trata de fazer uma apresentação, acho melhor influenciar os outros com cuidado, preocupação e atenção quanto às necessidades do público de uma maneira premeditada, e com

Como Fazer Apresentações

o maior cuidado com os membros de seu público, em vez de tentar não os influenciar e cometer acidentalmente algo antiético, como sugerir algo inadequado ou ofender o público de alguma maneira.

Os negociadores utilizam a técnica de imprimir ritmo e liderar o tempo todo. Na verdade, você provavelmente pode observar que a necessidade de estabelecer uma relação imprimindo ritmo e liderando o público à sua maneira não acontece apenas no começo de sua apresentação. Comunicadores inteligentes imprimem ritmo e lideram o tempo todo, no começo, no meio e no fim de uma conversa, a fim de influenciar as outras partes.

Lembre-se de que você não tem permissão para liderar um público a menos que tenha determinado o ritmo primeiro. Em outras palavras, você não pode pedir nada antes de ter estabelecido uma relação. (Bem, você pode pedir, mas, sem a relação, ele provavelmente irá se negar a atendê-lo!) Pela minha experiência, você pode conseguir o que quiser, se puder compreender como utilizar esta maravilhosa técnica de comunicação chamada de imprimir ritmo e liderar.

O que irá acontecer se você não utilizar a técnica de imprimir ritmo e liderar em sua abertura?

A técnica de imprimir ritmo e liderar é muito boa. Você pode observar que consegue alcançar qualquer coisa que queira em sua vida baseado em sua habilidade de imprimir ritmo e liderar. Sem essa técnica, vai ser difícil estabelecer uma relação forte, e você não vai conseguir usar ao máximo sua habilidade de levar seu público a concordar com seu discurso ou mensagem principal. Recomendo que você utilize a técnica de imprimir ritmo e liderar como uma estratégia para iniciar suas apresentações.

> **TENTE FAZER ISTO**

Exercício

1. Enquanto lê este livro, verifique a apresentação na qual está trabalhando. Certifique-se de que seus discursos inclusivos do Passo 1 dos 13 Passos estejam intensamente relacionados ao seu discurso principal do Passo 2 dos 13 Passos.
2. Verifique se seus discursos inclusivos no Passo 1 e seu discurso principal no Passo 2 são uma abertura poderosa para sua apresentação.
3. A combinação dos Passos 1 e 2 estabelece uma relação forte com seu público?

Passo 3: Motive seu público a prestar atenção

> *Pessoas realmente importantes fazem você sentir*
> *que também pode se tornar importante.*
>
> Mark Twain, escritor

Você já parou para pensar sobre quantas reuniões já presenciou em um dia de trabalho das quais extraiu muito pouco valor? Quantas reuniões você acha que já presenciou simplesmente porque era obrigado a fazer isso, descobrindo, ao retornar, que tudo no que você podia pensar era em todo o trabalho que tinha se acumulando em sua mesa enquanto estava lá? Quando você se sente assim, está claro que não percebeu os benefícios de participar da reunião e que provavelmente foi difícil se manter conectado de forma atenta e emocional. O palestrante parecia estar dizendo "blá, blá, blá", porque ficou muito difícil para você prestar atenção.

Sabemos que a maioria dos membros do público comparece a reuniões e apresentações pensando que será uma completa perda de tempo. Fiz uma pesquisa com cerca de 800 pessoas que já participaram de meus programas de treinamento de Habilidades em Apresentações Influentes, e elas disseram que, em média, 65% das reuniões que presenciaram foram totalmente não relacionadas às suas funções, ou não as ajudaram a alcançar suas metas. Nossa! Não é de se admirar que nossos colegas são normalmente passivos quando se sentam para participar de nossas reuniões.

É comum os palestrantes pensarem que a motivação para ouvir, agir ou seguir suas recomendações é óbvia e não precisa ser afirmada abertamente. Também é comum os palestrantes pensarem que as pessoas são motivadas pelas mesmas coisas. Esse, com certeza, não é o caso!

Os membros de seu público irão buscar (mesmo de forma inconsciente) uma razão. Essa razão é definida pela pergunta *O que eu vou ganhar com isso?* Você não vai obter a atenção completa de seu público até responder a essa pergunta para ele.

Já que sabemos ser possível que muitas das pessoas em seu público não estão dispostas a estar lá, faz sentido ser sua função como palestrante motivar seu público a querer escutá-lo. Quando você compreende o que motiva as pessoas, fica realmente mais fácil motivar seu público a se sentar e prestar atenção em sua mensagem.

Ao preparar sua apresentação, é importante se lembrar de que não a está criando para si mesmo: você a está criando para seu público. Não se trata de você – trata-se de seu público. Então, você sabe o que motiva seu público? Você sabe como fazer seu público se sentar na ponta da cadeira esperando ouvir você falando mais?

> **DICA**
>
> ## Michelle diz...
> *Não se trata de mim. Trata-se do público!*

O que motiva as pessoas?

Nós sabemos que os membros de seu público são motivados a agir de uma maneira ou de outra. Eles são motivados a se afastarem de um sofrimento ou desconforto ou são motivados a ir adiante, em busca de algum tipo de recompensa.

Para ajudá-lo a compreender como essa preferência de motivação funciona, falarei sobre Simon e Annie.

A história de Simon e Annie

Todas as manhãs, Simon se exercita regularmente às 5h30. Em algumas manhãs, ele acorda com o despertador e pensa: "Ah, não. Eu estou muito cansado para me levantar nesta manhã!". No entanto, o pensamento que o faz se levantar da cama é que ele acredita que as primeiras horas da manhã são a melhor parte do dia, e adora sair e chegar à calçada para correr.

Ele sabe que se sente bem, aparenta estar bem e tem mais energia durante o dia quando se exercita primeiro. Então, apesar desses sentimentos iniciais de desinteresse para sair da cama, ele consegue se levantar e se exercitar. Simon tem uma preferência por ir adiante.

Annie, por outro lado, tem uma preferência de se afastar. Ela se exercita às 5h30 quase todas as manhãs também! Quando o despertador de Annie toca, muitas vezes ela também sente que está cansada demais para se levantar. Ela realmente quer apertar o botão de soneca, enrolar na cama e voltar a dormir. A motivação de Annie para se levantar é que ela sabe que, se não fizer isso, ganhará peso, se sentirá preguiçosa durante o dia e se sentirá culpada por não se exercitar. Em outras palavras, o que motiva Annie a se levantar e se exercitar é seu desejo de se afastar dos resultados negativos e da culpa.

De qualquer forma, tanto Simon quanto Annie são motivados a se exercitarem.

Aqui está outro exemplo. Imagine que você está dirigindo seu carro e chega a uma região onde sabe que tem um radar de velocidade. O que você faria? Sim, provavelmente reduziria a velocidade de imediato (mesmo se não estivesse correndo!). Nesse momento no seu carro, ao diminuir a velocidade, você provavelmente está motivado a se afastar de um sofrimento futuro (um acidente, uma multa em dinheiro ou uma perda de pontos em sua carteira de motorista). Então, sua motivação nesse cenário é se afastar.

A alternativa é desacelerar, porque ver o radar de velocidade faz com que se lembre de que está disposto a dirigir com cuidado – você gosta da ideia de manter a si mesmo e os seus passageiros em segurança. Nesse exemplo, a motivação é ir adiante.

Você percebeu com esses exemplos que Simon e Annie ainda se exercitam, e, se você está em seu carro, provavelmente vai diminuir a velocidade, não é? Portanto, sua preferência motivacional não determina se você vai agir, apenas determina sua motivação para agir.

Qual é melhor: a preferência de ir adiante ou de se afastar?

Sua preferência de ir adiante, em busca de uma recompensa, ou de se afastar de um sofrimento é chamada de tipo de ir adiante/afastar-se. É um filtro de personalidade. É importante que você perceba que os filtros de personalidade não são bons ou ruins, positivos ou negativos. Sua preferência é sua preferência, e é boa para você! Fique contente, porque agora tem autoconsciência sobre o que o motiva ou não, e certifique-se de se lembrar de que nem todo mundo é motivado pelas mesmas coisas que você.

Motivando seu público a ouvir, independentemente de suas preferências

Quando você quiser motivar seu público, recomendo que utilize um padrão de linguagem que motive tanto as pessoas em seu público que tenham a preferência de ir adiante quanto as pessoas que tenham a preferência de se afastar. O padrão de linguagem que recomendo inclui as seguintes palavras:
- reduzir – para as pessoas com a preferência de se afastar;
- manter – para conquistar as pessoas que estão no meio;
- melhorar – para as pessoas com a preferência de ir adiante.

Esse padrão de linguagem o ajudará a motivar todas as pessoas.

Alguns exemplos do padrão de linguagem "reduzir, manter, melhorar"

Aqui estão dois exemplos:

Irei demonstrar para vocês como podemos *reduzir* as inconsistências em nossos dados, *manter* nosso processo de entrada de dados e *melhorar* nossa eficiência.

Hoje irei demonstrar para vocês como podemos *reduzir* erros e inconsistências em nossos dados, *manter* nossa abordagem dos clientes e alcançar nossos indicadores-chave de desempenho no trimestre.

Eu associo esse padrão de linguagem "reduzir, manter, melhorar" com a pergunta *O que vou ganhar com isso?*

Você tem de responder nessa ordem à pergunta O que vou ganhar com isso?

É uma boa ideia aderir a esse padrão enquanto está se acostumando a utilizá-lo. Recomendo que você comece com aquilo que está *reduzindo* e termine com a palavra *melhorar*. O motivo é porque, em muitas culturas organizacionais, existe o foco naquilo que é positivo; então, apesar de a redução ser positiva, ela utiliza uma palavra que implica ser negativa, e as pessoas podem achar que você está sendo pessimista. Se você terminar com a palavra *melhorar*, as pessoas irão ouvir suas intenções positivas. Você não precisa usar a palavra *manter* no padrão de linguagem se não consegue pensar em uma boa frase para utilizá-la.

Palavras alternativas para responder à pergunta O que vou ganhar com isso?

Você tem a liberdade para escolher entre um grande número de palavras alternativas para reduzir, manter e melhorar. Algumas sugestões são dadas na tabela 5.2.

Tabela 5.2: palavras alternativas para responder à pergunta O que vou ganhar com isso? – reduzir, manter e melhorar

Reduzir	Manter	Melhorar
Decrescer	Defender	Progredir
Atenuar	Preservar	Desenvolver
Diminuir	Conservar	Expandir
Cortar	Continuar	Aumentar
Aparar	Guardar	Avançar
Condensar	Sustentar	Estimular
Conter	Reter	Amplificar
Suavizar	Prosseguir	Encorajar
Abaixar	Perseverar	Difundir
Refrear	Proteger	Promover
Abater	Apoiar	Erguer

Se você não utilizar o padrão de linguagem da pergunta: O que vou ganhar com isso?

Se decidir não utilizar esse padrão de linguagem, que inclui aquilo que seu público irá reduzir, manter e melhorar, você provavelmente vai continuar motivando as pessoas semelhantes a você, pois continuará fazendo as apresentações de acordo com sua própria preferência. Isso significa que, se você tem uma preferência de ir adiante, continuará a dizer para seu público o que ele irá ganhar fazendo o que você quer, mas as pessoas com a preferência de se afastar continuarão no mesmo lugar! Se você tem uma preferência de se afastar, continuará dizendo para seu público o que ele evitará fazendo o que você quer, mas as pessoas com a preferência de ir adiante continuarão no mesmo lugar!

No geral, é uma boa ideia utilizar em suas apresentações o padrão de linguagem da pergunta O que vou ganhar com isso?

TENTE FAZER ISTO

Exercício

1. Para seu exemplo de trabalho, escreva sua resposta à pergunta O que vou ganhar com isso?
2. Essa parte entra depois do seu discurso principal no Passo 3 dos 13 Passos.
3. Certifique-se de incluir ao menos um exemplo de se afastar e um de ir adiante, a fim de que seus discursos motivem todos os tipos de pessoas em seu público, não apenas as pessoas que são como você – porque, do contrário, você naturalmente utilizará o padrão que combina com sua preferência!

Passo 4: Lide de forma proativa com as objeções do público

Excelente trabalho! Você já escreveu seus discursos inclusivos, seu discurso principal e sua resposta para a pergunta O que vou ganhar com isso? (Passos 1 a 3 dos 13 Passos). Agora é o momento de lidar com as objeções que os membros do seu público estão pensando ou sentindo.

Quando completou o processo de análise de seu público (capítulo 2), você deve se lembrar de que teve a chance de se perguntar: "O que meu público está pensando, sentindo e fazendo?" antes de ele chegar. É nessa parte da etapa de análise que quaisquer objeções não ditas, mas totalmente sérias, em relação a você, a seu conteúdo e a sua equipe e empresa ficarão óbvias para você. O processo pelo qual você passa ao aplicar o modelo Pensar/Sentir/Fazer (capítulo 2) deve permitir que você antecipe a maioria das objeções. Entretanto, algumas vezes os palestrantes são tão apaixonados pelo seu tema que ficam cegos aos tipos de objeções que as pessoas podem ter. Eles pensam: "Como as pessoas poderiam, possivelmente, discordar do meu pensamento sobre isso?". Se você entrar nessa categoria, poderá precisar consultar pessoas que representem seu público, a fim de avaliar sua mentalidade. Depois de listar potenciais objeções, você pode decidir quais merecem receber um tempo em sua apresentação e o que pode dizer para abordá-las.

> **DICA**
>
> **Michelle diz...**
> *Se sua mensagem é controversa ou necessita de cuidado ao ser transmitida ou não, é uma boa ideia definir quais podem ser as objeções quando você for falar, e planejar como você pode tratá-las ou lidar com elas – você ficará surpreso com a diferença que isso faz em sua habilidade para influenciar seu público. Estar prevenido é estar preparado!*

Como palestrante, uma vez que saiba que algumas objeções existem, não são ditas e são muito reais para seu público, você terá duas escolhas principais: ignorá-las e esperar que elas passem ou tratá-las e ajudar seu público a se voltar para sua mensagem. Se a objeção for comum para a maior parte de seu público, é sábio abordá-la no Passo 4 de seus 13 Passos. Lidar com a objeção irá expor o problema ou assunto, ajudá-lo a resolver o problema da melhor forma possível e permitir que você continue a controlar o processo. Em outras palavras, auxilia seu público a passar pela objeção e ficar mais aberto a receber sua mensagem do que antes.

Quais tipos de objeções você pode esperar?

As pessoas podem fazer objeções a todos os tipos de coisas, desde seu conteúdo até algo pessoal sobre você ou algo sobre a logística do evento.

Deixe-me apresentar algumas objeções específicas que seu público pode fazer durante as apresentações. Lembre-se de que, em sua maioria, são objeções não declaradas que você precisa descobrir em sua etapa de análise (capítulo 2).

- Está cedo demais para isso.
- Está tarde demais para isso.
- Eu não vou ter tempo para almoçar por causa disso.
- Essa hora do dia não convém para mim.
- Eu estou muito ocupado para isso.
- Isso não é uma prioridade.
- Nós tentamos fazer isso há dez anos e não funcionou. Por que funcionaria agora?
- Você não entenderia.
- Você nunca fez o meu trabalho.
- Eu já sei disso.
- Eu sei mais sobre isso do que você.
- Eu não tenho tempo para fazer isso.
- Não existe orçamento para isso.
- Não existem recursos disponíveis.

- Isso não tem nada a ver comigo.
- Isso não é relevante para mim.
- Isso não vai funcionar.
- Isso não está no plano de negócios.

Como lidar com as objeções

Recomendo que você utilize uma técnica para lidar com essas objeções não declaradas. Essa técnica se chama Determinando as Objeções. Veja a tabela 5.3 para saber como determinar as objeções.

Tabela 5.3: Determinando as Objeções

Atividade	Explicação
Declare a objeção.	Você deve se lembrar da seção anterior, de que a forma de estabelecer uma relação com seu público é sendo tão parecido com ele quanto possível. É nesse momento que você reflete saber que seu público está preocupado com XYZ. É importante que não demonstre empatia pelo seu público se a objeção que ele tem for infundada ou inaceitável.
Diga "e", "então" ou simplesmente faça uma pausa e não diga nada.	Esta é a parte complicada desta técnica, porque você pode ter percebido que muitas pessoas dizem "mas" quando fazem uma conexão entre o problema e a solução. O problema com "mas" é que seu significado é "exceto", "e não" ou "pelo contrário"; então, é uma palavra de ligação emotiva que nega aquilo que você acabou de dizer. Geralmente é considerada uma palavra que bloqueia. Por que você diria algo e depois negaria? Isso é ridículo! E, a propósito, negar a perspectiva de seu público não é bom para a relação em andamento, certo?
Diga "na verdade" ou "de fato"	Os redatores já sabem há anos que o uso dessas duas expressões faz qualquer seguidor se tornar mais crente. Vale a pena experimentar, você não acha?
Proponha sua solução.	Sua solução deve ser completamente bem pensada e aceitável para seu público.

Atividade	Explicação
Utilize a palavra "porque".	Uma das maneiras mais fáceis de convencer seu público a adotar uma ação é sendo específico. Quanto mais específico você é, mais convincentes serão suas visões, seus argumentos e sua abordagem de vendas. A maneira mais fácil de se forçar a ser específico ao utilizar a técnica Determinando as Objeções é dizendo a palavra "porque".

Posso utilizar "no entanto" em vez de "mas"?

"No entanto", "embora" e "por outro lado" são tão ruins quanto "mas", porque também negam aquilo que você acabou de dizer. Usar "e", "então" ou fazer uma pausa escolhendo "na verdade" ou "de fato" são minhas melhores sugestões para palavras de ligação entre os passos 1 e 3 da técnica Determinando as Objeções.

Alguns exemplos de discursos efetivos da técnica Determinando as Objeções

A seguir, uma variedade de exemplos que podem ser utilizados para compreender melhor como usar a técnica Determinando as Objeções.

Muitas pessoas acreditam que um call center não é necessário em nossa indústria. (pausa) Na verdade, hoje a minha apresentação vai se aprofundar nos prós e contras de um call center; então, juntos, poderemos definir o que devemos fazer, porque não teremos a certeza de tomar a melhor decisão sem considerar os dois lados do argumento.

Vocês devem estar pensando que a Empresa X faz as coisas de maneira melhor do que todos os nossos concorrentes. (pausa) De fato, a apresentação de hoje mostrará as diferenças, a fim de que vocês possam tomar a melhor decisão para seus negócios, porque compreender nossos concorrentes nos ajuda a abordar com mais confiança os nossos clientes.

Um pouco do que vou dizer pode ser difícil para vocês ouvirem, porque se relaciona às bonificações. Na verdade, vou explicar o raciocínio por trás de nossas decisões e dividir com vocês o que todos podemos fazer para tornar este lugar um melhor local de trabalho, porque existem muitas oportunidades estimulantes em nosso horizonte.

Vocês já devem saber de algumas coisas que vou dizer; (pausa) de fato, vou contar com vocês que tenham esse conhecimento para me auxiliar nesta apresentação, porque seus exemplos reais ajudarão todos a compreender melhor este novo processo.

Alguns de vocês estão muito descontentes com os retornos negativos em seus fundos de investimento neste ano. Eu sei que muitos de vocês estão comparecendo hoje para compartilhar suas ideias, e outros estão simplesmente confusos e gostariam de compreender o que está acontecendo com o mercado de investimento neste momento. (pausa) Na verdade, sou membro dos mesmos fundos que vocês, então sei quanto os resultados têm sido decepcionantes. Minha apresentação foi planejada para explicar por que nossos fundos têm apresentado esses resultados e para lhes oferecer uma chance de fazer suas perguntas a um grupo de especialistas na indústria, porque desenvolver nosso conhecimento é a melhor forma de vocês assumirem o controle de seu futuro financeiro.

As objeções são sempre hostis?

As objeções nem sempre são hostis ou agressivas, apesar de isso depender do local onde você trabalha e da natureza de sua apresentação.

As objeções podem simplesmente ser uma pergunta ou uma busca por esclarecimento sobre uma visão. Você pode utilizar bastante a técnica Determinando as Objeções em sua comunicação diária com os outros, não é? Já ouvi falar de pessoas que usaram essa técnica para se sair bem em discussões com familiares, para lidar com as questões em uma situação de entrevista e em negociações.

TENTE FAZER ISTO

Exercício

1. Retorne para a técnica Pensar/Sentir/Fazer do modelo de preparação em cinco passos.
2. Utilize o modelo de preparação em cinco passos para direcionar sua atenção às objeções mais preocupantes de seu público sobre você, sua mensagem ou sua empresa, e sobre a logística da reunião.

> 3. No Passo 4 dos 13 Passos, escreva o padrão de linguagem para determinar as objeções, a fim de lidar com elas em seu exemplo de trabalho diretamente após responder à pergunta O que vou ganhar com isso?
> 4. Cuidado para não escrever "mas" ou "no entanto" em seu roteiro. Essas palavras surgem mesmo quando você sabe que não deve utilizá-las!

Passo 5: Controle e relaxe seu público

Você já se sentou para assistir a uma apresentação em uma reunião ou conferência e se surpreendeu pensando: "Quais qualificações e experiências esse palestrante tem?", "Qual é a programação e o escopo dessa reunião?", "Quanto tempo isso vai durar, e será que vão servir algo para comer?" ou "Quando posso fazer perguntas ou apresentar minhas dúvidas e opiniões?".

Como palestrante, as pessoas já o interromperam durante suas reuniões com perguntas irrelevantes que o tiraram de sua linha de pensamento? Ou você já passou pela experiência de pessoas tendo conversas paralelas atrapalhando o restante do grupo e tirando a atenção dos outros em você e em sua mensagem importante?

Algumas das interrupções mais comuns nas apresentações de negócios são telefones celulares tocando ou pessoas lendo suas mensagens de texto de uma maneira que elas pensam ser escondida. (O engraçado é que elas acreditam que você não consegue vê-las fazendo isso!) Ações como essas indicam que a pessoa está no mínimo um pouco desinteressada pela sua apresentação. Essas interrupções podem atrapalhar muito e serem incômodas, tanto para o palestrante quanto para o restante do público. Também podem nos deixar nervosos como palestrantes, principalmente quando não sabemos como lidar com elas ou impedir logo que ocorram.

Reduzindo as interrupções e aumentando a atenção das pessoas

> **DICA**
>
> *Michelle diz...*
> *A maioria dos comportamentos inadequados do público ocorre por falta de se estabelecer os limites.*

Acredito que a maioria dos comportamentos inadequados do público nas reuniões, nos cursos de treinamento e nas apresentações ocorre porque o palestrante não declara suas expectativas com relação ao público, à duração, ao assunto e ao evento como um todo. Quando você não estabelece as expectativas ou limites para seu público, ele não sabe o escopo, o período de tempo, a logística ou qualquer coisa sobre suas experiências e qualificações. Ele também não tem certeza sobre o que seria considerado um comportamento aceitável ou inaceitável. Como resultado, você pode precisar lidar com um comportamento anormal.

É muito importante estabelecer as regras e os limites fundamentais para seu público, de forma que seus participantes saibam todos os detalhes no começo, como quem você é, sobre o que trata sua reunião, o que esperar e como se comportar.

Ao estabelecer os limites, você reduz as interrupções, mantém a ordem em suas reuniões e melhora a habilidade de seu público para ouvir e, por fim, mudar seu comportamento. Basicamente, você vai controlar e relaxar seu público melhor. O ato de estabelecer limites também é conhecido como estruturação.

Estabelecendo limites

Recomendo que você estabeleça alguns dos seguintes limites, ou estruturas, para os membros de seu público:

- seu nome, para que eles saibam como se dirigir a você;
- sua função, para que eles entendam o que você faz;
- o título do seu cargo, para que eles saibam onde você se encaixa;

- seu departamento, se você trabalha dentro da empresa, para que eles entendam à qual área você pertence;
- sua empresa, se você trabalha em outra empresa, para que eles saibam onde você trabalha;
- suas qualificações, para que eles saibam o motivo pelo qual devem escutá-lo e acreditar em você;
- quanto tempo a apresentação irá durar, para que eles possam administrar o tempo deles;
- se haverá pausas ou intervalos, para que eles possam garantir seu próprio conforto;
- uma indicação do conteúdo, para que eles saibam sobre o que você vai falar;
- o escopo da apresentação, para que eles saibam o que não vai ser discutido nessa reunião ou apresentação;
- a programação, para que eles saibam o que será abordado e a ordem na qual você transmitirá a mensagem;
- a conduta em relação ao uso de telefones celulares, para que as interrupções sejam minimizadas;
- quando os participantes podem fazer perguntas, para que eles possam se sentir à vontade ao fazê-las quando quiserem, ou esperar até o fim da apresentação;
- se vai ser feito algum teste, para que eles saibam quão atentos devem ficar;
- o estilo, para que eles possam entender o que é solicitado a eles – por exemplo: se a apresentação será interativa ou se serão apresentados *slides* no escuro;
- se os participantes devem fazer anotações ou se vai ser entregue um folheto, para que eles possam lidar com a assimilação do conhecimento.

Aqui está um exemplo de algumas estruturas que você pode utilizar em uma de suas apresentações:

Meu nome é Michelle Bowden. Sou diretora da Michelle Bowden Enterprises. Nas últimas duas décadas, como especialista em habilidades em apresentações, aprendi que todos podem ser excelentes palestrantes, independentemente de sua personalidade e estilo pessoal. É apenas uma questão de saber o que vocês devem fazer para serem excepcionais e depois colocarem isso em prática! Portanto, hoje abordarei minhas principais dicas para uma excelente apresentação. Esta será uma reunião bem interativa, o que significa que será ótimo se vocês fizerem suas perguntas ao longo dela; e, se vocês colocarem seus celulares no modo silencioso, será muito bom para seus colegas.

Quantos limites você deve estabelecer?

A resposta resumida é: quantos você precisar, com motivo, é claro. O número de limites que você deve estabelecer depende totalmente de seu público. Quando você realiza a análise de seu público (capítulo 2), torna-se ciente (às vezes com muito esforço!) das possíveis áreas de preocupações dele. Essas são áreas em que as pessoas irão possivelmente se comportar de uma maneira que atrapalhe e que, portanto, precisa ser tratada. Então, estabeleça quantos limites forem necessários para seu público se sentir relaxado e para você controlar o processo.

A história de Luke

Luke trabalha em uma empresa na qual os membros da equipe são solicitados a comparecer a muitas reuniões que não estão relacionadas diretamente com suas funções. Como resultado, eles começaram a levar seus *laptops* junto, a fim de realizarem seu verdadeiro trabalho durante as reuniões!

Luke ficou muito entusiasmado em aprender sobre a importância de se estabelecer limites. Ele percebeu que, se não pedisse para os membros de seu público deixarem os *laptops* de lado, eles continuariam a mantê-los abertos durante a reunião.

Agora que ele sabe como estabelecer os limites, as pessoas são extremamente respeitosas e não ficam pensando em deixar seus *laptops* abertos na mesa durante as reuniões e apresentações. Um ganho para todos os envolvidos!

E se você se esquecer de estabelecer limites ou optar por não estabelecê-los?

Se você não se lembrar de estabelecer limites ou optar por não estabelecê-los, as pessoas vão ficar pensando: "O que está acontecendo?". Elas vão ficar distraídas por seu diálogo interno fazendo perguntas logísticas não respondidas, como: "Quando posso fazer perguntas?" e "Quanto tempo vai durar isso?", e irão demonstrar um comportamento indesejável, como ficar distraídas com seus telefones celulares, iniciar conversas paralelas ou fazer interrupções desnecessárias.

Quando você estabelece limites, todos em seu público reconhecem que você tem credibilidade. Eles sabem o que esperar da reunião e como devem se comportar para ela ser bem-sucedida. Isso vai levar seu público a se sentir mais relaxado, e você ficará mais situado para manter o controle. Por sua vez, isso significa que você estará mais propenso a aumentar a probabilidade de alcançar os resultados desejados. Portanto, experimente isso, pois realmente funciona!

Como descrever sua credibilidade sem parecer estar se exibindo

Algumas pessoas se sentem desconfortáveis ao falar sobre suas qualificações – uma de minhas clientes dizia se sentir como se estivesse se exibindo e não gostava de revelar suas habilidades e experiências. Ela estava buscando uma maneira inteligente de demonstrar sua credibilidade em suas apresentações.

Sim, quando alguém se destaca diante de um grupo de pessoas e se enfatiza muito, pode parecer um pouco arrogante. Você já assistiu a uma apresentação na qual a pessoa ficou divagando sem parar sobre suas qualificações? "Eu tenho esta e aquela qualificação, e sou esperto pelas seguintes razões, blá, blá, blá." (ZzZzZ.)

Infelizmente, o resultado é que muitos de nós não queremos falar sobre nossa credibilidade quando discursamos porque não queremos passar uma impressão negativa. O problema é que, se você não informar suas qualificações, é possível que os membros de seu público fiquem se questionando: "Quem é essa pessoa e o que ela sabe?". Eles podem

Escreva sua apresentação em 13 passos

ficar pensando sobre sua credibilidade e se questionando por que você está fazendo uma apresentação a eles sobre seu tema. Isso pode ter um impacto negativo em sua capacidade de influenciar seu público. Portanto, é muito importante que você informe suas qualificações. Só precisa transmiti-las de uma maneira que esteja focada no público, e que não seja presunçosa e egoísta.

> **DICA**
>
> *Michelle diz...*
> *É imprescindível que você demonstre sua credibilidade para seu público, a fim de que ele confie em você e queira prestar atenção em sua apresentação.*

Existe um padrão de linguagem inteligente que você pode utilizar para explicar suas qualificações de maneira confiante e não ofensiva. Aqui está:

Nos X anos em que trabalho como X em X, aprendi X, e isso significa para vocês X.

Por exemplo:

Nos 15 anos em que trabalho com pesquisa clínica na indústria farmacêutica, aprendi que pode ser muito perigoso se não trabalharmos com nossos médicos pesquisadores durante os testes clínicos. Portanto, hoje vou demonstrar diversas maneiras de comunicarmos nossas solicitações aos nossos pesquisadores, e nos certificarmos de acompanhar nossos pacientes para garantir sua segurança permanente.

Nos sete anos em que trabalho em uma série de funções nos recursos humanos em indústrias, aprendi que as pessoas frequentemente são muito sensíveis em relação ao título em seu cartão comercial. O que isso significa para vocês é que nos empenhamos em algumas pesquisas de qualidade a fim de verificar quais títulos devemos adotar em nossa organização, para conceder *status* e confiança aos nossos membros.

Nos três meses em que me dediquei exclusivamente à área XYZ [insira o nome] de nossos negócios, percebi que existe uma série de áreas nas quais o desgaste e o retrabalho estão nos custando tempo e dinheiro. A boa notícia é que irei propor três soluções para eliminar essas repetições e economizar nosso tempo e dinheiro.

115

A seguir, uma versão diferente dessa estrutura de credibilidade para você testar também:

Recentemente, estive conversando com X e foi mencionado X, e isso me fez perceber que X é um grande problema para vocês neste momento. Portanto, hoje abordarei como podemos nos ocupar em corrigir isso juntos.

Ou você pode testar desta forma:

Há algum tempo estou muito entusiasmado com a área de [insira a área], e conversei com alguns membros seniores de nossos negócios, como [nome] e [nome]. Tornou-se óbvio que existe uma série de áreas em potencial crescimento para nós. Nessa reunião, irei compartilhar como podemos aproveitar ao máximo essas oportunidades atualmente.

O que há de tão engenhoso em estruturar a credibilidade?

O benefício de estruturar a credibilidade é que, ao explicar algo sobre si mesmo ("nos X anos em que trabalho como X em X, aprendi X"), você passa a dizer para seu público o que ele vai extrair ao escutá-lo: "isso significa para vocês X". Então, nessa estrutura, enquanto o público ainda o escuta falar sobre algumas de suas experiências, a conversa deixa de ser sobre você e passa a ser mais sobre o público e sobre o que ele vai obter de sua experiência. Lembre-se: não se trata de você – trata-se de seu público.

A história de Tamara

Tamara tem uma verdadeira história de sucesso em sua organização. Aos 31 anos de idade, ela já ocupa um dos altos cargos executivos em sua empresa. Ela é muito inteligente, talentosa e perspicaz. No entanto, como é muito jovem, as pessoas tendem a desmerecê-la e a presumir que ela é apenas "uma garotinha" que não vale a pena ser ouvida.

Tamara me explicou que, no passado, relutava em falar sobre suas experiências e habilidades, porque não queria que as pessoas pensassem que ela era presunçosa. Sua outra preocupação era que as pessoas em sua empresa já deveriam saber o suficiente sobre ela para perceberem

Escreva sua apresentação em 13 passos

que não é uma executiva por acaso! Então, por que ela deveria mencionar de novo se as pessoas já sabiam disso?

Depois de conversarmos por um tempo, Tamara percebeu que era totalmente possível que as pessoas em sua empresa não soubessem de seu histórico profissional. Como a credibilidade mencionada deve ser adaptada e se relacionar especificamente ao assunto que está sendo discutido, Tamara também percebeu que provavelmente as pessoas se esqueceram de cada uma de suas qualificações relevantes, dependendo da mensagem que ela estava passando.

Depois de aprender a estruturar a credibilidade, Tamara agora acrescenta os detalhes relevantes com confiança (considerando o assunto que está sendo discutido) ao se comunicar no trabalho. Ela percebeu que as pessoas começaram a se sentar e ouvir e a prestar mais atenção quando ela diz o que pensa nas reuniões. Que excelente mudança!

TENTE FAZER ISTO

Exercício

1. Volte para a análise Pensar/Sentir/Fazer de seu público na etapa 1 (capítulo 2).
2. Defina quais estruturas você acha que podem ser utilizadas, a fim de controlar e relaxar seu público.
3. Escreva as estruturas relevantes para seu exemplo de trabalho. Essa parte entra logo depois de seu discurso para determinar as objeções, no Passo 5 dos 13 Passos.
4. Certifique-se de incluir uma estrutura de credibilidade, usando a orientação neste capítulo, para que seu público saiba por que deve prestar atenção em você.

Passo 6: Comunique os fatos, os números e os dados

*A meta é transformar o dado em informação,
e a informação em percepção.*

Carly Fiorina, presidente da Hewlett-Packard Co., 1999

Na seção *O quê?* de sua apresentação, você deve comunicar os fatos, os números, os dados, as informações, as estatísticas e as percepções. Isso é o que muitas pessoas chamariam de corpo da apresentação. Essa seção pode ser bem curta ou muito longa, dependendo do objetivo geral e das necessidades de seu público. Nesta parte, você deve responder às perguntas de seu público, tais como: "O que sei sobre isso?", "Que análise ou pesquisa foi feita para se chegar a essa conclusão?", "Quais são os fatos sobre o assunto?", "Quais estatísticas existem para sustentar minhas hipóteses?". Elabore essa seção de forma tão interessante e criativa quanto for apropriado em seu local de trabalho.

A melhor forma de apresentar estatísticas

Certifique-se de apresentar as estatísticas mais importantes primeiro, seguidas pelos argumentos secundários na ordem decrescente de importância. Utilize o PowerPoint, um *flipchart* ou uma lousa, para demonstrar as estatísticas em uma escrita legível, grande e clara.

Seu público vai perder o interesse rapidamente; portanto, demonstre apenas as estatísticas importantes, que acrescentam valor à sua mensagem geral. Retire todos os dados não importantes de seus *slides* e amplie o restante o máximo que conseguir, pois assim os membros de seu público poderão enxergar a informação com clareza de onde estão sentados, em qualquer posição no local.

Se você tem muitos dados e estatísticas e precisa apresentar todos de uma vez, então, em vez de colocar as informações em um *slide* de PowerPoint que seja difícil de ler, simplesmente faça um folheto com uma boa visualização e disponha sua informação nele.

Passo 7: Explique os passos para implementar suas ideias

Saiba onde encontrar a informação e como utilizá-la.
Este é o segredo para o sucesso.

Albert Einstein, físico

Neste passo, você deve explicar o "como" de sua mensagem. É quando você explica para seu público tanto os passos quanto as aplicações do conteúdo abordado na seção *O quê?* de sua apresentação.

Por exemplo: se você está falando sobre serviço de atendimento ao cliente, é nesta seção que você pode explicar para seu público:

• como oferecer um excelente serviço de atendimento ao cliente;

• os procedimentos que você gostaria que seu público implementasse;

• como implementar a nova estratégia que você está experimentando.

Uma pesquisa feita pelo educador Peter Sheal mostra que os membros do público estão 90% mais propensos a se lembrar de seu conteúdo quando o mencionam e o colocam em prática. Portanto, certifique-se de incorporar quantas técnicas visuais, auditivas e cinestésicas forem possíveis em sua apresentação. (*Cinestésico* refere-se à sua sensação de toque, à sua emoção e ao movimento de seus músculos e suas articulações.)

Se você está se apresentando em uma situação de treinamento, a seção *Como?* é um bom momento para atividades interativas, de forma que as pessoas possam realmente praticar aplicando o conteúdo que foi aprendido. Por exemplo: é um bom momento para fazer os participantes se dirigirem à pessoa ao lado e discutirem o que você acabou de dizer, ou escreverem algo que os encoraje a refletir mais profundamente sobre a aplicação do conteúdo que você abordou, ou até mesmo se levantarem e fazerem algo para praticar usando as habilidades que você acabou de ensinar.

Quando utilizar uma atividade desse tipo em suas apresentações, sempre se certifique de avaliar algumas das descobertas promovendo uma sessão de perguntas e respostas com seu público. Dessa maneira, a atividade sempre vai parecer ter sido uma parte valiosa de sua sessão, e não simplesmente uma atividade por atividade (o que é muito entediante para adultos). Por exemplo: pergunte para os participantes: "O que vocês discutiram?", "Quais informações principais vocês abordaram em suas discussões?" ou "O que vocês aprenderam com essa experiência?".

DICA

Michelle diz...
É importante avaliar qualquer interatividade ou atividade que você estabeleceu com seu público.

TENTE FAZER ISTO

Exercício

1. Escreva os passos lógicos que seu público deve percorrer para implementar suas ideias.
2. Pense em uma maneira interessante para envolver seu público em seu exemplo de trabalho.
3. Planeje como você vai instruí-lo a se envolver.

Passo 8: Forneça outras informações

O importante é não parar de questionar.

Albert Einstein, físico

De modo geral, nesta seção, você deve tratar das necessidades das pessoas que estão questionando *E se?* e *O que mais?* É o momento em sua apresentação no qual você acrescenta quaisquer informações adicionais que gostaria de abordar e que não se encaixam naturalmente nas outras partes do modelo. Também é o momento em que você reconhece seu público e explica como ele pode manter contato. A fim de facilitar um pouco este passo, recomendo que você o divida em três partes, como é feito seguir:

Passo 8a: Outras informações

Neste passo, você deve abordar todos os pontos de interesse, os "a propósito...". É também o momento de explorar outras aplicações e possibilidades.

Passo 8b: Foi um prazer

Muitas vezes as pessoas me perguntam quando elas devem dizer: "Obrigado por comparecerem", e a resposta é nunca! As pessoas geralmente dizem "obrigado" no começo ou bem no fim de suas apresentações, para serem simpáticas e estabelecer uma relação. O problema com isso é que, quando você diz "obrigado", isso implica que os membros de seu público acabaram de lhe "dar" algo, e assim você está lhes agradecendo por isso. Apesar de realmente ser uma coisa legal de se dizer e poder ajudar a estabelecer uma relação, implica que agora você deve algo a eles. Portanto, recomendo que não diga "obrigado" ao encerrar – seu público que deve lhe agradecer!

A alternativa é dizer algo assim:

Foi um prazer falar com vocês hoje.
Foi muito divertido!
Eu adorei estar com vocês hoje.
Nós tivemos uma ótima reunião.
Foi uma ótima oportunidade de discutir o assunto importante XYZ.

Você diz essas afirmações que estabelecem uma relação para refletir seu respeito e agradecer seu público aqui, no Passo 8 dos 13 Passos, não no final de sua apresentação. O finalzinho de sua apresentação deve ser guardado para o discurso de encerramento.

Passo 8c: Detalhes de contato

É nesse momento que você coloca seus detalhes de contato em um *slide*, passa seu telefone para os membros de seu público ou explica como eles podem manter contato, caso queiram discutir sobre o conteúdo de sua apresentação posteriormente.

Pode parecer estranho para você passar seus detalhes de contato nesse momento. Na verdade, pela minha experiência, muitos palestrantes normalmente terminam suas apresentações com um *slide* passando para o público seus detalhes de contato. O motivo de ser bom colocar esses detalhes de contato aqui (e não no fim ou na estruturação no Passo 5 dos 13 Passos) é que seus detalhes de contato são importantes, mas não tão importantes quanto os cinco próximos passos de seu encerramento. Então, coloque-os no começo do fim e você perceberá que pode finalizar de uma maneira marcante, com força (consulte a tabela 5.5, na p. 135, para ver como isso funciona muito bem na prática).

Passo 9: Resuma seus três pontos principais

Esse é o momento certo para lembrar seu público sobre seus três pontos principais. O motivo de falar resumidamente sobre os três pontos principais é que seu público se lembrará do conteúdo com mais facilidade quando você apresentar as informações divididas em três.

Às vezes, pode ser mais difícil do que você imagina condensar sua apresentação em apenas três pontos principais. Recomendo que você se certifique de retornar à técnica Pensar/Sentir/Fazer (capítulo 2) e de combinar suas intenções originais a respeito da preparação com o conteúdo que planeja transmitir.

Quando tiver certeza de que suas intenções condizem com seu roteiro, tente deixar seu resumo com apenas três mensagens principais, a fim de facilitar que seu público se lembre de seus pontos principais.

Como você está na seção *E se?* ou *O que mais?* de sua apresentação, também recomendo que você tenha a opção de dividir seu resumo de três partes em um argumento para a pergunta *Por quê?*, um argumento para a pergunta *O quê?* e um argumento para a pergunta *Como?* Dessa maneira, você vai envolver novamente todos os tipos de membros de seu público.

Passo 10: Chame seu público para a ação

Eu sei disso além de qualquer dúvida racional. Independentemente do que você estiver fazendo, se você estimular por tempo suficiente, com determinação e entusiasmo, cedo ou tarde o esforço levará à recompensa.

Zig Ziglar, autor, vendedor e palestrante motivacional

Você se lembra de que no capítulo 2 trabalhamos no processo de analisar o estado atual de seu público e seu estado desejado como parte do modelo Pensar/Sentir/Fazer? Bem, no Passo 10, você vai contar a seu público sobre o "fazer" que planejou em sua análise, na etapa 1 do processo de apresentação. Esse é o "fazer" do seu estado desejado no modelo Pensar/Sentir/Fazer.

Depois que seu público ouviu seu resumo, ele está pronto para que você o chame para uma ação. No Passo 10 dos 13 Passos, você deve perguntar para seu público (ou contar a ele) o que ele precisa fazer agora que já ouviu sua mensagem. Nas apresentações às quais compareço, muitas vezes fica faltando a parte do chamado para a ação; portanto, certifique-se de não se esquecer disso. Se você não tiver uma mensagem de chamado para uma ação, seu público não vai saber o que você quer que ele faça, então não vai fazer nada ou vai agir por si só. Portanto, não tenha vergonha de pedir o que você quer. Se você não pedir, provavelmente não vai conseguir!

Alguns exemplos de chamados para ação

A seguir, alguns exemplos de chamados para ação:

Estamos pedindo que vocês apoiem nossas recomendações na próxima reunião de diretoria em janeiro.

Solicitamos que vocês adotem as novas mudanças no processo, tornem--se adeptos das novas tarefas e sequências e as executem conforme o momento do processo.

Por favor, voltem para suas mesas e comecem a utilizar hoje esse novo processo.

Eu adoraria trabalhar com vocês; vocês acham que irão aceitar a minha proposta?

Como Fazer Apresentações

O que preciso fazer para ajudá-los a tomarem uma decisão sobre isso hoje? Por favor, relatem todas as falhas ao departamento responsável quando seus clientes os tornarem cientes disso.

Esperamos ouvir sua decisão na próxima quarta-feira.

Eu gostei muito deste chamado para uma ação de Barack Obama, de 25 de julho de 2008:

"Este é o momento em que devemos nos reunir para salvar este planeta. Vamos decidir que não deixaremos para nossas crianças um mundo onde os oceanos se elevam, a fome se espalha e tempestades terríveis devastam nossas terras".

Certifique-se de chamar os membros de seu público para a ação, a fim de que eles tenham total clareza sobre o que você espera deles agora que já ouviram sua mensagem.

TENTE FAZER ISTO

Exercício

1. Volte para sua análise Pensar/Sentir/Fazer (capítulo 2).
2. Em seu exemplo de trabalho, escreva seu chamado para ação de forma clara e não ambígua.
3. Inclua seu chamado para ação no Passo 10 dos 13 Passos.

Passo 11: Gerencie as perguntas e respostas

Às vezes as perguntas são complicadas e as respostas são simples.

Dr. Seuss, escritor

A sessão de perguntas e respostas é uma parte da apresentação que faz muitas pessoas se sentirem bem nervosas. Acredito que o nervosismo vem da incerteza sobre o que o público pode perguntar. Sei que muitas pessoas sentem que a sessão de perguntas e respostas é difícil de controlar, e ninguém quer fazer papel de bobo diante de seu público por não saber responder a uma pergunta.

Na verdade, pela minha experiência, na sessão de perguntas e respostas, você pode realmente se revelar, expor seu eu autêntico e demonstrar sua inteligência e experiência. Como você geralmente responde às perguntas de imediato e com base em sua experiência, provavelmente vai falar com mais naturalidade e de forma mais relaxada, e será conectado, sincero e autêntico.

Acredito que seja uma boa ideia você aprender a promover a sessão de perguntas e respostas, para demonstrar sua capacidade profissional e fazer essa parte de sua apresentação ser realmente interessante e envolvente no todo do evento. Pela minha experiência, acredito que ela pode realmente se tornar a melhor parte da apresentação.

> *Uma das grandes alegrias da vida é a criatividade. A informação entra, é misturada e se revela de maneiras novas e interessantes.*

Peter McWilliams, escritor e editor independente de livros de autoajuda

Como palestrantes, nossa função geralmente é auxiliar os membros de nosso público a ficarem relaxados, empenhados e atentos durante a sessão de perguntas e respostas, e existe uma verdadeira arte do questionamento. Então, vamos ver como você pode solicitar perguntas e responder a elas. Divirta-se!

Como induzir seu público a fazer algumas perguntas

Você já perguntou para os membros de seu público: "Alguma pergunta?", e eles ficaram encarando você sem expressão, como se estivessem sonhando acordados? Você sabia que existe um motivo pelo qual as pessoas, quando você questiona: "Alguma pergunta?", não respondem bem a você? É porque essa pergunta é muito ampla para o cérebro. Então, o cérebro entra em uma intensa confusão mental tentando encontrar algo no infinito para perguntar, e isso é muito difícil; portanto, o público não consegue pensar com facilidade em algo decente para lhe perguntar!

Deixe-me explicar melhor. Quando você está procurando alguma informação específica na internet, precisa digitar as melhores palavras-chave para a pesquisa. Se você digitar as palavras-chave erradas, obterá o resultado errado da pesquisa; se digitar as palavras-chave certas, obterá um resultado muito mais proveitoso da pesquisa. O mesmo vale ao extrair perguntas de seu público.

Como palestrante, você precisa inserir no cérebro dos membros de seu público as melhores palavras-chave, a fim de que eles possam buscar facilmente uma resposta ou pergunta mais específica. Isso é chamado de incorporar relações de busca. É quando você diz a seu cérebro o que ele deve buscar.

Existe um roteiro que você pode utilizar para ajudá-lo a incorporar as perguntas de forma elegante. Aqui está:

Estou interessado em ouvir suas perguntas. Por exemplo: vocês podem ter uma pergunta sobre X, Y ou até mesmo Z. Quem gostaria de começar? Quais são suas perguntas?

Por exemplo:

Estou interessado em ouvir suas perguntas. Por exemplo: vocês podem ter uma pergunta sobre o processo de reivindicações, sobre as cláusulas específicas que estamos procurando ou até mesmo sobre os sinais de aviso. Quem gostaria de começar? Quais são suas perguntas?

Ao utilizar essa técnica, você reduzirá os silêncios estranhos, manterá o fluxo de informação e aumentará as chances de seu público fazer exatamente a pergunta que você gostaria de responder!

Tente fazer isso – é muito bom e definitivamente funciona!

Respondendo às perguntas como um profissional

A arte e ciência de fazer perguntas é a fonte de todo o conhecimento.

Thomas Berger, romancista

Se você incorporar perguntas usando o roteiro sugerido neste capítulo, perceberá que certamente obterá algumas perguntas no lugar do silêncio de costume. É importante que você saiba como responder às perguntas, para não parecer despreparado ou menos conhecedor do que é. Você não quer parecer insensato ou incompetente. Na verdade, para a maioria de nós, o cenário ideal durante a sessão de perguntas e respostas é demonstrarmos nossa capacidade profissional e responder a todas as perguntas com confiança e facilidade – mesmo se não soubermos, de fato, a resposta!

Escreva sua apresentação em 13 passos

Então, a sessão de perguntas e respostas realmente é o momento de manter a calma e incluir todo o seu público. Dessa maneira, você ficará mais propenso a alcançar o que pretende com sua apresentação.

Existem quatro passos que podem ser utilizados para garantir que você mantenha a relação com todos no grupo durante a sessão de perguntas e respostas de sua apresentação.

1. Demonstrar reconhecimento a quem fez a pergunta. Primeiro, espere a pessoa terminar de fazer a pergunta (dentro dos limites, é claro!), e então diga: "Essa é uma pergunta importante, Geoff, e o motivo de ser importante é porque...". Isso é chamado de conceder *status*: é quando você elogia a pessoa que fez a pergunta e a faz se sentir especial. Conceder *status* a um participante induz a um sentimento positivo em seu público. Isso também encoraja outras perguntas, pois demonstra que você recompensará as perguntas. Além disso, faz a pergunta parecer interessante para todos os membros do público e os leva a querer saber a resposta.

2. Parafrasear. Esse é o momento em que você repete a pergunta com suas próprias palavras. Você deve fazer isso no caso de o público não ter escutado a pergunta e também para se assegurar de que ouviu a pergunta e a compreendeu corretamente. Lembre-se também de demonstrar seu contato visual e sua linguagem corporal ao grupo enquanto repete a pergunta. Você pode usar a postura do Apaziguador (com os braços esticados e as palmas das mãos abertas e para cima) e verificar se seu corpo demonstra sua intenção de ser inclusivo. (No capítulo 12, irei explicar sobre as posturas corporais, como o Apaziguador, em mais detalhes.)

3. Responder. Responda à pergunta de maneira organizada e estruturada, de forma que seja fácil para todos os participantes compreenderem sua informação. Chegue ao ponto e lembre-se do famoso comentário de Thomas Jefferson, um dos Pais Fundadores dos Estados Unidos: "O mais valioso de todos os talentos é aquele de nunca usar duas palavras quando uma basta".

4. Verificar. Confirme se a pessoa que fez a pergunta está contente com sua resposta. Você pode fazer um aceno com a cabeça ou estabelecer um contato visual direto. Ou você pode perguntar: "O que você achou, Lisa?" ou "Eu respondi à sua pergunta completamente, Peter?". Dessa forma, se Lisa ou Peter não estiverem contentes com a resposta, eles podem ajudar a esclarecer com outra pergunta.

O que dizer se alguém perguntar algo que já foi discutido

Ah! Isso com certeza vai acontecer de tempos em tempos. As pessoas simplesmente não escutam todas as palavras que dizemos o tempo todo! Com certeza elas prestam atenção em sua mensagem e também se dispersam. Minha melhor dica para você é se assegurar de não comentar: "Como eu disse antes, Margaret...", e não fazer a Margaret se sentir constrangida, pois assim ficará muito óbvio para ela (e para todos os outros participantes) que Margaret não estava escutando! Tenha o cuidado de respeitar seu público em todos os momentos. Apenas siga a técnica para responder em quatro passos e responda resumidamente, para não fazer o restante dos participantes (que estavam prestando atenção e que sabem que isso é uma repetição) ficarem entediados.

Se você não souber a resposta para a pergunta

Existem algumas coisas que precisam ser levadas em conta se você não souber a resposta para uma pergunta:

1. Não fique na defensiva. Quando você fica estressado, não consegue pensar direito. Lembre-se de que se trata do público, então, concentre-se nele, sorria de modo verdadeiro, seja educado e percorra a técnica para responder em quatro passos, explicando que você vai ter de verificar, fazer mais pesquisas, discutir com um colega e retornar com a resposta.

2. Não finja que sabe! Os membros de seu público são inteligentes e provavelmente você vai romper a relação se eles sentirem que você está mentindo para eles. Lembre-se da citação de Friedrich Nietzsche: "Fiquei magoado, não por me teres mentido, mas por não poder voltar a acreditar-te".

3. Ganhe tempo. Você pode ganhar tempo usando a postura de calculista da psicoterapeuta Virginia Satir (também conhecida por alguns como "postura do pensador"), na qual você coloca um braço apoiado em seu corpo com o outro cotovelo apoiado em sua mão e a outra mão em seu rosto. Isso desacelera o processo e lhe concede tempo para pensar na resposta. Depois, devolva a pergunta para o público ou adie sua resposta. Por exemplo: simplesmente explique que você precisará de tempo para verificar a

resposta correta e vai retornar com a resposta no tempo X (mencione um tempo específico). (No capítulo 12, explicarei a postura corporal de calculista de Virginia Satir com mais detalhes.)

Por exemplo:

Essa é uma boa pergunta, Ethel. (pausa) Estou interessado em saber o que alguns de vocês presentes nesta reunião hoje pensam que poderíamos fazer para resolver o dilema que Ethel levantou a respeito da distribuição do bônus salarial. (pausa)

Ou:

Essa é uma pergunta importante, Fred. (pausa) Eu gostaria de esclarecer a resposta para sua pergunta com Chris, do nosso departamento técnico, e darei um retono para você na sexta-feira de manhã. Tudo bem para você? (pausa)

Observei a dra. Fiona Wood (especialista em queimaduras) apresentando-se no National Press Club em Camberrra, Austrália. Sua apresentação foi excelente, envolvente e impressionante. A parte de perguntas e respostas foi maravilhosa. Não vou conseguir citar exatamente o que ela disse com todas as palavras, mas foi algo assim:

"Agradeço sua pergunta, Kerry; a pergunta de Kerry foi [e então a dra. Wood parafraseou a pergunta]. (pausa). E o motivo de a pergunta de Kerry ser relevante para todos vocês é porque tenho certeza de que, de tempos em tempos, vocês já viram [novamente ela parafraseou o assunto de uma forma completamente nova] acontecer. Então, vocês também devem estar se perguntando sobre o efeito de...".

Depois, ela repetiu o assunto que Kerry abordou novamente e respondeu à pergunta. Por fim, a dra. Wood verificou com Kerry se a pergunta dele tinha sido respondida.

Esse foi um grande momento na história das apresentações das mulheres na área de negócios. A parte de perguntas e respostas da apresentação da dra. Wood deixou todos os participantes sentados na ponta das cadeiras, fascinados por tudo o que ela dizia! Foi realmente esplêndido!

Para quem você deve olhar ao responder a uma pergunta

Ao responder a uma pergunta, tome cuidado com a síndrome da atração. Isso ocorre quando você se concentra na pessoa que fez a pergunta e exclui todas as outras. Excluir o restante de seu público é quase certo que irá romper a relação com o grupo, e você terá de trabalhar muito para restabelecer a relação. Além disso, toda essa atenção e concentração única pode ser, potencialmente, um pouco confrontadora para quem está fazendo a pergunta.

> **DICA**
>
> *Michelle diz...*
> *Tente olhar para o máximo de pessoas possível, para todas se sentirem incluídas em sua resposta.*

Por que a sessão de perguntas e respostas não deve entrar no fim da apresentação?

O motivo para colocar a sessão de perguntas e respostas antes das consequências e do discurso de encerramento e não no fim de sua apresentação é porque, às vezes, como você já deve saber, os participantes podem desviá-lo de sua linha de pensamento com suas perguntas. Se você realmente escolher responder a essas perguntas de assuntos paralelos ou não, a atenção de seu público será desviada de sua mensagem principal para os assuntos abordados pela pessoa que fez a pergunta.

Quando você é o palestrante, não quer que as pessoas que fizeram as perguntas terminem a apresentação para você. Você quer que os membros de seu público tenham realmente certeza sobre o que *você* quer que eles façam e as consequências positivas e negativas dessa ação. Você quer terminar com a palavra final. Portanto, é por isso que, após a parte de perguntas e respostas no Passo 11 dos 13 Passos, você vai ver que ainda existem mais dois passos a serem percorridos antes de terminar.

Exercício

TENTE FAZER ISTO

1. Pense sobre as três coisas que você gostaria de incorporar como perguntas em seu exemplo de trabalho.
2. Escreva seu roteiro de perguntas e respostas.
3. Depois, escreva alguns exemplos de respostas para as perguntas usando a técnica para responder em quatro passos.
4. Coloque essa parte no Passo 11 dos 13 Passos.

Passo 12: Destaque as consequências negativas e positivas

Nesta parte, você deve explicar as consequências negativas e positivas de se fazer o que você está pedindo. Nesse ponto de sua apresentação, você deve lembrar os membros do público sobre o que eles não irão alcançar ou os problemas que poderiam resultar ao não procederem da maneira indicada, bem como os resultados certos ou positivos que podem ser alcançados ao agirem conforme sua sugestão. Assim como sua resposta para a pergunta O que vou ganhar com isso? (Passo 3 dos 13 Passos), esta parte irá estimular tanto as pessoas que se afastam do sofrimento quanto as que vão adiante, em busca de uma recompensa.

Por exemplo:

Se não dermos prosseguimento a esse projeto, as consequências serão XYZ. Quando dermos prosseguimento, conseguiremos alcançar XYZ dentro de seis meses.

Se não fizermos nada, as ineficiências permanecerão, as frustrações continuarão e as discussões com os clientes aumentarão. Quando adotarmos o novo processo, certamente obteremos melhorias na eficiência, o que significa que as frustrações serão minimizadas e as discussões com os clientes serão reduzidas.

DICA

Michelle diz...

Perceba que neste roteiro usamos a estrutura: "Se não fizermos..." e "Quando fizermos...". Em outras palavras, existe uma implicação importante de que certamente o público fará o que você sugeriu.

TENTE FAZER ISTO

Exercício

1. Escreva as consequências negativas e positivas para seu exemplo de trabalho.
2. Certifique-se de dizer "se" não fizermos e "quando" fizermos.
3. Coloque essa parte no Passo 12 dos 13 Passos.

Passo 13: Encerre com chave de ouro!

Você já esteve em uma apresentação na qual o palestrante apenas encerrou dizendo "Obrigado" ou "É isso" ou simplesmente olhou para as pessoas presentes no público, esperando que elas concluíssem por si mesmas que havia chegado o fim da apresentação? Encerrar sua apresentação assim não permitirá que você mantenha uma relação com seu público – nem vai fazer você ou seu público se sentir muito satisfeito com sua apresentação.

Você deve concordar que tanto a abertura quanto o encerramento são importantes para o sucesso total de sua apresentação. A abertura e o encerramento também podem ser as partes mais complicadas, pois pode ser difícil saber o que dizer. Expliquei no início deste capítulo como fazer a abertura de sua apresentação. Agora, vamos ver o que precisa acontecer no encerramento, de forma que você finalize com impacto. O fim geralmente é chamado de discurso de encerramento.

O que é um discurso de encerramento?

Seu discurso de encerramento é a última frase de sua apresentação. É a última frase que você diz, então é a última coisa que seu público ouve, e pode ser isso que eles irão lembrar de sua apresentação. Os discursos de encerramento têm uma série de características. Vamos abordá-las aqui.

- Curtos e energéticos. Eles são a faísca de sua mensagem! São estimulantes e motivacionais, e um pouco parecidos com um *slogan* ou uma frase de adesivo de para-choque.
- Um sinal. Eles funcionam como um sinal para seu público de que a apresentação chegou ao fim. Eles estão relacionados com sua abertura. Em outras palavras, fazem seu público se lembrar de algo que você disse em sua abertura. Dessa maneira, eles sutilmente ajudam seu público a perceber que você está no fim de sua mensagem.
- Não são um chamado para ação. Você não deve pedir nada para seu público em seu discurso de encerramento.

Alguns exemplos de discursos de encerramento

A seguir, alguns exemplos de discursos de encerramento impactantes.

Esta é uma iniciativa estimulante para todos nós. Nossa equipe garante que nossos clientes recebam o serviço que eles esperam.

A equipe ABC toma conta de nossa segurança. Temos uma oportunidade real de fazer uma melhoria significativa na maneira como trabalhamos hoje.

ABC é um grupo técnico bem habilidoso, que trabalha nos bastidores para garantir que a Empresa X ofereça um ótimo serviço para nossos clientes.

Por que você não deve chamar seu público para ação no encerramento?

O motivo pelo qual não devemos pedir para nosso público fazer algo, ou nos dar algo, no encerramento é porque, em muitas culturas, e com certeza em meu país, as pessoas não gostam de ser vendidas. Você deve se lembrar de que já pediu o que quer para seu público no Passo 10 dos 13 Passos. O Passo 10 trata de chamar seu público para uma ação. Quando você chama seu público para uma ação no Passo 10 dos 13 Passos, ele o escuta e compreende o que você quer dele; portanto, não há necessidade de pedir duas vezes.

TENTE FAZER ISTO

Exercício

1. Escreva um discurso de encerramento curto e energético para seu exemplo de trabalho.
2. Certifique-se de que seu discurso de encerramento esteja relacionado à sua abertura e finalize sua apresentação com chave de ouro.

Relacionando os 13 Passos ao 4MAT System e às quatro perguntas

É assim que os padrões de linguagem dos dois sistemas se relacionam:

- Os Passos 1 a 5 respondem à pergunta *Por quê?*.
- O Passo 6 responde à pergunta *O quê?*.
- O Passo 7 responde à pergunta *Como?*.
- Os Passos 8 a 13 respondem à pergunta *E se?* ou *O que mais?*.

A tabela 5.4 demonstra um processo completo de análise do público para a apresentação exibida na tabela 5.5. Os nomes das organizações e dos departamentos foram modificados.

Tabela 5.4: análise do público

Passo	Resposta
O tema é:	Grupo ABC
A meta é:	Convencer outros departamentos a se tornarem parceiros do grupo ABC.
O objetivo é:	Por que ABC é importante para os nossos negócios e para cada um de vocês.
O discurso principal é:	ABC desempenha um papel fundamental na criação, organização, operação e manutenção dos produtos ABC da Empresa X.

A tabela 5.5 demonstra a aplicação prática dos 13 Passos. A seguir, um exemplo de uma apresentação verdadeira que utiliza os 13 Passos, para que você possa ler e ter uma ideia de como ela deve transcorrer de um passo para o seguinte.

Tabela 5.5: exemplo totalmente desenvolvido dos 13 Passos, mostrando um exemplo de roteiro

As quatro perguntas	Aspectos dos 13 Passos	Roteiro
Por quê?	Imprimir ritmo	Sabemos que a Empresa X oferece muitos produtos de telecomunicações para nossos clientes.
	Imprimir ritmo	E, como vocês podem perceber, existem muitos grupos trabalhando nos bastidores para garantir que a Empresa X seja um negócio bem-sucedido. Vocês sabem que existem áreas, como as de compras, segurança da informação, faturamento, vendas, o meu grupo chamado ABC, e, claro, a de treinamento, que muitos de nós valorizamos bastante.

Como Fazer Apresentações

As quatro perguntas	Aspectos dos 13 Passos	Roteiro
	Imprimir ritmo	Apesar de vocês estarem cientes de que a maioria do rendimento vem de XYZ, talvez não percebam que uma quantidade significante de nossa renda seja também gerada pelo produto ABC. Isso inclui serviços como SDF, XYZ, POI, FROMS e PROS.
	Liderar	ABC desempenha um papel fundamental na criação, organização, operação e manutenção dos produtos ABC da Empresa X.
	Reduzir	Hoje, meu objetivo é reduzir qualquer confusão que vocês possam ter sobre o que ABC faz...
	Melhorar	...e melhorar seu conhecimento a respeito da função de ABC, a fim de saberem como podemos ser capazes de ajudar cada um de vocês nos diversos ofícios na Empresa X.
	Determinar as objeções	Sei que alguns podem sentir que a função de ABC não é relevante para cada um de vocês em seus diversos ofícios. Na verdade, hoje demonstrarei como ABC é importante para o sucesso da Empresa X – de fato, como somos importantes para o sucesso total de cada um de vocês, pois vocês podem se tornar nossos parceiros para economizar tempo e dinheiro com nossos projetos futuros.

Escreva sua apresentação em 13 passos

As quatro perguntas	Aspectos dos 13 Passos	Roteiro
	Estruturar	Meu nome é Mia. Trabalho no departamento ABC há 11 anos. Antes disso, fiz parte do Grupo Nacional de Operações do Sistema por três anos. Aprendi que, às vezes, ficamos tão ocupados com nossos trabalhos que não percebemos que existem outras pessoas em outros departamentos que poderiam facilitar nossos próprios serviços. Hoje, abordarei as funções dos diferentes membros da equipe ABC e alguns dos produtos que estão atualmente sendo testados e implementados nos negócios.
O quê	Estruturar	Atualmente, existem 13 membros da equipe ABC. Cada membro tem projetos e bases de conhecimento específicos. A maioria das pessoas em nosso grupo trabalha na Empresa X há mais de dez anos. Nós viemos principalmente do departamento X da empresa. Temos diversas funções. Elas são apresentadas no primeiro *slide*. (Esse é o momento em que o palestrante entra em mais detalhes sobre as funções e responsabilidades das pessoas da equipe. O palestrante normalmente usa alguns *slides* e outros recursos visuais para destacar suas mensagens principais e tornar sua apresentação o mais marcante possível.)

Como Fazer Apresentações

As quatro perguntas	Aspectos dos 13 Passos	Roteiro
Como?		Visando à implementação, o departamento ABC cria e implementa o roteamento de chamadas na rede de computação. Temos três membros em ABC que se concentram exclusivamente em... (Em uma apresentação real, esta parte seria bem maior. Para garantir que este exemplo em particular seja fácil o suficiente para ser seguido, suprimi o restante da parte "Como?".)
E se? e O que mais?	Outras informações	A propósito, vocês podem considerar que [inserir aquela pequena dica adicional que o público pode realmente gostar de saber sobre sua mensagem, mas que não se encaixa no corpo da apresentação].
	Foi um prazer	Foi um prazer falar com vocês sobre o departamento ABC hoje.
	Detalhes de contato	Vocês podem entrar em contato comigo pelo *e-mail* mia@empresax.com.
	Resumo	Então, resumidamente: o grupo ABC garante que nossos clientes tenham confiança no serviço ABC da Empresa X, minimizando as falhas quando as mudanças são feitas. Nós criamos e implementamos novas transferências e produtos; e ABC, por meio de extensivos testes, garante a confiabilidade de XYZ. Ficamos à disposição para responder quaisquer dúvidas sobre XYZ quando for preciso.

Escreva sua apresentação em 13 passos

As quatro perguntas	Aspectos dos 13 Passos	Roteiro
	Chamar para a ação	Na próxima vez em que vocês precisarem de assistência para XYZ, peço que entrem em contato com o grupo ABC. Teremos prazer em atendê-los.
	Perguntas e respostas	Estou interessada em ouvir suas perguntas. Vocês podem ter perguntas sobre as transferências, atualizações ou até mesmo sobre a linha de produtos ABC. Quem gostaria de começar? Quais são suas perguntas? Utilize a técnica para responder em quatro passos quando for responder às perguntas: • Demonstrar reconhecimento a quem fez a pergunta. • Parafrasear a pergunta. • Responder à pergunta. • Verificar se você respondeu à pergunta completamente.
	Consequências negativas e positivas	Sem nossa equipe, nossos clientes não conseguiriam ter acesso a nossos serviços. Graças à nossa equipe, a Empresa X é uma organização lucrativa com uma variedade de produtos extremamente valorizados.
	Discurso de encerramento	ABC é um grupo técnico bastante habilidoso, que trabalha nos bastidores para garantir que a Empresa X ofereça um ótimo serviço para nossos clientes.

É possível modificar os 13 Passos?

Você já viu aquelas atividades de pintar ou colorir usando os números que são vendidas? Elas são para as pessoas que querem aprender como criar uma bela obra de arte. A suposição dessas atividades é que o artista em potencial não sabe como pintar uma obra de arte sozinho, então ele segue o sistema de numeração e pinta as partes numeradas como 1 para amarelo, 2 para vermelho, 3 para verde, e assim por diante. No fim do processo, o artista criou uma pintura! Oba! Sendo um artista ou não, você consegue imaginar que, se não soubesse como pintar, a pintura usando os números o ajudaria a aprender como as cores se juntam e formam uma bela pintura?

Minha primeira graduação após a escola foi em belas-artes, então não preciso usar pintura pelos números, pois já sei como misturar minhas tintas e aplicá-las em uma tela para criar uma obra de arte. Na verdade, temos muitas delas penduradas em casa. No entanto, tenho amigos e familiares que já usaram a pintura pelos números, e desde então eles penduram suas obras nas paredes de suas casas, todas emolduradas, maravilhosas e com uma aparência esplêndida. Adivinha? Você nunca conseguiria imaginar que eles seguiram um método simples e passo a passo de maneira lógica para criar aquelas pinturas. E nem eles iriam contar a você que fizeram dessa maneira!

O mesmo ocorre com meus 13 Passos. Desenvolvi os 13 Passos para Criar uma Excelente Apresentação a fim de ajudá-lo a aprender como colocar certos padrões de linguagem e blocos de informações juntos em uma ordem lógica para você se tornar o mais influente possível. Os 13 Passos são perfeitos para você se você sente que não tem certeza de como fazer isso sozinho com resultados garantidos. Você não tem de seguir os 13 Passos. Se você não tem certeza de como aumentar a probabilidade de transformar o comportamento de seu público, então recomendo que siga os 13 Passos ao pé da letra! Essa é a melhor forma de garantir que irá alcançar seu resultado desejado.

Quando você achar que trocar os passos irá aumentar a probabilidade de alcançar seus resultados, faça isso!

Escreva sua apresentação em 13 passos

> **TENTE FAZER ISTO**

Exercício

1. Pense em uma apresentação que você terá de fazer em breve.
2. Trabalhe com o modelo de preparação em cinco passos no capítulo 2.
3. Faça um *storyboard* de sua apresentação usando a orientação no capítulo 4.
4. Depois, trabalhe com os 13 Passos um de cada vez e perceba como sua mensagem se torna influente quando é elaborada dessa maneira.
5. Você também pode fazer o *download* de um modelo para ajudá-lo a criar sua apresentação em meu *site*. Visite: <www.michellebowden.com.au/howtopresent> (conteúdo em inglês).

Usando cartões ou anotações

Se você está realmente disposto a envolver seu público, é uma boa ideia pelo menos tentar transmitir sua apresentação sem utilizar quaisquer anotações ou *slides* como apoio.

Lembre-se: os membros de seu público são mais propensos a serem convencidos pelo que você diz se eles sentirem uma relação com você e sua mensagem, e se você demonstra credibilidade como palestrante. Se você precisa ficar recorrendo às suas anotações (ou pior, olhando para trás para ver o conteúdo de seus *slides*), leva seu público a crer que não sabe sua mensagem o suficiente ou que não o respeita porque não usou o tempo necessário para se preparar adequadamente.

A consulta frequente a anotações também faz com que você interrompa o contato visual e a relação com os membros de seu público, dando-lhes a oportunidade de perder a concentração. Isso terá um impacto direto em sua credibilidade. Portanto, ensaie. Depois, tente se apresentar deixando suas anotações de lado.

Usando um tablet para as anotações

Não é uma boa ideia usar um tablet, como um iPad, para inserir suas anotações, a menos que consiga dispor tudo em apenas uma tela. Você vai perceber que acaba se distraindo conforme passa as telas em seu tablet para tentar se localizar. Quando você não faz contato visual suficiente com seu público, pode facilmente se perder e certamente romper a relação que estabeleceu com ele. Outro aspecto negativo de se utilizar um tablet é que muitas vezes a tela tem um brilho que o impede de enxergar o texto com clareza. Se você realmente quer utilizar essa tecnologia, então descubra uma maneira de inserir todo seu conteúdo em apenas uma página com o 4MAT System (ver figura 3.1, na p. 65) e os 13 Passos, e então o tablet pode ser uma boa escolha para você.

E se você se esquecer de alguma informação?

Se você se esquecer de alguma informação ou tiver um branco, é importante se lembrar de que isso não é o fim do mundo. Muitas vezes, ótimos palestrantes perdem a linha de raciocínio e os membros do público normalmente não percebem os pequenos erros. Só não peça desculpas ou leve tão a sério o fato de você ter se esquecido – os participantes ficarão distraídos e procurando outros erros que você possa cometer! O público quer que você seja confiante, então demonstre confiança e passe para aquilo que é importante.

Se você utilizou a técnica do *storyboard* para criar sua apresentação, pode olhar para cima e tentar enxergar um *storyboard* imaginário com o 4MAT System e as notas adesivas no alto (acima da linha dos seus olhos). Isso pode estimular sua memória visual.

Também é importante se lembrar de fazer a respiração diafragmática, a fim de manter seu oxigênio fluindo. Lembre-se: o oxigênio em seu cérebro significa uma clareza de pensamento elevada.

Se, ainda assim, você não conseguir se lembrar, então não tem problema beber um copo d'água e verificar suas anotações.

Principais dicas para escrever sua apresentação usando os 13 Passos

- Considere os 13 Passos para Criar uma Excelente Apresentação, a fim de saber o que dizer para seu público e aumentar a probabilidade de transformar seu comportamento.
- Utilize os 13 Passos para Criar uma Excelente Apresentação na ordem correta, a menos que você ache que trocar a ordem aumentará sua habilidade de influenciar seu público a fazer o que você quer.
- Certifique-se de fazer uma abertura para sua apresentação de modo a estabelecer uma relação. Discursos inclusivos refletem o que os membros de seu público já sabem ser verdade e, portanto, ajudam-no a estabelecer uma relação forte.
- Lembre-se de motivar seu público usando o padrão de linguagem para a resposta da pergunta O que vou ganhar com isso?: reduzir, manter e melhorar.
- Lide com as objeções de seu público utilizando a técnica Determinando as Objeções: declare a objeção, diga "e", "então" ou faça uma pausa, tente usar as expressões "na verdade" ou "de fato", proponha uma solução e finalize com a palavra "porque" e uma justificativa.
- Controle e relaxe seu público usando estruturas que estabeleçam limites.
- Explique sua credibilidade na parte de estruturação para passar confiança a seu público.
- Aborde as seções *O quê?* e *Como?* de sua apresentação conforme a necessidade de seu público.
- Quando chegar ao fim de sua apresentação, o público já pode ter esquecido a maioria das coisas que você disse; portanto, lembre-se de expressar suas três mensagens principais em seu resumo.
- Um resumo normalmente inclui um argumento do *Por quê?*, um do *O quê?* e um do *Como?* do 4MAT System.

- É importante chamar seu público para uma ação, a fim de que ele saiba o que fazer em seguida.
- A sessão de perguntas e respostas é uma oportunidade de demonstrar sua capacidade profissional.
- A sessão de perguntas e respostas pode ser tão controlada quanto o restante de sua apresentação.
- Certifique-se de planejar três coisas que você quer que seu público pergunte, e as respostas para essas perguntas.
- Se você não souber a resposta para uma pergunta, não finja saber. Seu público é muito inteligente!
- Lembre-se de incluir as consequências negativas e positivas.
- Não diga "obrigado" no fim de sua apresentação.
- Os discursos de encerramento são elaborados para concluir a sua apresentação com chave de ouro!
- Se você está realmente disposto a envolver seu público, é uma boa ideia pelo menos tentar transmitir sua apresentação sem utilizar quaisquer anotações ou *slides* como apoio.
- Se você se esquecer de alguma informação, não peça desculpas ou leve tão a sério o fato de você ter se esquecido. Respire fundo, beba um pouco de água, verifique suas anotações e continue!

> Capítulo 6

Fique atento à sua linguagem!

*Existe um tipo especial de beleza que nasce na linguagem,
da linguagem e para a linguagem.*

Gaston Bachelard, filósofo

Os palestrantes normalmente utilizam uma variedade de afirmações ou expressões que são muito inteligentes e poderosas e envolvem o público. Infelizmente, outras afirmações podem ser um grande incômodo. Vamos observar algumas expressões comuns que são desagradáveis para seu público – e não se preocupe, pois irei sugerir uma alternativa a cada uma das palavras ou afirmações comuns que recomendo não serem utilizadas.

"Para aqueles de vocês que não me conhecem..."

Essa combinação de palavras não é inclusiva por natureza. E como ficam as pessoas que o conhecem? Recomendo que você substitua essa opção por algo como: "Eu já conheço alguns de vocês, e hoje quero conhecer todos vocês. Meu nome é...". Ou simplesmente: "Meu nome é...". Ou você pode tentar isso: "É maravilhoso contar com a presença de vocês aqui hoje. Eu sou [insira o nome]...".

"Hum", "ah" e "então"

Muitos palestrantes utilizam uma série de vícios de linguagem quando não sabem o que dizer, ou para preencher o silêncio, que ficaria melhor se fosse feita uma pausa ou uma respiração profunda. Alguns desses vícios são palavras como "hum", "ah", "e", "tipo" e "então". Não é uma boa ideia utilizar essas palavras. Como alternativa, lembre--se de fazer uma pausa e respirar com confiança. A pausa é poderosa!

> **DICA**
>
> *Michelle diz...*
> *É quase impossível suprimir os vícios de linguagem quando você se apresenta, a menos que os remova de sua conversação diária.*

TENTE FAZER ISTO

Exercício

1. Pense se você normalmente utiliza alguns vícios de linguagem como "hum", "ah" ou "tipo" ao se comunicar.
2. Planeje fazer pausas e respirar em vez de dizer palavras que não funcionam para você ou para seu público.
3. Se você não tem certeza do que diz quando se apresenta, peça para um colega ou amigo de confiança prestar atenção em alguns desses hábitos.
4. Faça um planejamento para suprimir os vícios de linguagem das suas conversas hoje mesmo!

"Ok", "basicamente", "obviamente", "sabe?" e "certo?"

Algumas palavras podem fazer seu público discordar de você. É uma boa ideia evitá-las, pois você quer estabelecer uma relação com seu público o máximo que for possível durante sua apresentação. Quais são essas palavras? Elas são: "ok", "basicamente", "obviamente", "sabe?" e "certo?".

Quando você diz essas palavras, é possível que algumas pessoas em seu público digam para si mesmas: "Não, não concordo!" ou "Não, eu não!", e isso as incentiva a começar a procurar outras partes de sua mensagem que possam ser inconsistentes ou imprecisas.

O que devo dizer então?

Considere substituir essas palavras por uma pausa ou uma respiração diafragmática. Você vai descobrir que consegue finalmente eliminar esse hábito quando está falando.

"Vocês" contra "eu"

É muito comum os palestrantes, quando se apresentam, dizer coisas como: "Eu acho...", ou "Eu quero que vocês..." ou "Eu preciso que vocês...". É prudente parar e pensar sobre como é para o público quando você diz "eu isso" ou "eu aquilo". Lembre-se: se existe um ponto principal que você deve extrair deste livro, tenha certeza que é: **Não se trata de mim. Trata-se do público!**

Quando você pensa sobre isso, faz sentido, não é? Geralmente seu público não está interessado no que você pensa, no que você quer ou no que você precisa. Os participantes estão mais envolvidos no que eles pensam, no que eles querem e no que eles precisam!

Portanto, ao se comunicar no trabalho, certifique-se de utilizar palavras que incluam, incorporem ou atraiam os membros de seu público e os ajudem a sentir que você está lá por eles, não separado deles, e não pedindo algo a eles.

Quando as pessoas se sentem incluídas, iguais ou semelhantes, elas geralmente sentem uma relação ou conexão forte com você. Isso significa que estarão mais propensas a fazer o que você quer e a mudar o comportamento delas se você lhes pedir.

Em vez de dizer "eu acho", "eu quero", "eu preciso" – que pode parecer egocêntrico, presunçoso e exigente, e não focado no público –, tente dizer "vocês", "seu", "nosso", "juntos" e "nós".

> **DICA**
>
> *Michelle diz...*
> *Não se esqueça: Não se trata de mim. Trata-se do público.*

> **TENTE FAZER ISTO**
>
> ## Exercício
>
> 1. Pergunte para um amigo de confiança se você diz "ok", "basicamente", "obviamente", "sabe?" ou "certo?" quando se apresenta.
> 2. Considere se deve acrescentar mais algumas palavras como "vocês", "seu", "nós" e "nosso" em seu exemplo de trabalho.
> 3. Planeje pausar e respirar em vez de dizer palavras que não funcionam para você ou para o seu público.

Usando uma linguagem clara

A autoconfiança é o primeiro requisito para grandes realizações.

Samuel Johnson, autor

"Confiança" é uma palavra que muitos de nós gostaríamos que os membros de nosso público dissessem sobre nós como palestrantes. Uma maneira de gerar essa confiança é por meio das palavras que escolhemos utilizar.

Infelizmente, muitas vezes, os palestrantes usam uma série de palavras menos confiantes para suavizar sua mensagem (às vezes até mesmo ser perceber). Essas palavras inseguras, tais como "espero", "acho", "tentar" ou "pode ser", passam a mensagem de que você não tem muita certeza sobre o que está dizendo. Ficará difícil parecer ser confiante e convincente para seu público se sua linguagem não for poderosa e clara. Algumas expressões alternativas são: "isso será", "isso é", "eu tenho certeza" e "eu sei".

Portanto, ao se comunicar no trabalho, tente usar uma linguagem o mais clara possível.

Palavras poderosas

Palavras poderosas são verbos de ação. São palavras que você pode utilizar para ajudá-lo a criar discursos fortes. Usando os verbos de ação, você pode assumir uma voz **ativa** no lugar de uma voz **passiva** enquanto fala. Recomendo que você considere utilizar algumas palavras poderosas relevantes em sua apresentação, para aumentar a força de sua mensagem.

A seguir, alguns exemplos de palavras poderosas. Para uma lista completa, visite meu *site*: <www.michellebowden.com.au/howtopresent> (conteúdo em inglês).

Abater	Abolir	Abordar
Abreviar	Absorver	Acelerar
Acessar	Acionar	Aclarar
Aclimatar	Acomodar	Acompanhar
Aconselhar	Acrescentar	Adaptar
Aderir	Adiantar	Adjudicar
Administrar	Admitir	Adotar
Adquirir	Advogar	Aferir
Afetar	Agir	Ajudar
Ajustar	Alcançar	Alocar
Alterar	Ampliar	Amplificar
Analisar	Antecipar	Anunciar
Aplicar	Apoiar	Apontar
Apostar	Apresentar	Aprimorar
Apropriar	Aprovar	Arrumar
Assinar	Associar	Assumir
Atender	Atingir	Ativar
Atrair	Atuar	Auditar

Aumentar	Automatizar	Autorizar
Auxiliar	Avaliar	Avançar
Averiguar	Avisar	Avistar
Balancear	Barganhar	Beneficiar
Bloquear	Calcular	Canalizar
Capturar	Catalogar	Categorizar
Centralizar	Circular	Classificar
Cobrar	Colaborar	Comandar
Combinar	Começar	Compilar
Completar	Compor	Computar
Comunicar	Conceber	Conceituar
Condensar	Conduzir	Configurar
Confirmar	Conservar	Considerar
Consolidar	Consultar	Contestar
Cooperar	Coordenar	Converter
Cortar	Criar	Criticar
Cultivar	Cumprir	Debater
Deferir	Definir	Descentralizar
Diminuir	Distribuir	

TENTE FAZER ISTO

Exercício

1. Retorne para seu exemplo de trabalho e certifique-se de ter utilizado uma linguagem inclusiva e clara em seu roteiro.
2. Insira também algumas palavras poderosas em seu exemplo de trabalho.

Usando uma linguagem incentivadora e polida em sua apresentação

Por que algumas pessoas têm mais carisma como palestrante do que outras? Na verdade, por que você é influenciado por algumas pessoas e não por outras? Por que acredita nos discursos de certos líderes e não nos de outros? O que faz os políticos como John F. Kennedy, Martin Luther King Jr. ou Barack Obama serem tão memoráveis?

> **DICA**
>
> *Michelle diz...*
> *Os grandes líderes inspiram, incentivam e motivam.*

É claro que a comunicação não é a única característica importante de um líder competente, mas com certeza é uma das três principais características, você não acha? A inteligência, a habilidade de desenvolver uma estratégia eficiente, a empatia e a habilidade de observar um plano de realização são fundamentais para um grande líder. E os grandes líderes também inspiram, incentivam e motivam – e nada inspira, incentiva e motiva mais as pessoas quanto uma excelente apresentação.

Existe uma série de técnicas ou recursos linguísticos usados por grandes oradores para motivar e inspirar. São eles: aliteração, conduplicação, epístrofe, tríade e anáfora. Eles o ajudam a fixar suas mensagens principais e a inspirar seu público. E a boa notícia é que você também pode utilizá-los!

Irei demonstrar como você pode desenvolver um amor pela linguagem para ajudá-lo a representar imagens evocativas com suas palavras e a cativar os membros de seu público usando esses incríveis recursos linguísticos em suas apresentações. Apesar de algumas pessoas considerarem essas técnicas "avançadas", elas são realmente rápidas, fáceis e poderosas para se aplicar. Bom, vamos começar.

Como Fazer Apresentações

> **DICA**
>
> *Michelle diz...*
> *A linguagem é uma ferramenta mágica que tem o poder de cativar, hipnotizar e inspirar seu público.*

O que é aliteração?

Você deve se lembrar de ter aprendido sobre aliteração na escola. A aliteração ocorre quando você repete o mesmo som consonantal no início de duas ou mais palavras em uma sucessão próxima. O objetivo da aliteração é criar um padrão consistente que capta a imaginação e concentra a atenção do público. Ela é usada frequentemente em manchetes de notícias, nomes corporativos, títulos literários, propagandas e em canções para crianças. Se você, como eu, ainda consegue se lembrar de canções para crianças (mesmo já tendo se passado um longo tempo!), pode perceber que ela, a aliteração, ajuda seu público a se lembrar dos seus pontos principais – pois ela é chamativa. Repetir a mesma letra ou uma letra semelhante não é o suficiente; deve ocorrer uma repetição sonora. Você pode utilizar a aliteração para enfatizar uma mensagem ou frase principal e fixá-la na mente dos participantes. A aliteração é utilizada geralmente em poesias e trava-línguas. Às vezes também é usada em *slogans* de propagandas e em nomes comerciais, para torná-los mais inesquecíveis, como Krispy Kreme e Coca-Cola.

Alguns exemplos de aliteração

Exemplos bem conhecidos incluem alguns famosos trava-línguas:

O pelo do peito do pé de Pedro é preto.
Sabia que o sabiá sabia assobiar?
O rato roeu a roupa do rei de Roma.

Existe uma série de exemplos de aliterações que fazem parte da comunicação corporativa há anos. Alguns exemplos simples são "bom e barato", "firme e forte", "revisar os relatórios" e "verificar os valores".

Tanto o presidente norte-americano John F. Kennedy quanto o líder dos direitos civis Martin Luther King Jr. eram conhecidos por utilizarem bem a aliteração. No discurso de abertura da Convenção Democrata de 2004, que levou Barack Obama à proeminência, Obama disse: "Nós participamos de uma política de cinismo ou participamos de uma política de esperança?". O *slogan* do *Wall Street Journal* é "The daily diary of the American dream". E provavelmente você já ouviu falar que "Preparação prévia previne pobre performance".

Como utilizar a aliteração em suas apresentações

Se você está disposto a tentar utilizar algumas aliterações, recomendo que planeje o objetivo de sua apresentação usando minha ferramenta de análise do público em cinco passos, e depois desenvolva sua mensagem utilizando o 4MAT System e o *storyboarding*, e finalmente acrescente os 13 Passos para Criar uma Excelente Apresentação. Seja o mais claro possível quanto às suas mensagens principais. Depois de limitar suas mensagens principais e escrever o que quer dizer, recorra às suas anotações com um pente fino, verificando partes em que pode utilizar a aliteração para incorporar suas mensagens principais e torná-las mais marcantes. Mas é claro que você precisa trabalhar dentro do seu estilo pessoal e padrão de discurso. Tente fazer isso!

O que é conduplicação?

Conduplicação é a repetição de uma ou mais palavras-chave em sentenças ou frases sucessivas.

Alguns exemplos de conduplicação

Segue um exemplo:

> Sucesso é o que almejamos em nossos negócios. Quando alcançarmos o sucesso, sentiremos uma gratificação imensa e impressionante. Pois é na realização do sucesso que nossas longas horas, nossa persistência e nosso sacrifício são justificados.

O senador norte-americano e candidato à presidência Robert F. Kennedy também utilizou a conduplicação quando disse o seguinte após o assassinato de Martin Luther King Jr., em 1968:

> "Então, esta noite eu peço que vocês retornem para suas casas, façam uma oração pela família de Martin Luther King... mas, principalmente, façam uma oração pelo nosso próprio país, que todos nós amamos – uma oração para a compreensão e a compaixão que eu mencionei".

O que é epístrofe?

Epístrofe é a repetição de uma palavra ou frase no fim de cada oração.

Um exemplo de epístrofe

No famoso discurso de Barack Obama em New Hampshire em 2008, ele repetiu a frase "Sim, nós podemos". Você deve se lembrar de que essas palavras ecoaram no mundo todo, reunindo partidários de diversos lugares:

Foi uma crença escrita nos documentos de fundação que declararam o destino de uma nação.
Sim, nós podemos.
Foi sussurrado por escravos e abolicionistas enquanto trilhavam o caminho para a liberdade durante as noites escuras.
Sim, nós podemos.
Foi cantado por imigrantes enquanto partiam de terras distantes e por pioneiros que avançaram para o oeste contra um deserto impiedoso.
Sim, nós podemos.

O que é tríade?

Uma tríade também é conhecida como a regra de três. Ninguém parece saber ao certo o motivo, mas o cérebro humano é capaz de absorver uma informação e se lembrar dela com mais eficiência quando está dividida em três partes. Novamente, é algo que os líderes como Barack Obama, John F. Kennedy e Martin Luther King Jr. utilizaram em seus discursos; e em suas apresentações a tríade o ajudará a se destacar como um palestrante carismático, inspirador e poderoso.

De acordo com alguns comentaristas, foram utilizadas 22 tríades somente no discurso de posse de Barack Obama, e 14 em seu discurso em Praga em 2009 (citando dois discursos ao acaso). Aqui está um exemplo:

"Estou aqui hoje humildemente pela tarefa que temos diante de nós, grato pela confiança que vocês depositaram em mim, ciente dos sacrifícios sofridos por nossos ancestrais".

Fique atento à sua linguagem!

Como utilizar a tríade em suas apresentações

Existem muitas ocasiões nas quais você pode utilizar algum desses recursos linguísticos ou todos eles em suas apresentações de negócios. Vamos supor que você tenha escrito originalmente: "Esses indicadores--chave de desempenho serão um esforço para muitos de nós". Você pode observar que esta é maneira "nenhuma" de expressar o argumento. Para tornar esse argumento mais inspirador, tudo o que precisamos fazer é acrescentar mais duas palavras à palavra "esforço". Por exemplo:

> Esses indicadores-chave de desempenho serão um desafio. Esses indi-cadores-chave de desempenho serão um esforço real para muitos de nós. E, sim, esses indicadores-chave de desempenho serão uma ótima maneira para todos nós realmente alcançarmos algo neste trimestre!

Viu como funciona?

Mais um exemplo. Você pode estar querendo dizer para seu gerente: "Eu realmente quero trabalhar neste projeto". Mas, se está cansado de querer assumir mais responsabilidades e ser ignorado, desconsiderado e desprezado – na verdade, se está cansado de sentir como se tivesse bem mais conhecimento, habilidades e capacidades do que as pessoas acreditam que você tenha –, tente dizer o seguinte:

> Este projeto é algo em que eu gostaria muito de trabalhar. Este projeto utilizará as habilidades que venho desenvolvendo em minha função até o momento, e este projeto me daria uma oportunidade de demonstrar a você como estou comprometido, incentivado e disposto a alcançar os resultados para nossa equipe.

De verdade, como ele poderia dizer não?

O que é anáfora?

Uma técnica que muitas vezes é utilizada com a tríade é a anáfora. Ela ocorre quando você repete intencionalmente uma mesma palavra (ou mais palavras) no começo de frases ou orações sucessivas. É uma das técnicas de retórica mais comuns, e é muito utilizada pelos políticos. Os oradores destreinados poderão achar que ela é repetitiva. E, sim, ela deve ser repetitiva: é a sua repetição que a faz ser eficiente. Você deve conhecer o famoso discurso do primeiro-ministro britânico Winston Churchill em 1940, no qual ele repetiu a palavra "devemos".

Devemos lutar nas praias, devemos lutar nos campos de pouso, devemos lutar nos campos e nas ruas, devemos lutar nos montes; não devemos nunca nos render.

Aqui está outro exemplo, de Steve Jobs, o famoso diretor-executivo da Apple. Em seu discurso na cerimônia de formatura na Universidade de Stanford em 2005, Jobs disse:

"Você tem de confiar que os pontos irão se conectar de alguma maneira em seu futuro. Você tem de confiar em alguma coisa – sua intuição, seu destino, sua vida...".

E fica claro que o discurso de Martin Luther King Jr. em 1963, "Eu tenho um sonho", também utilizou esse poderoso recurso linguístico. Segue um trecho dele:

"... Eu tenho um sonho de que um dia esta nação se levantará e viverá o verdadeiro significado de sua crença: Nós consideramos essas verdades evidentes: que todos os homens são criados iguais". Tenho um sonho de que um dia, nas colinas vermelhas da Geórgia, os filhos dos antigos escravos e os filhos dos antigos donos de escravos poderão se sentar juntos em uma mesa de fraternidade. Tenho um sonho de que um dia até o estado de Mississippi, um estado que sofre com o calor da injustiça, que sofre com o calor da opressão, será transformado...".

Barack Obama também utiliza este recurso com frequência:

"Esse é o preço e a promessa da cidadania. Esse é o motivo de nossa confiança – o conhecimento de que Deus nos chama para moldar um destino incerto. Esse é o significado de nossa liberdade e nossa crença".

Combinando a tríade e a anáfora em suas apresentações

Vamos supor que você fosse dizer em sua apresentação: "Este ano foi um ano difícil, mas todos nós trabalhos juntos para alcançar um bom resultado". Essa afirmação está correta, mas não é muito marcante. Quebre essa única frase em três frases, e comece de maneira mais marcante. A seguir, um exemplo de como combinar a tríade e a anáfora:

Nós trabalhamos juntos mesmo sendo um ano difícil. Nós trabalhamos juntos e formamos uma equipe em harmonia. Nós trabalhamos juntos e produzimos um resultado muito bom de 5% de lucro, e agora estamos preparados para um quarto trimestre incentivador, estimulante e focado nos resultados.

Na verdade, se você observar novamente, perceberá que utilizei esses recursos linguísticos em todos os meus exemplos neste capítulo.

> **DICA**
>
> **Michelle diz...**
> *A linguagem tem o poder de torná-lo digno de ser notado – a linguagem tem o poder de torná-lo marcante.*

Como começar a utilizar esses recursos em suas apresentações no trabalho

Apesar de muitas pessoas utilizarem esses recursos linguísticos inteligentes com tanta elegância, domínio e habilidade, é muito comum outras pessoas terem receio de utilizá-los, pois elas têm a preocupação de que pareçam artificiais, falsos ou dramáticos. Seguem algumas dicas para utilizar qualquer um desses recursos linguísticos poderosos, ou todos eles:

- Escreva o roteiro de sua apresentação (como você faria normalmente).
- Depois, leia seu roteiro e verifique em que parte pode inserir os diversos recursos linguísticos.
- Para usar a tríade, basta procurar em seu roteiro onde você usou um substantivo, um verbo ou um adjetivo, e simplesmente acrescentar outros dois!
- Para usar a epístrofe, tente repetir as palavras finais.
- Para usar a anáfora, decida onde você pode repetir as primeiras palavras de uma frase.
- Para usar a aliteração, verifique se consegue modificar algumas palavras, a fim de que três ou mais palavras tenham a mesma primeira letra.

Não é tão difícil quanto parece no começo.

> **DICA**
>
> *Michelle diz...*
> *Combine esses padrões de linguagem inteligentes com uma fala dinâmica e uma postura firme e forte, e assim você estará no caminho para conquistar o carisma e a influência que deseja!*

> **TENTE FAZER ISTO**
>
> ## Exercício
>
> Reserve algum tempo para trabalhar esses recursos linguísticos no roteiro para sua próxima apresentação e perceba como isso gera uma grande melhoria na sua eficiência como um todo.

Outra maneira de tornar suas mensagens notáveis e marcantes

Outro acréscimo muito estimulante para sua apresentação é o uso de perguntas retóricas.

Uma pergunta retórica é uma figura de linguagem na forma de uma pergunta feita para determinar um argumento, sem nenhuma expectativa de que o público a responda. Você a utiliza para fazer com que seu público considere um ponto de vista em particular. As perguntas retóricas motivam as pessoas a tentarem responder à pergunta que é feita. Como resultado, o público fica mais propenso a se concentrar e a ouvir o que você tem a dizer.

Fique atento à sua linguagem!

> **DICA**
>
> *Michelle diz...*
>
> *Lembre-se de fazer uma pequena pausa após sua pergunta retórica, para permitir que seu público tente responder mentalmente.*

Alguns exemplos de perguntas retóricas em apresentações de negócios

A seguir, alguns exemplos que você já deve ter escutado em suas reuniões no trabalho.

O que vocês acham que pode acontecer se não seguirmos o código?
Como vamos conseguir alcançar isso?
E se não fizermos isso como foi solicitado?

> **TENTE FAZER ISTO**
>
> ## Exercício
>
> 1. Planeje em quais momentos de sua apresentação você pode fazer algumas perguntas retóricas.
> 2. Pratique a comunicação de sua pergunta retórica, a fim de utilizar a entonação correta e realmente envolver o seu público.

Principais dicas para ficar atento à sua linguagem

- Tente pausar e fazer a respiração diafragmática em vez de usar vícios de linguagem que rompam a relação com seu público.
- Certifique-se de que as palavras que você diz ajudam seu público a concordar com você e não discordar. Tente evitar dizer as palavras "ok", "basicamente", "obviamente", "sabe?" e "certo?".
- Use uma linguagem inclusiva e focada em seu público durante suas apresentações, como "vocês", "seu", "nosso", "juntos", "nós".
- Tente usar uma linguagem clara, como "isso é", "eu sei", "isso será", assim você demonstrará confiança e certeza de si mesmo.
- Palavras poderosas podem ajudá-lo a aumentar a força de sua mensagem.
- Considere utilizar recursos linguísticos como aliteração, tríade, epístrofe, conduplicação, anáfora e perguntas retóricas para garantir que suas mensagens sejam ainda mais marcantes para seu público.

Capítulo 7

A arte de contar histórias

As histórias são como ouro de fada: quanto mais você dá, mais você tem.

Anônimo

As histórias nos acompanham desde o início dos tempos. Elas são uma excelente maneira para você comunicar sua mensagem de forma que seu público o considere um orador interessante e cativante.

Uma técnica para contar histórias marcantes

Uma técnica que você pode utilizar para contar histórias é chamada de Fórmula Mágica para Contar Histórias. Ela foi desenvolvida pelo escritor Dale Carnegie, autor do famoso livro *Como Fazer Amigos e Influenciar Pessoas*.

A Fórmula Mágica para Contar Histórias é uma técnica realmente simples de se utilizar. É isso que você deve fazer:

1. Incidente. Conte a história – nesse momento você deve fazer um relato curto e interessante (o incidente) para seu público.
2. Ponto. Alguns contadores de histórias contam a história, contam a história e contam a história, e você fica sentando pensando: "Chegue ao ponto!". É realmente importante que você comunique o ponto de sua história. Não suponha que ele seja óbvio para seu público.
3. Benefício. Nesse momento você deve relacionar sua história, e o ponto dela, às pessoas de seu público.

Como Fazer Apresentações

> **DICA**
>
> *Michelle diz...*
> *Uma história bem contada é convincente para seu público e pode ajudá-lo a comunicar suas mensagens principais de maneira mais eficiente.*

Segue um exemplo.

Exemplo da Fórmula Mágica para Contar Histórias

Nas minhas apresentações, às vezes conto uma história sobre um gerente de desenvolvimento de negócios fazendo uma apresentação entediante, cansativa e focada no palestrante. Classifico cada uma das três partes da Fórmula Mágica para Contar Histórias e incluo meu roteiro para demonstrar como conto a história, demonstro meu ponto e faço a relação entre a história e o público.

Incidente: Esse é o momento em que você conta a história.

Uma vez observei um gerente de investimentos fazendo uma apresentação para um grupo de consultores financeiros em uma conferência. Seu papel era influenciar os consultores presentes a investirem o dinheiro de seus clientes em seu fundo monetário. Ele cometeu o erro clássico de colocar o primeiro *slide*, com uma pequena série de números escritos no canto inferior direito. Estava escrito 1/46! E então? Bem, a apresentação só duraria 45 minutos! O orador mostrou mais de um *slide* por minuto.

O que aconteceu é normalmente chamado de sujeitar o público à "morte por PowerPoint" – muitos *slides*, com muitas informações que as pessoas não conseguiriam ler mesmo se tentassem.

É comum as pessoas utilizarem seus *slides* como uma maneira de tirar o foco de si mesmas. O problema com esse método é que o público geralmente não responde bem a ele. Ao observar o público para verificar como ele estava respondendo a isso, vi pessoas escrevendo recados umas para as outras e até mesmo dobrando aviõezinhos de papel. Onze pessoas se levantaram para ir ao banheiro durante sua apresentação, mesmo com o intervalo do almoço imediatamente em seguida. Eu apostaria minha casa ao afirmar que ninguém ouviu o que ele falou, ninguém se importou com o que ele falou e ninguém decidiu investir em seu fundo monetário com base em sua apresentação.

Ponto: Esse é o ponto da história que ainda não está relacionado aos membros específicos do público.

Não importa quão boa seja sua mensagem quando ninguém está ouvindo. O gerente de investimentos poderia ter convencido muitas pessoas de seu público a escolherem seu fundo monetário, mas, como estava muito focado em si e não conseguiu se adaptar quando certamente percebeu que as pessoas não estavam prestando atenção, essa oportunidade foi perdida!

Benefício: Esse é o momento em que você relaciona o incidente e o ponto às pessoas de seu público.

Certifique-se de não fazer a mesma coisa com os membros de seu público quando se apresenta. Conheça seu público. Considere o que ele quer e lhe forneça isso. Crie *slides* simples, conecte-se com os verdadeiros seres humanos no local e mude sua estratégia se as pessoas começarem a sair!

Do que mais tenho de me lembrar ao contar histórias?

Aqui estão alguns pontos principais para garantir que você utilize bem as histórias em sua apresentação:

- Aprecie sua história e a conte como se ela pertencesse a você!
- Fale *com* seu público e não *para* ele.
- Mantenha a história curta.
- Certifique-se de que a história seja relevante.
- Ao contar suas histórias, utilize gestos que as reforcem e acrescentem vida aos personagens ou incidentes que você está descrevendo (ver capítulo 12), bem como uma linguagem emotiva e uma ênfase vocal (ver capítulo 11); então, a história será emocionante para seu público. Isso garante que você leve o público para dentro da história com você.
- Tente criar uma mudança de referencial. Esse é um termo especial usado quando a referência do contador de histórias se torna a referência do membro do público. Em outras palavras, sua história se torna a história dele!

- Pratique com seus amigos antes de contar uma anedota para um público de negócios. Seus amigos gostam de você e serão mais tolerantes!
- Escute outros contadores de histórias o máximo que for possível. Você aprenderá muito sobre o que deve fazer e.o que não deve fazer. Uma ótima fonte de histórias bem contadas e de palestrantes excelentes é o *site*: <www.TED.com>.

> **DICA**
>
> *Michelle diz...*
>
> *Contando histórias marcantes, você incorporará conceitos, inspirará pessoas e possivelmente mudará a vida delas para melhor.*

Uma história pode ser um exemplo ou um estudo de caso?

Sim. Por *história*, quero dizer qualquer um dos itens seguintes:
- anedota;
- metáfora (discutida mais adiante neste capítulo);
- analogia (discutida mais adiante neste capítulo);
- exemplo;
- estudo de caso;
- lenda;
- conto de fadas;
- mito;
- fábula.

Utilize a Fórmula Mágica e cada um deles se tornará especialmente significativo e envolvente para seu público.

Onde encontrar histórias

Você pode encontrar histórias em:
- sua vida pessoal e profissional;

- revistas;
- jornais;
- periódicos;
- filmes;
- fábulas;
- seus parentes e amigos, na vida de outras pessoas (com a permissão de todos eles, é claro);
- seus clientes (novamente, com a permissão deles);
- histórias para crianças.

> **DICA**
>
> ## Michelle diz...
> *Certifique-se de utilizar histórias sempre verdadeiras, e sempre suas, e não a história de outra pessoa que você fingiu ser sua! Lembre-se de que seu público é inteligente; e, quando a história não for verdadeira, você provavelmente denunciará isso com sua linguagem corporal, perdendo sua credibilidade e rompendo a relação com seu público.*

A história de Brigette

Brigette é gerente sênior em uma empresa farmacêutica. Sua função envolve atualizar os acionistas sobre as futuras conferências que ela organiza para eles.

Brigette é uma pessoa sociável e simpática, de personalidade forte – um personagem real! Ela gosta de contar histórias, mas, na maior parte de sua carreira, Brigette manteve suas apresentações de negócios estritamente profissionais – nada de histórias, nada de humor, nada de diversão! Ela pensava que as histórias serviam para sua vida pessoal, e não para sua vida profissional.

Brigette se apresentou em uma reunião há alguns anos e recebeu um *feedback* de seu gerente direto dizendo que ela era muito "distante" quando se apresentava para os colegas. Seu gerente disse que ela deveria encontrar uma maneira melhor de "se conectar" com seu público se quisesse galgar os degraus em sua organização. Para Brigette, foi difícil aceitar esse *feedback*, porque ela era naturalmente uma pessoa carismática – segundo suas intenções e seus propósitos, ela era o oposto de distante.

Brigette percebeu que, em uma tentativa de ser vista como confiável, profissional e experiente, suprimiu sua personalidade de suas apresentações. Ela me procurou para aprender como ser mais ela mesma em suas apresentações. Após estruturar sua mensagem com os 13 Passos, Brigette estava pronta para acrescentar algumas histórias. Ela utilizou o método da Fórmula Mágica para Contar Histórias a fim de contar três histórias rápidas e relevantes em sua apresentação interna seguinte, e ficou contente em receber um *feedback* de seu gerente dizendo que ela não estava mais "distante" – em vez disso, ela era a "Brigette" quando se apresentava. Um resultado mágico!

DICA

Michelle diz...

As histórias ajudam seu público a se conectar com as mensagens principais em sua apresentação, além de revelar sua personalidade. O público ficará contente em poder ver uma parte sua quando você conta as histórias.

TENTE FAZER ISTO

Exercício

1. Reserve algum tempo para pensar sobre todas as histórias que você poderia contar. Submeta-as à Fórmula Mágica para Contar Histórias, certificando-se de incluir um incidente, um ponto e um benefício.

2. Pratique contar suas histórias desenvolvidas com a Fórmula Mágica para Contar Histórias às pessoas que podem apoiar sua jornada como contador de histórias!

O que é uma metáfora?

Uma metáfora é uma figura de linguagem que afirma que um assunto é semelhante, de alguma maneira, a outro assunto ou objeto normalmente não relacionado a ele, sem utilizar a palavra "como" para interligar as duas coisas.

Na verdade, os dois objetos ou assuntos aparentemente não relacionados têm algo em comum. Um exemplo famoso de uma metáfora é o ditado: "O mundo é um palco". Por que é uma metáfora? Porque o mundo não é um palco, e um palco não é o mundo. No primeiro pensamento, o mundo e o palco não estão relacionados. No entanto, quando você os associa, eles compartilham algo em comum e o ajudam a compreender algo a mais sobre as qualidades desses dois objetos.

Nesse exemplo, você pode observar que as metáforas geralmente relacionam coisas que podemos sentir com pensamentos ou conceitos intangíveis. O mundo é um conceito intangível, mas o palco tem características muito tangíveis – nós podemos vê-lo e senti-lo.

Por que as metáforas funcionam

As metáforas funcionam por uma série de razões:

- Elas transmitem uma imagem, um objeto ou um significado rapidamente – com apenas algumas palavras.
- Elas ajudam a explicar algo que, do contrário, exigiria muitas palavras para ser explicado de forma clara e simples (ou que é muito intangível para ser descrito).
- Nós reagimos mais prontamente ao emocional e ao visual do que ao racional, e as metáforas geralmente têm um componente emocional ou visual.
- As metáforas criam uma associação entre dois elementos tangíveis para descrever melhor a aparência, o som, o cheiro, o funcionamento ou o movimento de algo.

Utilizando metáforas em suas apresentações

A seguir, algumas dicas para fazer as metáforas funcionarem em suas apresentações:

- Seja paciente. Criar metáforas poderosas requer tempo, paciência e intensa consideração, mesmo para palestrantes realmente experientes.
- Defina seu tema ou mensagem principal.
- Desenvolva algumas metáforas que possam comunicar seu propósito.
- As metáforas devem ser curtas e agradáveis.
- Não utilize muitas metáforas e evite metáforas maçantes, que as pessoas usam de forma exagerada, como: "se a carapuça servir".
- Atenha-se a um tema – as metáforas tornam sua mensagem principal mais nítida.
- Evite clichês que desagradem seu público.
- Considere inserir a metáfora em sua frase para quebrar o gelo ou na abertura, novamente no corpo de sua mensagem (as seções *O quê?* ou *Como?*) e novamente no encerramento ou próximo a ele.

Exemplo de uma metáfora usada em uma apresentação de negócios

O fundador da Revlon, Charles Revson, teria dito o seguinte para ajudar as pessoas a compreenderem a abordagem da empresa de cosméticos: "Na fábrica, fazemos cosméticos. Nas lojas, vendemos esperança".

O que é uma analogia?

Uma analogia é uma comparação de certas similaridades entre coisas que são normalmente diferentes *com* o uso da palavra "como" para relacioná-las. Uma analogia geralmente é utilizada para explicar conceitos complexos e abstratos em vez de ideias simples.

A arte de contar histórias

As analogias são mais marcantes do que simples fatos ou estatísticas, e nossa função como palestrante é fazer com que nossa mensagem seja marcante para o público.

Utilizando analogias em suas apresentações

A seguir, algumas dicas para fazer as analogias funcionarem em suas apresentações:
- Criar analogias poderosas requer tempo, paciência e intensa consideração, mesmo para palestrantes realmente experientes.
- Defina quais assuntos precisam ser reforçados com uma analogia em sua apresentação.
- Considere as qualidades principais do assunto que precisa ser reforçado.
- Depois, pense em um objeto, animal, local, indivíduo ou artefato que tenha as mesmas qualidades de seu assunto.
- Utilize a palavra "como" para relacionar os dois assuntos.
- Não use muitas analogias em uma única apresentação.
- Coloque a analogia no momento correto de sua apresentação.

Exemplo de uma analogia usada em uma apresentação de negócios

Em 2012, Barack Obama fez a seguinte citação sobre a crise da dívida financeira nos Estados Unidos:

"É como se alguém fosse a um restaurante, pedisse um jantar com um grande bife, martíni e tudo mais, e, bem quando você está se sentando, a pessoa vai embora e o acusa de estar devendo a conta".

A história de Zoe

Zoe trabalha na área de estudo e desenvolvimento de uma instituição financeira. Sua função é explicar conceitos como débito direto, seguro de proteção de renda e proteção ao débito para seus colegas que vendem esses serviços para sua base de clientes ao redor do mundo.

Zoe estava se esforçando para tornar esses assuntos interessantes para os participantes presentes em seus treinamentos de proteção ao débito. Ela me procurou para um aconselhamento. Zoe queria, principalmente, acrescentar um brilho às suas apresentações e utilizar algumas técnicas para fazer com que esse assunto de finanças relativamente entediante parecesse interessante e envolvente. Ela também precisava que os participantes se lembrassem dos pontos principais de sua mensagem, a fim de venderem mais!

Chegamos a uma metáfora combinada com uma analogia muito utilizada em apresentações no trabalho – a árvore. Zoe explicou para seu público que as raízes da árvore são como o trabalho duro que você faz para obter sua renda, e o tronco é a renda que todo mundo ganha, que é forte, robusta e finita por natureza. Depois, ela explicou que os galhos da árvore eram como os itens essenciais que todos têm de comprar com sua renda (tais como comida, moradia, transporte), e as folhas eram os bens materiais, os entretenimentos, as recompensas e as melhorias (como férias, roupas, carros novos, joias) que seus clientes querem comprar com o dinheiro deles.

Zoe utilizou um *slide* de PowerPoint na abertura de sua apresentação com uma imagem de uma macieira bonita, saudável e abundante. Nesse momento, ela usou a metáfora "proteja seu pomar" (com a palavra "pomar" substituindo a palavra "renda" nesse sentido). Depois, quando chegou à seção *O quê?* do 4MAT System, ela descreveu a analogia da árvore com clareza e em detalhes, e então seu chamado para uma ação foi: "Eu os incentivo a ajudarem seus clientes a protegerem seus pomares", com outro belo *slide* de um pomar com muitas fileiras de macieiras abundantes.

Utilizando essa metáfora inteligente da árvore com a analogia (todas as partes da árvore são "como" algo), Zoe descobriu que conseguia explicar melhor seu conteúdo complexo e prender a atenção de seu público. Graças a essa combinação da metáfora com a analogia, Zoe se tornou digna de ser notada – muitos dos participantes de seu treinamento agora mencionam a ela que se lembram claramente de seu ensinamento e que também utilizam uma combinação de analogia com metáfora quando explicam o conceito de proteção ao débito para seus clientes.

A arte de contar histórias

Que resultado esplêndido! Você pode alcançar resultados semelhantes se realmente associar a metáfora à analogia em suas apresentações.

O humor e seu papel em uma apresentação

O humor pode ser desde um sorriso maroto até um comentário divertido ou uma piada engraçada. O humor bem utilizado é envolvente, interativo e um deleite para seu público. O humor pode fazer sua mensagem se tornar realmente envolvente, divertida e marcante. Apenas tenha o cuidado de utilizá-lo com sabedoria.

Existem regras para utilizar bem o humor em uma apresentação de trabalho?

Sim, existem algumas orientações a serem seguidas. Estas são as minhas dez dicas para a utilização do humor em uma apresentação:

1. Escreva sua apresentação com o conteúdo sério; depois, acrescente humor no começo, no fim e ao lado de seus argumentos sérios.
2. Seja natural – não force o humor.
3. Conheça a si mesmo e utilize o humor que melhor se adapte ao seu estilo.
4. Lembre-se de que o uso do humor deve ser para o público, e não para se exibir.
5. Algumas formas de humor não são apropriadas no contexto dos negócios. Pense sobre isso pela perspectiva do público e faça a melhor escolha baseado nele. Não é uma boa ideia usar um tipo de humor que possa chatear ou ofender algum participante, pois isso irá causar uma reação negativa (para mais informações sobre a reação em cadeia, ver capítulo 14).
6. Permita que seu rosto se expresse – sorria, deixe seus olhos cintilarem e ria de forma autêntica.
7. Use expressões idiomáticas (palavras, frases ou expressões que não podem ser interpretadas literalmente), tais como "quebrar a perna", para inserir pequenas doses de humor. Principalmente

quando você está recontando o que uma pessoa disse para outra em suas histórias, por exemplo: "E minha mãe me disse: 'você está me fazendo subir pelas paredes'".

8. Lembre-se de que uma piada deve ter uma estrutura e um desfecho. As piadas podem parecer um enigma. Você pode fazer uma busca de piadas por tema na internet se estiver procurando uma piada específica por assunto. Pratique as piadas com seus amigos. Eles gostam de você e vão rir independentemente de quão engraçado você seja, e só assim você irá se aperfeiçoar ao contar piadas!

9. A ironia é uma utilização de palavras, independentemente de valores, para comunicar um significado oposto ao significado literal. Um exemplo comum do uso da ironia verbal é o cenário de um homem olhando pela janela, vendo um dia tristemente nublado e chuvoso, e comentando: "um ótimo dia para um passeio". Essa observação é irônica porque expressa o oposto das circunstâncias. A ironia pode ser muito divertida quando utilizada de maneira apropriada, enquanto o sarcasmo é uma tentativa de diminuir a pessoa, como: "Ah, não, você não está gordo!". O sarcasmo, como dizem, é a forma mais baixa de humor; portanto, fique longe do sarcasmo e preserve sua relação e a repercussão de seu público.

10. Não importa se os membros do público não derem risada, pois às vezes é um sinal de que eles estão ouvindo atentamente o que você está dizendo – o que, no final, pode ser interpretado como um elogio.

O papel do exagero em uma apresentação

O exagero é um tipo de humor. O exagero é a expansão ou redução dos detalhes de uma situação. Você já deve ter percebido como os cartunistas fazem isso, não é? Ao desenharem os políticos australianos, eles colocam um nariz enorme e pontudo como um bico de passarinho em Julia Gillard. E eles geralmente desenham as sobrancelhas de John Howard como se tivesse um furão em sua testa! É engraçado porque, apesar do exagero, o personagem pode ser reconhecido mesmo com essas características exageradas.

Usando o exagero em suas apresentações

O segredo para usar o exagero é aumentar ou diminuir aquilo sobre o que você está falando de uma forma obviamente exagerada; do contrário, o exagero nem sempre fica óbvio, e isso não é engraçado. É assim que se "faz" um exagero. Segue um exemplo.

A história de Annabelle

Annabelle é uma conferencista especializada em habilidades nas negociações. Ela começa uma de suas apresentações usando o exagero da seguinte maneira: "Quem gostaria de começar as futuras negociações com seus acionistas sentados na ponta das cadeiras, completamente envolvidos, ansiosos pela sua proposta?" E então ela pergunta: "E quem gostaria de conseguir falar alto e influenciar as pessoas no trabalho, em casa, na verdade, o tempo todo, todos os dias do ano?". E então ela diz: "E quem gostaria de conseguir fechar todos os negócios nos quais se envolvesse pelo restante da vida – infinitamente?!".

Entendeu? "Infinitamente"! Exagerar dessa maneira é engraçado para a maioria das pessoas, desde que você já tenha estabelecido uma relação. Como Annabelle exagera um pouco nas primeiras duas perguntas, isso só fica mais engraçado quando ela diz "infinitamente".

Onde colocar o exagero em uma apresentação

Não recomendo usar o exagero na abertura ou no encerramento de suas apresentações. É algo que você pode fazer quando tiver credibilidade e estabelecer uma relação, e quando você sabe que o grupo está com você, por assim dizer. Tente fazer isso em sua próxima apresentação formal no trabalho ou em casa.

Como Fazer Apresentações

TENTE FAZER ISTO

Exercício

1. Considere onde você pode utilizar um pouco de humor e exagero em sua apresentação para animá-la e torná-la mais divertida.
2. Cerifique-se de que seu humor e seu exagero são apropriados para seu tema e seu público.
3. Sorria e aproveite! Lembre-se: sorria e o mundo vai sorrir para você!

Principais dicas sobre a arte de contar histórias

- As histórias nos acompanham desde o início dos tempos. Elas são uma excelente maneira para você comunicar sua mensagem de forma que seu público o considere um orador interessante e cativante.
- Como uma história bem contada é muito convincente para seu público, contar histórias também pode ajudá-lo a comunicar suas mensagens principais.
- As histórias são mais bem contadas quando é utilizada a Fórmula Mágica para Contar Histórias, com um incidente, um ponto e um benefício, para cativar seu público.
- Qualquer um dos itens seguintes pode empregar a mesma técnica da Fórmula Mágica para Contar Histórias: anedotas, metáforas, analogias, exemplos, estudos de caso, lendas, contos de fadas, mitos e fábulas.
- Você pode contar histórias de forma produtiva em diversos momentos de sua apresentação.
- As metáforas e as analogias são mais marcantes do que simples fatos ou estatísticas, e nossa função como palestrante é fazer com que nossas mensagens sejam marcantes para o público.
- O humor pode ser qualquer coisa, desde um sorriso maroto até um comentário divertido. O humor bem utilizado é envolvente,

interativo e um deleite para seu público. Apenas tenha o cuidado de utilizá-lo com sabedoria.

- O exagero é a expansão ou redução dos detalhes de uma situação; deve vir no meio de sua apresentação, e não na abertura ou no encerramento.

Etapa 3: Comunicação

Cative seu público

> Capítulo 8

Prepare sua mente

A sorte favorece a mente que está preparada.

Louis Pasteur, cientista

Você normalmente se pega correndo de uma reunião de trabalho para outra com muito pouco tempo para pensar sobre o que precisa dizer na reunião, muito menos sobre o que você quer alcançar? Quando se trata de fazer apresentações com confiança, existe uma série de atitudes inteligentes que você pode tomar para se preparar. Este capítulo explicará como ficar pronto para uma excelente apresentação.

Eu preciso ensaiar?

Se você está com medo de ter um branco, de falar besteiras ou de perder a linha de pensamento por membros mais fortes do público, e se você está disposto a ser notado como um palestrante confiante, cativante e convincente, é uma boa ideia preparar sua mente ou ensaiar antes de sua apresentação. De acordo com minha experiência, os excelentes palestrantes ensaiam! Os executivos que solicitam meu treinamento costumam ensaiar (principalmente sua abertura e seu encerramento) entre 50 a 100 vezes para eventos importantes. Neste momento, sei que você deve estar perguntando: "Cem vezes, de verdade?". Sim, não fique intimidado por isso, apenas saiba que isso é o que os excelentes palestrantes fazem; e se você quer ser um excelente palestrante, então precisa fazer isso também. Mas não se preocupe em fazer cem ensaios formais: todas as pequenas práticas que você realiza no carro, no banho e indo ao supermercado contam para você saber o que quer dizer. Apenas se lembre do seguinte: quanto mais você ensaia sua apresentação, mais ela é transmitida de forma clara e perfeita e mais você fixa sua mensagem em seu público. Curiosamente, quanto mais você ensaiar, mais parecerá espontâneo, natural e autêntico.

> *Não importa qual seja seu trabalho nesta vida, realize-o bem.*
> *Um homem deve fazer seu trabalho tão bem que ninguém vivo,*
> *morto ou ainda não nascido possa fazê-lo melhor.*

Martin Luther King Jr., líder dos direitos civis

Ensaiar é a mesma coisa que aprender por repetição?

Ensaiar não é a mesma coisa que aprender sua apresentação por repetição. Aprender por repetição é quando você aprende seu roteiro palavra por palavra. É a maneira como muitos de nós aprendemos a tabuada, por exemplo. Esse método não é recomendado para os palestrantes, pois uma pesquisa do psicólogo cognitivo George A. Miller afirma que nosso cérebro só consegue se lembrar de cinco a nove coisas de uma vez; então, aprender por repetição somente funciona quando você tiver muito tempo para praticar (ou, como nas famílias australianas dos anos 1970, quando você tiver uma cópia do seu roteiro atrás da porta do banheiro, como as tabuadas que tínhamos antigamente!).

Quando você ensaia, percorre suas mensagens principais diversas vezes, então incorpora toda a essência de sua mensagem (e às vezes o resultado é que você acaba, quase que por acaso, concentrando algumas partes de sua mensagem em sua memória).

DICA

Michelle diz...
Quando você utiliza o processo de storyboarding (capítulo 4) para extrair e organizar suas mensagens principais, já iniciou o processo de se lembrar do que quer dizer em sua apresentação.

Embora você possa memorizar inadvertidamente um pouco de seu conteúdo, descobrirá que, com o ensaio, transmitirá a maior parte de sua mensagem de uma maneira diferente a cada vez, e o resultado é que você parecerá mais natural. Creio que você esteja ocupado demais com sua vida para tentar aprender as suas apresentações completamente por repetição antes de realizá-las.

Como ensaiar

Sugiro que você encontre diversos lugares para praticar suas apresentações. Quanto mais você ensaiar em locais diferentes, mais confortável se sentirá ao se apresentar no lugar real de sua apresentação – não importa onde seja. Reserve uma série de salas de reuniões durante a semana no trabalho; tente ensaiar algumas vezes em frente do espelho do banheiro de sua casa; saia ao jardim, para praticar, se puder; depois, tente transmitir sua mensagem em diversos outros espaços em sua casa. Eu sei: parece uma ideia um pouco louca, não é mesmo? Bem, ela funciona!

Todas as coisas estão prontas, se nossas mentes estiverem.

William Shakespeare, dramaturgo

Excelentes palestrantes ensaiam, ensaiam e ensaiam. E é por isso que eles conseguem ótimos resultados!

A história de Maree

Maree é uma executiva sênior que trabalhou comigo no anúncio de reduções, reestruturações e resultados. Trabalhamos por muitos anos com mensagens de mudanças no gerenciamento, transferências de administração ou apresentações de consolidação de empresas.

Maree tinha de realizar uma importante apresentação para cerca de 800 pessoas que trabalhavam para uma empresa (Empresa X) que sua organização tinha acabado de adquirir. Essas pessoas estavam descontentes com essa aquisição. A organização que adquiriu a empresa realizou uma conferência de boas-vindas e recrutou a nova equipe. Tanto a conferência quanto a aquisição foram vistas como interrupções inoportunas por todos da Empresa X, desde o diretor administrativo até os estagiários.

A função de Maree era explicar a nova e estimulante campanha de *marketing* que lançaria a nova marca da Empresa X para o público australiano e que a colocaria no mapa. Apesar do fato de que essa era uma iniciativa animadora, ela sabia que os membros de seu público seriam ouvintes relutantes e que deveria usar uma linguagem rápida para influenciá-los.

Maree ensaiou o começo e o fim de sua apresentação por mais de cem vezes. Sim, você leu direito – por mais de cem vezes! Ela ensaiou no escritório, em casa, e até mesmo ensaiou comigo e com meus filhos em minha casa antes de viajar para a conferência! Ela também ensaiou muitas vezes no avião a caminho da conferência.

Como resultado de todos esses ensaios, Maree estava extremamente confiante quando apresentou sua mensagem. Quando terminou, sentou-se ao lado do diretor administrativo da empresa que tinha acabado de adquirir, sentindo-se alegre e aliviada. E, para sua satisfação, o diretor administrativo dirigiu-se a ela e confidenciou: "Já tinham me dito que você era uma executiva surpreendente, mas não tinha ideia de que também fosse uma incrível palestrante!".

Não preciso dizer que Maree me ligou imediatamente para contar sua história. Ela estava entusiasmada e contente porque todos os seus esforços foram recompensados.

DICA

Michelle diz...
Excelentes palestrantes ensaiam, ensaiam e ensaiam. E é por isso que eles conseguem ótimos resultados!

TENTE FAZER ISTO

Exercício

1. Quando sua apresentação estiver pronta, reserve um tempo para ensaiá-la.
2. Certifique-se de selecionar diversos lugares para ensaiar.

Usando o poder de sua mente para controlar o nervosismo

Muitos dos melhores palestrantes usam o poder do pensamento positivo antes de se apresentarem. Eles se imaginam como palestrantes bem-sucedidos, confiantes e cativantes, e geralmente ficam contentes com os resultados. Outros se imaginam como outra coisa ou outra pessoa. (Mas você nunca deve tentar enganar seu público e fingir ser algo ou alguém que você não é. Esta técnica trata de encontrar aquilo que você quer enfatizar em você.)

Vamos observar alguns exemplos:

- Um rapaz alto com um grande ego projetou uma imagem de um bondoso gigante antes de se apresentar.
- Um amigo com um sotaque irritante projetou a imagem de um palestrante lindo, maravilhoso e carismático.
- Uma mulher que eu conheço pensa nos raios solares e sente instantaneamente o calor em sua personalidade emergindo.
- Um amigo meu, que também é palestrante, assiste a filmes do Jim Carrey antes de um evento, e ele diz que isso o torna mais divertido.

Outro aspecto do pensamento positivo em sua apresentação é a maneira como *você* escolhe descrever o nervosismo. Você já parou para pensar que passa pela mesma experiência fisiológica quando está nervoso ou entusiasmado? Você já percebeu que, na verdade, a única coisa que determina se a experiência é negativa ou positiva é a palavra que você escolhe usar para descrever isso?

> *Nada é bom ou ruim, mas o pensamento faz com que seja.*
>
> William Shakespeare, dramaturgo

Se você já praticou *bungee jumping*, montanhismo, paraquedismo, *rafting*, escalada, espeleologia, mergulho ou *parasailing*, sabe muito bem que as pessoas pagam para ter a sensação que sentimos quando estamos nos apresentando!

E, quando elas estão praticando esses esportes radicais, não chamam essa sensação de nervosismo. Chamam-na de excitação, energia, animação, euforia, emoção, alegria, empolgação, satisfação, estímulo ou entusiasmo.

> ### DICA
> **Michelle diz...**
> *Não fique repetindo para si mesmo que está "nervoso".*
> *Recomponha a palavra nervoso e, em vez disso, diga: "Eu*
> *estou pronto, estou entusiasmado, estou vivo!".*

Em nossa família, chamamos isso de "barriga engraçada", e até desenhamos um rosto sorrindo em nossa barriga com giz de cera lavável (sim, eu sei – muita diversão!) para redefinir como nos sentimos no momento! É muito engenhoso porque redefine em nossas mentes que a experiência que a maioria das pessoas chama de nervosismo é, na verdade, algo positivo. Já desenhei rostos sorrindo na barriga dos executivos com os quais trabalho também! Isso funciona – faz com que eles se sintam relaxados e sorriam. E, a propósito, tem algo tentador em saber que você tem um rosto sorrindo desenhado embaixo de sua camisa e ninguém sabe que está lá!

Qual palavra você vai escolher utilizar?

A pergunta a se fazer é: qual palavra você quer utilizar? Se continuar a chamar essa sensação de nervosismo, não tenho certeza de que você está levando a sério o fato de tornar suas apresentações uma experiência proveitosa para si mesmo.

Lembre-se: a definição de insanidade é fazer a mesma coisa diversas vezes e esperar um resultado diferente! Então, é realmente bem simples: mude a palavra e mude a experiência. Vá em frente: faça isso agora!

Só porque você mudou a palavra e decidiu chamá-la de "barriga engraçada" ou qualquer outra palavra de sua preferência, não significa que não sentirá a adrenalina. Você sabe, temos os genes dos homens das cavernas. Então, você ainda tem a reação de lutar ou fugir, mas dar um nome diferente, como barriga engraçada, realmente funciona! Isso faz você relaxar e sorrir.

Exercício

TENTE FAZER ISTO

1. Proponha uma nova palavra para descrever a sensação de adrenalina que você tem antes de se apresentar e mude a experiência para uma experiência positiva para si mesmo.
2. Qual palavra você vai escolher? Escreva-a agora e coloque-a em algum lugar que poderá ver antes de se apresentar!

Compreenda o impacto da personalidade sobre o nervosismo

Existe outra técnica avançada para reduzir o nervosismo, manter sua habilidade de comunicar sua mensagem e melhorar sua habilidade de se apresentar com clareza, confiança e carisma.

Você deve saber que cada um de nós tem uma diferente combinação de filtros de personalidade que compõe quem somos. Esses filtros podem classificar nossas diferenças e nos ajudar a compreender por que as pessoas agem de determinada maneira.

Quando desenvolvemos nossos próprios filtros, isso nos permite ter autoestima e autoconfiança. Essa autoaceitação aprimorada nos capacita a fazer as mudanças necessárias na forma como abordamos as pessoas e as tarefas. Isso nos oferece maior habilidade para desenvolver estratégias para lidar com as pessoas e situações difíceis e frustrantes, e permite nos comunicarmos com os outros de maneira mais eficiente.

O filtro que irei explicar para você é chamado de *tipo padrão* – ele determina a maneira como você aborda as tarefas. Aposto que vai se divertir consigo mesmo (ou com seu chefe, seus colegas e seu parceiro) conforme continuar lendo.

Qual você é: perfeito ou excelente?

Se você tem o que é conhecido como um tipo de perfeição, buscará a perfeição – uma ausência de falhas ou erros. Você é conduzido a

Como Fazer Apresentações

altos padrões e desempenhos marcantes. Você acha fácil enxergar uma falha em seu próprio desempenho e no desempenho dos outros.

Você pode ter a tendência de estabelecer metas e períodos de tempo excessivamente altos e preferir enxergar o produto final como o critério de avaliação. Você precisa completar tarefas de maneira a satisfazer seus critérios perfeitamente.

Você pode ter a tendência de tratar a si mesmo e aos outros com um julgamento rígido em relação a quaisquer defeitos. Você normalmente tem uma orientação futura, que pode ser obsessiva. Poderá se sentir continuamente frustrado e insatisfeito. E, infelizmente, se você tem um tipo perfeccionista, qualquer coisa menos do que a perfeição se equipara ao fracasso. Isso o coloca sob uma quantidade considerável de pressão.

Se você tem o que é conhecido como um tipo de excelência, buscará o melhor que pode fazer com as circunstâncias e situações que se apresentam. Você busca aquilo que pode trabalhar. Faz o melhor com o que possui e é feliz com isso. Você tende a estabelecer metas em pequenos passos, de forma que consiga apreciar o progresso e o sucesso durante o caminho e agir de forma prática e pragmática em relação às metas. Você enxergará o processo e a jornada como sendo tão importantes quanto o produto final – a vida é uma jornada, não um destino! Você não é tão rígido consigo mesmo e aprecia as diversas variáveis no processo. O lado negativo de um tipo de excelência é que você pode negar o que está realmente acontecendo, ignorar os problemas e as limitações reais, e também pode perder a visão do todo. Às vezes, você tem falta de iniciativa e motivação; então, como resultado, pode sofrer com baixos padrões e uma atitude de "quase o suficiente é bom o suficiente".

Muitas pessoas ficam presas aos filtros de personalidades que possuem! Sugere-se que apenas um evento significante na vida ou muitos esforços pessoais são necessários para transformar seus filtros ou preferências. Portanto, isso significa que tanto faz se sua preferência for por um tipo de perfeição ou excelência – bom para você, aproveite isso. Tire o máximo disso, pois os dois tipos têm forças e fraquezas, e lide consigo mesmo e com as pessoas à sua volta para conseguir o melhor de si.

Existe algo relacionado a seu tipo padrão que você pode mudar, e esse é o segredo mágico para ficar livre do nervosismo durante as apresentações!

A sua maçã está estragada?

Todos nós temos uma pergunta essencial. A sua pergunta essencial o conduz e determina sua atitude em relação à tarefa com a qual está lidando. Combine seu conhecimento sobre perfeição ou excelência com sua pergunta essencial e você terá a resposta para reduzir o nervosismo e gostar de fazer apresentações de negócios!

Funciona da seguinte maneira. Se você tem uma pergunta essencial de perfeição, é mais provável ser uma pergunta que conduza a um resultado perfeito. Por exemplo: "Como posso ser perfeito?", "Eu serei o melhor do local?", "Como posso ter certeza de não cometer algum erro?". Essas são perguntas essenciais retraídas e egocentradas que irão colocar o foco de volta em você e fazê-lo se sentir nervoso.

Se você tem uma pergunta essencial de excelência, é mais provável que ela o conduza ao melhor que você pode fazer com o que possui. Por exemplo: "Como posso fazer meu melhor hoje, por esse grupo, sabendo o que sei?" ou "Como posso ajudar essas pessoas a compreenderem melhor?". Você pode ouvir que existe uma aceitação de que deve tentar seu melhor e que só pode fazer o que é capaz. Essas são perguntas essenciais estendidas e focadas nos outros, que manterão seu foco no público e reduzirão seu nervosismo.

É possível mudar sua pergunta essencial?

Sim, com certeza: você pode desenvolver sua própria pergunta essencial que funcione para você. Independentemente se sua preferência é pela perfeição ou pela excelência, você pode escolher ter uma pergunta essencial de excelência focada no público. Por que não planejar uma agora mesmo para suas futuras apresentações?

Exercício

TENTE FAZER ISTO

Perguntas que você deve se fazer e sobre as quais deve refletir:

1. Você tem um tipo de perfeição ou excelência?
2. Pense sobre seu filtro de perfeição ou excelência e sobre sua pergunta essencial por alguns dias.
3. A sua pergunta essencial o está sabotando e impedindo que você seja o melhor palestrante que pode ser?
4. Ou sua pergunta essencial o está preparando para ser um palestrante que goste de falar para os grupos e que seja interessante e envolvente?

Principais dicas para preparar sua mente

- É importante preparar sua mente, seu corpo e sua voz antes de se apresentar.
- Ensaiar é uma boa maneira de preparar sua mente, e, quanto mais você ensaiar, mais parecerá espontâneo e natural.
- Ensaiar não é a mesma coisa que aprender por repetição. Aprender por repetição é quando você aprende seu roteiro palavra por palavra, e ensaiar é quando percorre suas mensagens principais usando diferentes palavras em cada vez.
- Encontre diversos lugares para ensaiar, assim o local em que você realmente irá se apresentar será apenas mais um lugar.
- Aproveite o poder do pensamento positivo para controlar seu nervosismo.
- Encontre uma palavra diferente de "nervosismo" para redefinir a experiência e fazer com que a apresentação seja uma experiência positiva: mude a palavra e mude a experiência.
- Sua pergunta essencial é sua pergunta profunda e interna que conduz sua apresentação.
- Independentemente de sua preferência pela perfeição ou pela excelência, certifique-se de ter uma pergunta essencial que permita que você viva o seu melhor.

Capítulo 9

Prepare seu corpo e sua voz

Antes de tudo, preparar-se é o segredo para o sucesso.

Henry Ford, industrialista

Se um atleta competir em um evento esportivo sem se preparar, você pode esperar que duas coisas aconteçam:

• Ele pode se machucar.

• Ele pode não desempenhar seu potencial.

É a mesma coisa quando você está se apresentando. É importante preparar sua mente ensaiando (capítulo 8), e preparar seu corpo e sua voz com exercícios físicos e aquecimentos vocais. Os aquecimentos fazem uma série de coisas por você: eles preparam sua boca e seu cérebro, ajudam-no a utilizar a adrenalina com sabedoria e a se sentir pronto e estimulado antes do evento.

Então, vamos começar a trabalhar essa preparação.

Prepare seu corpo

Sua voz e sua habilidade de transmitir confiança são um reflexo de toda sua existência física e mental. Você já percebeu que a tensão em seu corpo restringe sua habilidade de utilizar sua voz com eficiência e faz com que você pareça e se sinta bem nervoso? Por outro lado, é muito difícil se sentir nervoso quando seu corpo está relaxado. Você relaxa seu corpo aquecendo-o!

Existem alguns exercícios incríveis que você pode fazer para aquecer seu corpo, incluindo os seguintes.

Tensão e relaxamento

Se você tensiona e relaxa diversas partes de seu corpo duas vezes em rápidas sucessões, isso libera a tensão nessas partes do corpo. Para fazer isso, fique em pé e tensione e relaxe uma parte do corpo de cada vez, duas vezes em rápidas sucessões. Comece pelas mãos, siga pelos pés, panturrilhas, coxas, nádegas, barriga, peitoral, ombros e rosto. Meu CD de aquecimentos vocais, chamado *Confident Speaking Vocals*, ensina esse exercício e está disponível em meu *site*: <www.michellebowden.com.au>.

Alongamento

Se você alongar seus membros, irá se sentir solto e pronto para tudo. Vamos alongar seu corpo:

1. Coloque seu braço esquerdo sobre a cabeça.
2. Estique seu braço esquerdo acima da cabeça e incline-se um pouco para o lado direito de seu corpo, para alongar o lado esquerdo de suas costelas.
3. Coloque sua mão direita em seu lado esquerdo.
4. Agora, respire na parte inferior – você consegue entender? Respire tão profundamente que pareça que sua respiração está indo em direção à parte inferior de seu corpo! Sinta as costelas se alongando no lado esquerdo, que está esticado.
5. Depois, troque o lado.
6. Pegue seu braço direito e coloque-o sobre a cabeça.
7. Estique-o sobre o lado esquerdo e incline-se um pouco para a esquerda, para alongar o lado direito de suas costelas. Coloque sua mão esquerda em seu lado direito.
8. Agora, respire na parte inferior novamente.
   Muito bem!

Os olhos

Geralmente não percebemos quando os músculos dos nossos olhos ficam tensos. O exercício seguinte é ótimo para pessoas que trabalham no computador na maior parte do dia.

Imagine que tem um bombeiro subindo em uma escada para resgatar um pequeno animal preso em cima de uma casa. Concentre-se no bombeiro enquanto ele sobe a escada. Observe a sensação nos músculos atrás e ao redor de seus olhos. Acompanhe essa pessoa com seus olhos – subindo –, até chegar ao topo. O bombeiro salvou o pequeno animal e, neste momento, está trazendo-o de volta ao chão. Agora eles estão embaixo. Relaxe os olhos e, se quiser, deixe-os fechados. Perceba como eles estão diferentes.

Os pés

Imagine que você está descalço em uma praia, em pé em um solo cheio de pedrinhas. Fazendo movimentos bem leves, imagine que está caminhando na praia sobre essas pedrinhas afiadas, realmente as sentindo sob seus pés descalços. Escolha seu caminho com cuidado em meio a elas. Ai! Essa realmente estava afiada! Observe a tensão em seus pés. Agora, caminhe sobre a areia macia. Sinta a diferença de verdade. Depois, descanse e deixe seus pés relaxarem completamente.

As mãos

Você já fez uma bola de neve? Imagine que está pegando a neve dura e gelada e moldando-a em uma bola de neve firme. Você quer jogá-la em alguém, então está com pressa.

Enquanto você faz a bola de neve rapidamente, perceba a tensão em suas mãos. Depois, abaixe as mãos e deixe-as relaxadas ao lado de seu corpo, na cama ou no chão, e perceba como elas estão quentes, macias e soltas. São coisas simples que podem fazer toda a diferença ao garantir que sua mente e seu corpo trabalhem em harmonia.

Esses aquecimentos irão ajudá-lo a preparar seu corpo, deixando seus membros soltos e consumindo um pouco de sua adrenalina. Experimente essas técnicas simples na próxima vez que sentir que precisa relaxar antes de uma apresentação!

Prepare sua voz

Sabe quando algumas pessoas se destacam ao se apresentarem porque a voz delas é muito agradável? Eu frequentemente observo que essas pessoas com vozes incríveis são mais propensas a conseguirem o que querem.

Em nossa sociedade, costumamos associar a credibilidade e a autoridade com pessoas que têm uma qualidade vocal rica e ressonante. Na verdade, muitos de nós conhecemos alguém que tem uma voz forte, rica e ressonante. Talvez seja um ator ou uma atriz, como Sean Connery ou Cate Blanchett, ou uma personalidade do rádio. Em algum momento, você já deve ter desejado aprimorar sua qualidade e projeção vocal, para se tornar mais confiante, convincente e persuasivo em sua vida.

Bem, você sabe que isso é possível, e é fácil ter a voz dos seus sonhos! De acordo com minha experiência ao treinar muitos executivos, criar uma voz rica, ressonante e influente é totalmente possível e é um processo muito recompensador.

A história de Sarah

Sarah é uma mulher muito inteligente da área de negócios, que entrou em contato comigo após perder uma série de promoções no trabalho. Ela é inteligente, bem-vestida e tem uma conduta receptiva e amigável. O problema de Sarah era que, quando ela falava, sua voz era estridente e irritante. Meu Deus – a voz dela soava como minha gata no cio! Credo! Você conhece o som: um som irritante e estridente que permanece com você por umas boas horas após encontrar a pessoa responsável por ele!

Sarah percebeu que, se pudesse mudar sua voz, conseguiria influenciar mais as pessoas. Ela aprendeu como preparar a força e a ressonância da voz. De fato, nós recriamos sua identidade vocal. Agora, sua voz é profissional e atrativa, e combina com sua apresentação pessoal, que também tem essas qualidades. Um ótimo resultado!

Como criar uma voz poderosa e ressonante

É necessário passar por um processo para ter a voz dos seus sonhos. Lembre-se: sua voz é uma ferramenta poderosa que deve ser aquecida para garantir que você tenha um ótimo desempenho e não cause nenhum dano a si mesmo. Assim como precisamos relaxar nosso corpo para nos sentirmos confiantes fisicamente, também devemos relaxar nossa garganta, nossa mandíbula, nossa língua e outras partes do nosso rosto para que isso nos ajude a falar com confiança. Fazemos isso por meio do aquecimento.

Então, vamos trabalhar as principais partes vocais que você pode preparar. São elas:

- respiração;
- qualidade vocal;
- articulação.

A respiração

Você percebeu que, depois de adulto, provavelmente se esqueceu de como deve respirar corretamente? Se você tem filhos, pode observar que eles sabem como respirar instintivamente, e podem utilizar isso para realmente gritar quando querem, especialmente os bebês recém--nascidos! Ainda assim, a maioria de nós desaprendeu como respirar perfeitamente. Como resultado, quando nos encontramos em uma situação de conflito ou desconforto, muitos de nós retornamos para a respiração torácica, que é superficial e incompleta.

Quando você respira usando o tórax durante uma apresentação, sua voz se torna estridente e metálica em sua qualidade. Essa não é uma boa voz para ser ouvida, e não passa muita credibilidade e confiança. Portanto, também não é boa para influenciar os outros! O outro efeito colateral negativo da respiração torácica é que fica difícil manter a clareza de pensamento, pois o oxigênio não circula de forma tão eficiente em seu cérebro, a menos que você consiga respirar bem e profundamente.

A respiração correta é fundamental para uma voz forte e poderosa. Uma voz forte requer grandes e constantes quantidades de ar dos pulmões para manter uma pressão suficiente nas cordas vocais; e, se você é um palestrante, também tem o outro resultado maravilhoso de ajudá-lo a se sentir energizado, concentrado e relaxado. Surpreendente!

Como respirar pelo diafragma?

Ao respirar, você deve se lembrar do seguinte: quando inspira, seu diafragma deve inflar. Quando expira, seu diafragma deve esvaziar. Tente fazer isso deitado, para garantir que está praticando corretamente. Tente fazer isso conscientemente por pelo menos dez vezes ao dia. Por fim, isso se tornará um costume.

A história de Naomi

Naomi me procurou porque tinha começado a desmaiar em suas apresentações de trabalho. Sim, você leu direito! Ela costumava desmaiar toda vez que falava para um grande grupo de funcionários.

Ela simplesmente tinha um colapso no chão na frente de todo mundo. Imagine como isso era constrangedor. No mundo corporativo, isso é chamado de hábito limitador de carreira! Sua respiração era superficial em vez de diafragmática, e ela não tinha confiança na estrutura de sua mensagem ou em suas habilidades de comunicação.

Nós trabalhamos juntas para ajudá-la a aprender como estruturar sua apresentação, para ela sentir confiança ao comunicar sua mensagem. Nós passamos um tempo trabalhando a respiração. Ela precisava reaprender como respirar profundamente, para ficar centrada e calma. E também ensaiou sua comunicação muitas vezes.

Você ficará contente em saber que, após esse simples treinamento, seu desempenho foi brilhante em seu grande evento seguinte: ela foi aplaudida de pé e recebeu propostas de trabalho pelo menos duas vezes desde que trabalhamos juntas. Ela continuou a entrar em contato comigo contando histórias de sucesso contínuo em sua carreira e em suas apresentações.

O que fazer para preparar sua respiração

Existem muitos exercícios que você pode fazer. Eu acho que o mais fácil se chama cafeteira de pistão.

Para fazer esse exercício:

1. Coloque seu polegar sobre seu umbigo e o restante da sua mão sobre sua barriga.

2. Coloque a outra mão sobre a parte superior de seu tórax (na parte ossuda de seu tórax, logo abaixo do pescoço).

3. Visualize uma cafeteira de pistão descendo pela parte inferior de seu abdome na inspiração, e o pistão subindo novamente na expiração.

Essa é a cafeteira de pistão. Bom trabalho!

Qualidade vocal

Qualidade vocal é o que você deve conhecer como seu tom, ou a ressonância da sua voz. E, como já foi mencionado, associamos autoridade com pessoas que têm uma qualidade vocal rica e ressonante. Você pode fazer os exercícios de bocejo e "hum".

Bocejo

Para preparar sua qualidade vocal, você deve bocejar. Esqueça as boas maneiras que aprendeu com sua mãe. Quando digo bocejar, não quero dizer um pequeno bocejo educado, com os lábios cerrados e com a mão na frente da boca – quero dizer BOCEJAR! Um bocejo grande, com a boca aberta. Você precisa fazer o ar sair desobstruído, para ter um som autêntico e ouvirmos você de verdade! Faça sua língua tocar a parte de trás do seu dente inferior frontal; depois, suspire. Bom trabalho!

"Hum"

A segunda coisa que você pode fazer é "hummmmmm"! Quando você faz "hum", deve se concentrar na vibração que causa. Respire profundamente e depois direcione o "hum" à frente de sua boca; se seus lábios e seu nariz começarem a coçar, saberá que está no caminho certo. O segredo para isso é criar muitos espaços dentro de sua boca. O céu da boca deve estar levantado, sem tocar sua língua. Na sequência, tente enviar as vibrações para a parte superior de sua cabeça, para sua nuca e para a parte superior de seu tórax, e coloque suas mãos nessas partes para verificar se elas realmente estão vibrando.

Articulação

A articulação é a nitidez e clareza de suas palavras. Uma articulação clara e nítida é possível quando você aquece sua mandíbula, sua língua, seus lábios e seu rosto. Fazemos isso com os seguintes exercícios: relaxamento da mandíbula, bico/sorriso, laranja/ervilha, relincho de cavalo e língua na bochecha! Segue a orientação:

Relaxamento da mandíbula

Imagine que você está com balas de caramelo bem grudentas na boca e as está mastigando. Elas estão grudando em seu dente. Tire esse grande pedaço de bala de caramelo do seu dente. Perceba o que está acontecendo. Depois, descanse e solte sua mandíbula. Deixe-a relaxada, bem leve e solta. Perceba a sensação diferente de completo relaxamento dos músculos da mandíbula. Incrível!

Bico/sorriso

Faça um bico, como se fosse beijar. Projete os lábios bem para a frente. Continue! Aperte os lábios! Agora sorria. Estique os lábios em um sorriso largo, mostrando todos os seus dentes, e sinta suas bochechas quase tocando seus olhos. Repita isso várias vezes! Muito bem!

Laranja/ervilha

Forme uma ervilha com seus lábios. Você sabe o pequeno vegetal verde? Você deve franzir os lábios e deixar a abertura das pontas deles na forma de uma ervilha. Depois, com um rosto surpreso, faça o formato de uma laranja. Seus lábios passarão de tensionados fazendo beicinho para um formato grande, aberto e redondo. Faça isso cinco vezes e certifique-se de realmente exagerar!

Relincho de cavalo

Relinche como um cavalo! O que mais posso dizer?

Língua na bochecha

Coloque sua língua contra a parte interna de sua bochecha esquerda e diga: "Eu sou um incrível palestrante, com uma ótima qualidade vocal e com uma forte presença de palco". Diga isso três vezes. Depois, troque de lado e faça isso três vezes com a língua na outra bochecha. Muito engraçado! É melhor tentar fazer isso em um local isolado, você não acha?

Usando trava-línguas para aquecer sua voz

Se você quer verificar quanto está aquecido, considere tentar pronunciar uma variedade de trava-línguas. Os trava-línguas são outra maneira eficiente de preparar sua articulação e de testar seu grau de aquecimento vocal, especialmente se pronunciar os trava-línguas que misturam diferentes combinações de consoantes e vogais.

Aqui estão alguns exemplos de trava-línguas populares:

- Três tigres tristes comeram três pratos de trigo.
- Quem a paca cara compra, paca cara pagará.
- A aranha arranha a jarra, a jarra arranha a aranha.
- Bote a bota no bote e tire o pote do bote.
- A vaca malhada foi molhada por outra vaca molhada e malhada.
- Qual é o doce que é mais doce que o doce de batata doce?

Os aquecimentos criam uma voz rica e ressonante. Se você fizer esses aquecimentos antes de uma reunião de vendas, de uma apresentação interna e de qualquer outro evento importante, vai passar credibilidade e autoridade e ficar mais propenso a conseguir o que quer. Os efeitos dos aquecimentos podem durar entre uma hora e um dia inteiro, dependendo de quanto você está falando. Então, continue e faça os exercícios no banheiro e no carro.

Você pode seguir minha dica: eu geralmente descubro uma sala privada, em algum lugar longe da sala de conferência do hotel onde vou apresentar minha palestra, e faço todos esses exercícios. Recomendo que faça a mesma coisa. Desejo-lhe todo o sucesso para encontrar a influência vocal dentro de você!

TENTE FAZER ISTO

Exercício

Tente fazer alguns aquecimentos apresentados neste capítulo e perceba a diferença em sua qualidade vocal antes e depois de sua preparação.

Principais dicas para preparar seu corpo e sua voz

- Em nossa sociedade, costumamos associar a credibilidade e a autoridade com pessoas que têm uma qualidade vocal rica e ressonante.
- Os aquecimentos criam uma voz rica e ressonante.
- Sua voz é uma ferramenta poderosa, que deve ser aquecida para garantir que você tenha um ótimo desempenho e não cause nenhum dano a si mesmo.
- Você pode preparar sua respiração, sua qualidade vocal e sua articulação com uma variedade de exercícios, tais como tensão e relaxamento, bico/sorriso e trava-línguas.
- Você pode se aquecer em qualquer lugar no qual não se sinta constrangido em bocejar com sua boca bem aberta!
- Se você se preparar, será visto como alguém convincente e persuasivo e ficará propenso a conseguir o que quer.

Capítulo 10

Conecte-se com seu público

A falta de ação gera dúvida e medo. A ação gera confiança e coragem. Se você quer vencer o medo, não fique em casa pensando nisso. Saia e ocupe-se.

Dale Carnegie, escritor

Você já esteve na posição de membro de um público e pensou consigo que não importaria se você simplesmente se levantasse e fosse embora, porque o palestrante não olhou nem uma vez para você? É como se ele nem percebesse que você estivesse lá! Nessas situações, o palestrante geralmente passa mais tempo olhando seus *slides* e falando para você do que percebendo suas necessidades e se conectando com você. É, na verdade, outro cenário de "blá, blá, blá", não é?

Para garantir que você estabeleça uma incrível conexão com seu público e que não caia na mesma armadilha, quando chegar o momento de realizar sua apresentação, é essencial se lembrar disso: **Não se trata de mim. Trata-se do público!**

DICA

Michelle diz...
Lembre-se: Não se trata de mim. Trata-se do público!

A história de Amanda

Fui a uma apresentação realizada por uma palestrante chamada Amanda. Eu era uma das cerca de 200 pessoas na sala. Não a conhecia pessoalmente, mas, no fim da apresentação, me senti como se fosse uma de suas amigas.

Conforme ela falava para todos nós, tive uma sensação forte de que eu era a única pessoa na sala. Senti-me completa e absolutamente hipnotizada por sua mensagem, e convencida a tomar uma atitude, porque era como se estivesse em uma sessão de treinamento pessoal, e não em uma sala lotada com centenas de pessoas. Você já passou por uma experiência assim?

Amanda se concentrou em estabelecer um contato visual direto, sincero e conectado comigo. Ela olhou para mim como se eu fosse importante e especial, da maneira como meus amigos me olham quando estou falando com eles em uma cafeteria. Foi uma experiência excelente, porque descobri que aproveitei muito melhor sua sessão do que sessões semelhantes realizadas por outros palestrantes. Escutei com atenção e fui cativada e envolvida. Refletindo, eu sabia que a conexão profunda de Amanda comigo por meio do contato visual fora responsável por me incentivar a ouvir atentamente, processar as mensagens principais e aproveitar ao máximo sua apresentação.

Excelentes palestrantes se conectam com os membros de seu público dessa forma o tempo todo. Acredito que é essa habilidade de se conectar que diferencia os excelentes palestrantes dos bons palestrantes. E a boa notícia é que qualquer um pode dominar essa habilidade ao se apresentar. Sim, principalmente você!

Como reduzir seu nervosismo e se conectar com seu público

Recomendo que você tente utilizar uma técnica chamada de Expandir o Ego. Essa é uma técnica poderosa para reduzir o nervosismo, pois tira seu foco do nervosismo e coloca sua atenção em seu público – o que, por sua vez, aumenta sua conexão ou relação com ele.

A ideia por trás dessa técnica é que a maioria das pessoas tem algum tipo de sintoma que indica o nervosismo. Para algumas delas é uma sensação de enjoo, para outras é o rosto corado, as pernas tremendo ou a boca seca. Outras pessoas ficam quentes e transpiram muito quando estão nervosas.

Se você se concentrar em si mesmo, ficará muito ciente de seus sintomas e provavelmente ficará ainda mais nervoso. Se, por outro lado, concentrar-se totalmente em seu público e, portanto, ficar menos ciente de si mesmo, seu corpo ainda poderá estar nervoso, mas você não estará ciente disso.

A técnica de concentrar seu foco totalmente em seu público aumentará a conexão que ele sente com você e reduzirá radicalmente seu próprio senso de nervosismo. Lembre-se: não se trata de você. Trata-se de seu público!

O que Expandir o Ego faz por você

Expandir o Ego e se conectar com seu público é importante por diversos motivos. Você ficará:
- mais cativante;
- mais convincente;
- mais propenso a enfatizar os pontos e palavras-chave;
- forte;
- em uma posição para aproveitar sua apresentação;
- mais propenso a alcançar uma extensão vocal mais natural (quando sua voz aumenta e reduz de maneira interessante). Você não conseguirá obter uma extensão na conversa a menos que estabeleça o contato visual – quando você não olha para seu público, sua voz fica nivelada;
- menos nervoso, pois seu foco no público impede que se dedique totalmente à sua autoconsciência.

Se você Expandir o Ego, seu público irá:
- sentir-se mais envolvido e cativado;
- compreender melhor sua mensagem;
- ficar menos propenso a se desligar e mais propenso a se concentrar em sua mensagem;
- ter mais confiança em você como fonte de informação com credibilidade.

Como Expandir o Ego

Para Expandir o Ego, imagine simplesmente que existe uma bolha em volta de você e de seu público. Você também está na bolha. Olhe realmente para os indivíduos em seu público. Olhe bem no fundo dos olhos deles, em vez de olhar de relance para suas cabeças ou fingir olhar para eles. Você vai perceber que também vai olhar para seus corpos, suas roupas e suas expressões. Conecte-se realmente com seu público. Lembre que o público é composto por seres humanos vivos e reais, e você tem a incrível oportunidade de influenciá-los e ajudá-los.

> **DICA**
>
> *Michelle diz...*
> *Algumas pessoas chamam isso de "clique". O "clique" é o momento em que você sente a conexão entre si mesmo e outra pessoa do público.*

Olhe para todo mundo em seu público

Todo mundo precisa se sentir conectado a você como uma pessoa, mesmo aqueles que não tiram os olhos de suas anotações! Apenas continue tentando se conectar com todos. Por fim, eles vão acabar olhando e se mantendo envolvidos.

Não olhe de uma pessoa para a seguinte em uma ordem linear. Se você fizer isso, vai parecer que participou de um curso de treinamento de habilidades em apresentações muito ruim! Ah! A dica para o contato visual é olhar de uma pessoa para a outra como se estivesse olhando de um ponto de uma estrela para o lado oposto dela, como mostrado na figura 10.1.

Figura 10.1: padrão para estabelecer um contato visual com seu público

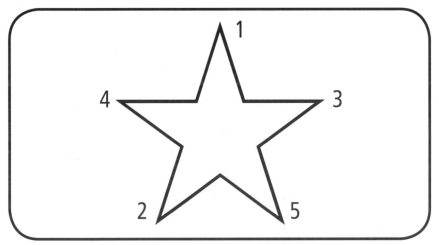

TENTE FAZER ISTO

Exercício

Passe alguns momentos experimentando os diferentes tipos de foco.

1. Primeiro, tente retrair o ego. Esse é o oposto da técnica que estou sugerindo que você utilize. É quando sente como se estivesse dentro de uma bolha estreita só para si mesmo. Ninguém está na bolha com você. Fique em pé e caminhe pela sala de maneira completamente egocentrada. Fique ciente de sua respiração, da sensação de suas roupas contra sua pele, de seu cabelo em seu rosto – totalmente egocentrado, individualista e autoconsciente.
2. Agora, mude seu foco para um estado expandido. Torne-se ciente de tudo o que está acontecendo à sua volta. Perceba a complexidade do piso, a qualidade do ar e o que o cerca.
3. Considere como cada um desses diferentes estados é percebido e o que isso pode significar para suas apresentações.

Nas apresentações, todos os tipos de coisas podem acontecer para fazer com que você fique retraído. Por exemplo, a lâmpada do projetor pode queimar, ou alguém pode fazer uma pergunta desconcertante, chegar atrasado ou deixar o telefone tocar. Quando essas coisas acontecem, nós geralmente retraímos o ego, e pode ficar muito difícil estender sua atenção para as pessoas em seu público. Por esse motivo, é uma boa ideia praticar a mudança de um estado retraído para um estado expandido em momentos aleatórios de sua vida. Assim, você estará totalmente treinado para expandir novamente o ego caso ele se retraia em uma apresentação.

TENTE FAZER ISTO

Exercício

Pratique a mudança de um estado retraído para um estado expandido de forma rápida. Tente se tornar capaz de mudar seu foco de um estado retraído para um estado expandido em um segundo. Isso o ajudará a reduzir seu nervosismo quando todas as distrações acontecerem em sua apresentação e você, por acaso, se tornar retraído.

TENTE FAZER ISTO

Exercício

1. Você atualmente utiliza a técnica Expandir o Ego quando se apresenta? Se você respondeu sim, o que vai continuar fazendo?
2. Se você respondeu não, o que você vai começar a fazer agora para se apresentar de forma mais divertida e se conectar de maneira mais completa com seu público?
3. Passe algum tempo escrevendo suas metas e coloque-as em algum lugar onde possa ver antes de uma apresentação ou comunicação importante.

Imaginando seu público sem roupa

Essa é uma recomendação muito comum para lidar com o nervosismo. Mas não faça isso! Credo! Expandir o Ego é bem diferente de imaginar seu público sem roupa. Sem ofensas: acho que o melhor que pode acontecer com isso é você rir, e o pior é passar mal! Com certeza existem pessoas para as quais nos apresentamos, principalmente no trabalho, que não queremos imaginar sem roupa! A consequência de imaginar seu público sem roupa pode ser se sentir poderoso. Ou seja: "Eu estou vestido e vocês estão sem roupa, então sinto que exerço um poder sobre vocês". Mas, mesmo se você acabar se sentindo assim, isso não é uma coisa boa, porque também significa que pode parecer arrogante, condescendente ou egoísta. Você vai romper a relação e ficar menos propenso a influenciar as pessoas.

Expandir o Ego trata-se de uma comunicação igual e bilateral entre você e seu público. Não se trata de uma troca de poder. Recomendo usar a técnica de Expandir o Ego como uma maneira eficiente de lidar com seu nervosismo e se conectar muito bem com seu público.

Principais dicas para lidar com seu nervosismo

- Lembre-se: **Não se trata de mim. Trata-se do público!**
- Use as técnicas de relaxamento no capítulo 9 para sua mandíbula, suas mãos, seus pés e seus olhos.
- Expandir o Ego é uma maneira produtiva de lidar com seu nervosismo e se conectar muito bem com seu público.
- Expandir o Ego tira o foco de seu nervosismo e coloca sua atenção em seu público, o que, por sua vez, aumenta sua conexão ou relação com ele.
- Para Expandir o Ego, imagine simplesmente que existe uma bolha em volta de você e de seu público. Você também está na bolha. Conecte-se com cada indivíduo do público, um de cada vez.
- Utilize o método da estrela para fazer o contato visual.
- Certifique-se de olhar para todo mundo no público – até mesmo para as pessoas que não estão olhando para você.

Capítulo 11

Fale com confiança

Muitas vezes nos recusamos a aceitar uma ideia simplesmente porque o tom de voz em que ela foi expressa é antipático para nós.

Friedrich Nietzsche, filósofo

Como expliquei no capítulo 9, a qualidade da sua voz reflete seu estado emocional, sua crença em si mesmo e sua saúde e habilidade geral para controlar o estresse. Geralmente pensamos nas pessoas que têm uma voz rica e ressonante como alguém que tem poder, autoridade e credibilidade.

Na verdade, você mesmo sabe que acha que um palestrante com uma voz forte de locutor de rádio tem mais credibilidade se comparado com uma pessoa de voz estridente e insegura como a de Hortelino: "Olhe a estlada, toelho!". Também sabemos como é difícil ouvir um palestrante com uma voz desafinada, entediante e monótona. E também é muito difícil ouvir alguém que está se esforçando muito para parecer interessante. Uma pessoa que está se esforçando muito não vai parecer autêntica (como se estivesse tentando enganar o público), o que fará com que o público fique procurando a próxima enganação.

Como utilizar sua voz ao se apresentar

Se você quer ser cativante e convincente ao falar, é importante que tente utilizar uma variação natural de tom, velocidade e volume. O tom são os altos e baixos de sua voz. A velocidade são todos os diferentes tempos entre rápido e lento, e o volume é a variação entre alto ou suave.

DICA

Michelle diz...

Para garantir que você não seja muito entediante, deve utilizar uma variação de tom, velocidade e volume em uma apresentação.

O segredo é utilizar a variação vocal mais apropriada para a mensagem. Por exemplo, há momentos em que é bom falar com uma voz calma e suave, e outros em que é uma boa ideia falar mais rápido e usar um tom alto. Então, defina o que você acha melhor fazer para transmitir sua mensagem e, não importa qual seja, faça isso.

A função das pausas em uma excelente apresentação

As pausas são importantes em uma excelente apresentação. As pessoas em seu público precisam de tempo para ouvir o que você tem a dizer, compreender o significado e chegar às suas próprias conclusões antes de seguirem para o próximo ponto. Elas fazem isso quando você pausa e não diz nada.

DICA

Michelle diz...

As pausas são poderosas! Certifique-se de fazer pausas frequentes para seu público ter tempo de compreender o que você quis dizer.

Fazer pausas o ajudará a respirar profundamente com o diafragma, o que, por sua vez, o ajudará a relaxar e a manter o controle de si mesmo ao se apresentar. Isso também o auxiliará a reduzir sua necessidade de movimentar sua saliva ou fazer um som seco, porque você conseguirá engolir melhor sua saliva se pausar.

Então, é uma boa ideia planejar antes. Localize alguns dos lugares mais importantes em sua apresentação onde as pausas devem ocorrer e planeje para garantir que você faça uma pausa e uma respiração diafragmática. Certifique-se de praticar com as pausas nos lugares certos quando estiver ensaiando.

> *A palavra certa pode ser eficiente, mas nenhuma palavra*
> *é tão eficiente quanto uma pausa no momento certo.*

Mark Twain, autor

Enfatizando palavras-chave

É uma boa ideia enfatizar palavras-chave quando você se apresenta. Enfatizar palavras-chave ajuda seu público a saber o que é importante e a compreender bem o significado de seu objetivo emocional, ou do clima que você está querendo criar.

DICA

Michelle diz...
Quando você enfatiza palavras-chave, cria interesse em partes específicas de sua mensagem.

A história de John

John é diretor administrativo de uma empresa multinacional. Ele já comprou e vendeu uma série de negócios e é um homem que venceu pelos próprios esforços. John é considerado um especialista em sua área. É um rapaz reservado, calmo e simpático.

John precisava se apresentar para alguns acionistas internos e alguns clientes em uma conferência realizada pela sua empresa. Quando fizemos sua análise de Pensar/Sentir/Fazer (capítulo 2), John percebeu que queria que seu público o achasse entusiasmado, convincente e cativante em vez de reservado.

Ele criou alguns *slides* bonitos e chamativos, ensaiou a transmissão de sua mensagem muitas vezes (incluindo na frente de alguns de seus subordinados, que deram a ele um *feedback* do que melhorar em sua comunicação) e preparou a voz utilizando os exercícios neste livro (capítulo 9). Ele fez seus aquecimentos vocais três vezes. Sim, você

Como Fazer Apresentações

leu direito – três vezes do começo ao fim! Depois, ele transmitiu sua mensagem com algumas ênfases vocais em todas as palavras que o ajudaram a expressar seu objetivo emocional (entusiasmado, convincente e cativante).

No fim de sua apresentação, ele recebeu o *feedback* de que foi o melhor palestrante na conferência. Foi descrito como cativante, convincente e interessante. E o público ficou entusiasmado com sua mensagem. Esse foi um ótimo resultado para John.

Ele atribuiu seu sucesso a três coisas:

- ensaiar seu conteúdo fez com que ele se sentisse confiante e pronto para qualquer coisa;
- os aquecimentos vocais melhoraram muito sua confiança e, portanto, sua habilidade de parecer poderoso enquanto falava;
- enfatizar as palavras-chave o ajudou a expressar seu objetivo emocional ao falar.

Recomendo que você faça a mesma coisa. Lembre-se de ensaiar, aquecer sua voz e ter certeza de enfatizar as palavras-chave emocionais em sua apresentação.

Usando um microfone de lapela

É uma boa ideia usar um microfone de lapela para falar. Acredito que é bom deixar o microfone de lapela cumprir seu papel e facilitar seu desempenho para você e seu público. O microfone de lapela projeta sua voz, então você não precisa forçá-la; isso cria um som agradável, calmo e suave, assim fica mais fácil seu público ouvi-lo.

Dicas para usar um microfone de lapela direito

Você já viu um palestrante tropeçar no fio do microfone como um artista de circo? Ou já ouviu aquela interferência estridente e aquele ruído horrível que acontecem com os microfones ruins? Não deixe isso ocorrer com você!

Certifique-se de pensar muito bem em todos os aspectos técnicos de sua apresentação e de ter uma assistência de prontidão. Para as pessoas desacostumadas, é simples se comportar naturalmente com um microfone, contanto que siga estes passos:

1. Verifique o equipamento primeiro. Certifique-se de chegar com bastante antecedência para testar seu equipamento e de falar com os técnicos de som bem antes de a apresentação começar.

2. Use um cinto. Os microfones acopláveis devem ser presos em seu cinto; portanto, lembre-se de usar um. Não se esqueça de passar o fio pela sua camisa e colocar os fios excedentes por baixo da calça ou da camisa.

3. Use joias apropriadas. Certifique-se de que seus brincos não tilintem e causem aquele som irritante de batidas no microfone. Escolha brincos que permaneçam firmes em suas orelhas.

4. Posição. Mantenha a cabeça do microfone baixa o suficiente para evitar aqueles ruídos estridentes, mas alta o bastante para projetar sua voz. (Aproximadamente cinco a dez centímetros da ponta do seu queixo.)

5. Frequências. Certifique-se de que os alto-falantes estão sintonizados em diferentes frequências, para não fazerem um barulho alto quando você falar.

6. Desligue o som. Recomendo que você verifique onde estão os botões de liga/desliga e de mudo. Lembre-se de desligar o som quando for ao banheiro! Já presenciei muitas vezes o constrangimento de amigos palestrantes que se esqueceram de desligar o som de seus microfones antes de irem ao banheiro, acabando por divertir o público deles com os sons gotejantes! Como palestrante profissional, sempre pergunto para os técnicos de som se posso controlar meus próprios botões para desligar o som. Se você não está acostumado a falar usando um microfone, pode preferir deixar que a equipe de som controle isso para você. Eles irão ligá-lo e desligá-lo, então você poderá se concentrar na tarefa mais importante de transmitir sua mensagem de maneira confiante, nítida e carismática!

7. Seja natural. Fale com sua voz natural; não force ou projete o som contra seu público.

8. Plano B. Lembre-se: você é o palestrante; portanto, você controla seu espaço. Se algo der errado com seu microfone, não ignore, esperando que vá passar. Tenha um microfone reserva em mãos

(outro microfone de lapela ou um microfone de mão) que você possa utilizar imediatamente. Certifique-se de levar suas próprias pilhas extras ou de pedir para os técnicos de som para que as providenciem, só para garantir. Independentemente do que aconteça com seu equipamento, mantenha a compostura. Continue o contato visual com seu público, mantendo sua conexão com ele, e prossiga assim que o problema com o microfone for resolvido.

9. Tome cuidado ao caminhar com seu microfone. Nem sempre é possível sair andando para onde quiser quando se usa um microfone. Ensaie com o microfone, se puder. Em alguns palcos e com determinados sistemas de som, se você se aproxima muito dos alto-falantes, eles produzirão uma interferência estridente que é muito desconfortável para seu público. Isso significa que você deve ensaiar com o microfone e testá-lo, para verificar se existe algum lugar no qual você não pode ficar – e evitar aquele terrível som estridente.

Se tiver mais de um palestrante

Se tiver mais de um palestrante, certifique-se de terem dois microfones e que o microfone da segunda pessoa seja ligado bem antes de você terminar sua apresentação. Uma transição contínua de um orador para o outro geralmente não é notada. Uma transição confusa vai transparecer desrespeito e falta de profissionalismo.

Usando um microfone auricular

Um microfone auricular é, como se supõe, um microfone usado na cabeça, e é uma excelente alternativa para um microfone de lapela. Os microfones auriculares já estão disponíveis há anos nos teatros musicais e, ultimamente, começaram a se tornar cada vez mais populares entre os conferencistas. Um microfone auricular geralmente tem um fone de ouvido que fica preso em uma de suas orelhas, ou nas duas, e um microfone que se estende até sua bochecha esquerda ou direita. A maioria dos microfones auriculares vem com um ajuste amplo, para que você consiga posicioná-los de maneira mais confortável e eficiente.

Como colocar um microfone auricular

Simplesmente coloque a base do microfone auricular em volta de sua cabeça, para que fique de forma horizontal na parte de trás, com as extremidades em cima de suas orelhas. Certifique-se de que esteja confortável e estável. Mexa sua cabeça para se assegurar de que ele não vai cair de sua orelha! Se a parte do fone estiver solta ou desconfortável, entorte com cuidado os lados da base, deixando-a mais apertada ou mais solta. O ângulo dos fones também pode precisar de ajuste. Certifique-se de deixar o microfone a uma pequena distância acima, abaixo ou ao lado de sua boca, para projetar sua voz e não sua respiração.

TENTE FAZER ISTO

Exercício

1. Se você puder, pegue emprestado um microfone de lapela com o departamento de recursos humanos ou o com o departamento de *marketing* e treine sua instalação e seu uso.
2. Certifique-se de instalá-lo de forma correta: posicione o microfone apropriadamente (ver dicas na p. 210).
3. Teste o microfone de lapela para se habituar a ele.

Principais dicas sobre a voz

- Existe uma voz suave e confiante dentro de todos nós.
- Quando sua voz soa confiante, seu público fica mais propenso a relaxar e ouvir.
- Utilize a variação vocal mais apropriada para mensagem. Se você quer ser cativante e convincente ao falar, tente utilizar uma variação natural de tom, velocidade e volume.
- O tom são os altos e baixos de sua voz.
- A velocidade são todos os diferentes tempos entre rápido e lento.
- O volume são os extremos alto e suave.
- A pausa é poderosa e necessária para seu público. Quando você pausa, o público consegue alcançá-lo!
- Fazer pausas o auxiliará a respirar profundamente com o diafragma, o que o ajuda a relaxar e manter o controle de si mesmo enquanto você se apresenta.
- O melhor sistema de som é aquele que o público nem percebe.
- O microfone de lapela e o microfone auricular projetam sua voz, então você não precisa forçá-la. Eles projetam um som agradável, calmo e suave, assim fica mais fácil seu público escutá-lo.
- Os microfones acopláveis devem ser presos em seu cinto; portanto, lembre-se de usar um.
- Ensaie com o microfone, se puder.
- Se você se apresentar com outro palestrante, certifique-se de terem dois microfones e que o microfone da outra pessoa seja ligado bem antes de você terminar sua apresentação.

Capítulo 12

Linguagem corporal

O corpo nunca mente.

Martha Graham, dançarina e coreógrafa

Seu corpo desempenha um papel fundamental na capacidade de compreensão da sua mensagem. Eu me lembro de ter ido a uma apresentação na qual o diretor-executivo disse: "Temos uma política de portas abertas", e ele fez um gesto com as mãos no qual elas se moveram do centro de seu corpo com as palmas para baixo, para a parte externa de seus quadris. Nós chamamos essa postura corporal de "o Nivelador" (discutirei isso em mais detalhes adiante neste capítulo). O Nivelador não é uma postura ideal para ser feita quando se está tentando convidar o público a se conectar com você, pois é um tipo de postura intolerante e "não discuta comigo"! Usando esse gesto, o diretor-executivo cancelou suas palavras. Na ocasião, pensei comigo que seus verdadeiros pensamentos sobre a política de portas abertas foram revelados com o gesto que ele fez! Você já viu algo do tipo?

A pesquisa do psicólogo Albert Mehrabian sugere que, nas comunicações frente a frente, atribuímos apenas 7% do significado da mensagem às palavras que são ditas; 38% do significado derivam do tom (a maneira como você diz as palavras) e 55% do significado derivam da linguagem corporal (como você movimenta seu corpo).

E você deve saber que usamos a linguagem corporal como o teste final para decidir sobre a coerência e a autenticidade de uma palestrante.

> **DICA**
>
> *Michelle diz...*
> *Uma linguagem corporal coerente – uma linguagem corporal que combina com as palavras que estão sendo ditas – é importante se você quer estabelecer ou manter uma relação forte e influenciar seu público a mudar seu comportamento.*

O que é linguagem corporal?

Dividi a linguagem corporal em três áreas principais:

• contato visual;

• postura;

• gestos.

Vamos observar cada uma dessas três áreas da linguagem corporal em mais detalhes.

Contato visual

É uma boa ideia se concentrar o máximo possível em membros diferentes de seu público e, o mais importante, tanto quanto eles precisem. Algumas pessoas não gostam de receber tanto contato visual; portanto, siga a orientação delas e não as olhe tanto quanto outras pessoas. Outros participantes necessitam de muito contato visual, então é uma boa ideia olhar mais para eles! Como regra geral, é uma boa ideia fazer um contato visual apropriado individualmente com todas as pessoas diferentes em seu público.

Além disso, é importante olhar nos olhos das pessoas em seu público porque:

• ajuda você a se conectar com seu público;

• impede que o público fique se desligando ou fazendo alguma outra coisa;

• reduz seu nervosismo.

Eu sinto que o contato pessoal com o público é a coisa mais importante na comédia. Enquanto estou no palco, consigo realmente me colocar entre os membros do público e ajustar meu ritmo e me sintonizar com eles. Eu posso entrar na mente deles pelos seus ouvidos e pelos seus olhos. Somente por meio dessa comunicação total posso realmente conseguir o que estou tentando fazer.

Bill Cosby, comediante

E se meu público for muito grande ou se estiver escuro e eu não conseguir enxergá-lo?

Se seu público for grande ou se estiver escuro e tiver refletores em seus olhos, o segredo é realmente olhar para quantas pessoas for possível. Combine isso com olhar para outras partes de seu público nas quais os rostos das pessoas não estão nítidos. Imagine o rosto das pessoas, então você terá a sensação de realmente poder ver seus olhos. Certifique-se de fazer isso da maneira mais genuína possível.

> **DICA**
>
> **Michelle diz...**
> *Quando estiver se apresentando com refletores, tome cuidado para não olhar com os olhos meio fechados. Abra os olhos e foque além da luz, para se conectar com seu público.*

Odeio que as pessoas fiquem olhando para mim enquanto me apresento – o que posso fazer?

Se você se sente assim, com certeza não está sozinho! Esse é um dos obstáculos mais comuns para os palestrantes. A seguir, algumas dicas que podem ajudar:

- Os membros do público demoram cerca de nove segundos para fazer uma avaliação inicial sobre você. Eles observam coisas superficiais, como seu cabelo, sua maquiagem, seus óculos, seus acessórios, suas roupas e seus sapatos, e julgam-no nesse momento.

- Após fazer sua avaliação inicial, eles levam mais cerca de 25 segundos para validar os pensamentos e sentimentos originais que têm sobre você. Isso envolve ouvir sua voz e observar seus movimentos físicos, suas expressões faciais e sua energia.
- Depois, eles voltam a pensar em si mesmos!

Em outras palavras, os participantes estão lá por eles mesmos, não por você. Eles irão avaliá-lo naqueles primeiros segundos; depois, desde que esteja tudo bem – o que com certeza vai estar –, voltam para descobrir como sua mensagem pode ajudá-los na vida deles. Eles não estão realmente olhando para você!

Não pense em sua apresentação como uma apresentação para um grupo – o que é um pensamento assustador para muitos. Em vez disso, concentre-se bem no fundo dos olhos de uma pessoa de cada vez (ver capítulo 10).

> **DICA**
>
> *Michelle diz...*
> *Lembre-se: "Em qualquer momento de minha apresentação, trata-se apenas de mim e de outra pessoa".*

> **TENTE FAZER ISTO**
>
> ## Exercício
>
> 1. Na próxima vez em que você se apresentar, esteja realmente ciente de que está dividindo seu contato visual entre todas as pessoas de seu público.
> 2. Comece a se tornar ciente de quais pessoas em seu público gostam de receber muito contato visual e de quais pessoas preferem receber menos contato visual. Siga a orientação delas e faça o que é melhor para seu público.

Postura

A maioria dos palestrantes fica mais nervosa no começo e no fim de suas apresentações. Você se identifica com isso? O meio de sua apresentação também pode causar algumas preocupações para você se surgir algum conflito ou desconforto. Nesses momentos, você deve considerar ficar na posição chamada de postura natural.

Ela é chamada de postura natural, porque é como aprendemos a ficar em pé quando éramos pequenos. Foi a maneira natural de ficarmos em pé quando estávamos aprendendo a manter nosso corpo firme antes de aprendermos a andar. Em algum momento, todos nós ficamos naturalmente na posição natural.

> **DICA**
>
> **Michelle diz...**
> *A postura natural ajudará a deixar você e seu público confortáveis.*

Apesar disso, curiosamente, uma pesquisa feita pelo psicólogo Robert Cialdini sugere que, na sociedade ocidental, somos atraídos por padrões de assimetria. Portanto, apesar de a maioria de nós nos manter na postura natural quando somos pequenos, muitas vezes desaprendemos a postura natural quando nos tornamos adolescentes, preferindo posturas mais assimétricas e casuais, como a inclinada (quando você coloca seu peso em um quadril de cada vez).

> **DICA**
>
> **Michelle diz...**
> *Se você quer que seu público pense em você como confiante e profissional, a postura natural é a sua melhor escolha.*

Por que a postura natural é eficiente

Ficar de pé simetricamente nos ajuda a respirar pelo diafragma, em vez de usar a respiração torácica. (Falamos sobre a importância da respiração profunda e as relações com uma voz forte no capítulo 9.) A postura natural também o ajudará a se sentir firme e mais confiante ao se manter em pé e se dirigir ao seu público. É uma postura realmente simples de se dominar.

Você deve fazer o seguinte:

1. Coloque os pés alinhados com o quadril.
2. Certifique-se de que seu peso esteja totalmente distribuído de forma igual sobre os dois pés.
3. Relaxe um pouco os joelhos.
4. Imagine taças de sua bebida favorita por todo o redor de seu quadril e cheias até a borda. Eu não sei você, mas eu não derramaria uma única gota pelos lados!
5. Deixe seu centro firme – os músculos inferiores de sua barriga.
6. Relaxe os ombros (isso é muito importante para você não parecer ou se sentir rígido).
7. Deixe a cabeça virada para a frente.

Posso ficar de outras maneiras também?

Sim, a postura natural serve para os momentos em que você precisa parecer e se sentir forte e sereno, como no começo, quando seu público está decidindo se deve confiar ou não em você. Em outros momentos de sua apresentação, você pode escolher ficar mais inclinado, com seu peso sobre um dos quadris, se quiser parecer mais casual e acessível.

DICA

Michelle diz...
Certifique-se de se postar de um modo que transmita a mensagem certa para seu público.

Quais são algumas das outras posturas mais comuns?

Existem algumas outras posturas comuns que você mesmo já deve ter usado – ou visto outros palestrantes utilizando. Algumas são proveitosas, mas outras divergem de sua mensagem.

Príncipe Philip

É quando você fica reto com suas mãos dadas por trás de suas costas. O benefício dessa postura é que você aparenta confiança. O lado negativo é que você pode parecer arrogante ou como se estivesse escondendo algo atrás das costas.

Braços cruzados

Como o nome sugere, é quando você cruza seus braços na frente do seu corpo. Se sua mensagem, às vezes, combina com essa postura, certamente faça isso com seu corpo. Mas, se cruzar os braços for incompatível com sua mensagem e, portanto, passar a mensagem de que você é intolerante ou inflexível, não é uma boa escolha.

A postura que você deve evitar definitivamente!

A postura folha de figueira, pegada na virilha ou nudista relutante é quando você permanece com suas mãos cobrindo a região da sua virilha. Eu percebo que os diretores geralmente são fotografados nessa posição! Essa é a única posição que você não deve fazer. Isso faz as pessoas olharem para a parte do seu corpo que você provavelmente não gostaria que elas olhassem. Não vou dizer mais nada!

TENTE FAZER ISTO

Exercício

1. Tente usar a postura natural. Siga os passos listados neste capítulo e perceba se a postura natural ainda parece ou não natural.
2. Planeje praticar a permanência na postura natural sempre que apropriado, mesmo quando você não estiver se apresentando. Isso o ajudará a se sentir mais natural quando utilizá-la em uma apresentação.

> 3. Peça para um amigo que já compareceu a uma apresentação sua para lhe dar um *feedback* sobre sua postura. Planeje corrigir quaisquer hábitos que não aumentem a chance de influenciar seu público.

Movimentando-se durante as apresentações

Sim, é uma boa ideia se movimentar pelo palco durante as apresentações. Apenas se assegure de sempre estar em um local correto no palco e lembre-se de ou ficar parado ou se movimentar com um propósito para o lado correto.

DICA

Michelle diz...
Fique parado ou se movimente com um propósito.

Em que local permanecer durante as apresentações

Existem locais que representam o passado, o presente e o futuro.

Na sociedade ocidental, nós lemos da esquerda para a direita. Isso significa que, ao sentarmos em uma plateia, vemos nossa esquerda como nosso passado e nossa direita como nosso futuro. Ao se apresentar, é necessário se lembrar de que está olhando na direção oposta de seu público. Você precisa se movimentar de maneira contrária à intuição, uma maneira que é coerente para seu público, mas incoerente para você. Para descobrir isso, pergunte a si mesmo: "O que é o certo para meu público?". Faça aquilo que tenha sentido para eles, não para você.

Passado

Como sabemos que a esquerda do público é o passado dele, ao falar sobre competidores, eventos passados e resultados ruins, você deve permanecer na esquerda de seu público, no passado dele.

Presente

Como o presente do público é o centro da sala, ao transmitir informações importantes você deve ficar no meio. O meio também é conhecido como o ponto de acesso. Seu ponto de acesso (ou centro de inteligência) é onde você comunica os fatos, os dados e as informações que não devem ser questionados, como seu discurso principal e seu chamado para uma ação dos 13 Passos (ver capítulo 5).

Futuro

Nós sabemos que a direita do público é o futuro dele. Portanto, ao falar sobre coisas focadas no futuro ou sobre resultados positivos, você deve permanecer na direita do público, em seu futuro.

É a mesma regra para os gestos e o contato visual. Quando você faz gestos na esquerda de seu público, sinaliza que sua mensagem é focada no passado, relacionada a más notícias ou a competidores. Quando você faz gestos na direita de seu público, sinaliza que as palavras que está dizendo são focadas no futuro, boas notícias ou algo que você está buscando. Você pode fazer o mesmo com seu contato visual da esquerda do público para a direita também se quiser.

Isso não é tão complicado quanto parece. Tente fazer isso algumas vezes e garanto que acrescentará aquela dimensão de autenticidade para sua mensagem ao público.

> **DICA**
>
> *Michelle diz...*
>
> *Ao se apresentar em um palco, certifique-se de entrar pela esquerda (ou passado) do público e sair pela direita (ou futuro) dele.*

TENTE FAZER ISTO

Exercício

1. Pense um pouco sobre o passado, o presente e o futuro de seu público.
2. Faça um plano para assegurar que você permaneça no local e no momento certos quando estiver se apresentando.

Gestos: o que fazer com suas mãos

Se utilizar suas mãos com habilidade, as pessoas ficarão entusiasmadas com você como palestrante e compreenderão sua mensagem de forma mais completa. Acho importante que utilize suas mãos para reforçar sua mensagem. Você pode usar suas mãos para aumentar a probabilidade de mudar o comportamento de seu público.

É possível fazer gestos demais?

Com certeza! É muito possível movimentar tanto suas mãos, que seu público se distraia com seu movimento ou fique hipnotizado pela sua atividade, esquecendo sua habilidade de ouvir. Portanto, lembre-se de deixar suas mãos abaixadas na lateral de seu corpo (chamamos isso de "limpar a lousa") entre os gestos, para dar uma pausa para seu público de vez em quando!

Gestos formais e informais

Existem dois tipos principais de gestos: formais e informais.

Os gestos informais muitas vezes são chamados de falar com as mãos. Esses gestos são improvisados.

> **DICA**
>
> ### Michelle diz...
> *Não tem problema nenhum em fazer gestos informais, a menos que você deixe suas mãos abaixadas e ao lado do corpo, para descansar de vez em quando.*

Os gestos formais são ensaiados, geralmente na frente de um espelho. O objetivo de um gesto formal é enfatizar um ponto importante. Gestos bem transmitidos podem substituir a necessidade de alguns de seus *slides* de PowerPoint. Um exemplo de um gesto formal é quando você conta algo com seus dedos: "1, 2, 3", ou quando você estica os braços com as palmas das mãos para cima, dizendo para seu público: "Depende de vocês".

Existem duas coisas que devem ser lembradas ao fazer gestos formais:

1. Pratique em frente ao espelho para aprimorar o gesto e garantir que ele seja forte e coerente com a mensagem que você quer transmitir. Chamo isso de ter energia nas pontas dos dedos. Certifique-se de não fazer gestos fracos.

2. Assegure-se de fazer movimentos bem abertos, para aumentar a visibilidade quando você fizer os gestos. Em outras palavras, tenha a certeza de fazer gestos grandes o suficiente para que as pessoas compreendam seu objetivo.

Gestos e significados

Existe uma série de gestos que foram percebidos primeiramente pela terapeuta familiar Virginia Satir. Esses gestos ou posturas podem criar certas reações ou respostas em seu público. (Ver tabela 12.1 – já mencionei alguns deles em capítulos anteriores).

Tabela 12.1: algumas posturas corporais e seus significados

Postura corporal	Significado
	Acusador Caracterizado por um dedo apontado, um dedo apunhalando e, geralmente, uma postura corporal opressora. Esse gesto pode ser visto como agressivo, então é prudente utilizá-lo com moderação. Como regra geral, recomendo que você abra sua mão para suavizar o impacto se escolher utilizar este gesto.

Postura corporal	Significado
	**Apaziguador** É uma postura simétrica, receptiva, com os braços esticados e as palmas das mãos viradas para cima. Recomendo que utilize esse gesto quando quiser que os membros de seu público sintam que você está aberto ao ponto de vista deles. Por exemplo: "Quais são suas perguntas?".
	**Calculista** Caracterizada por uma mão no queixo com o outro braço dobrado na frente do peito, dando apoio ao cotovelo. Esta postura é recomendada quando você quiser transmitir a mensagem de que está pensando, ou quando quiser que seu público pense sobre algo. Por exemplo: "Deixe-me pensar sobre isso".
	**Animador** É uma postura assimétrica, geralmente não equilibrada, e pode ser caracterizada por uma energia frenética e muita movimentação. Utilizada com exagero, esta postura é, como o nome sugere, animadora. Usada corretamente, pode entreter e energizar seu público.

Postura corporal	Significado
	**Nivelador** Outra postura simétrica. O nivelador é caracterizado pelos braços esticados e as palmas das mãos abertas e viradas para baixo. Geralmente é acompanhada por um movimento externo das duas mãos, da frente de seu corpo para a lateral dele. É um gesto que você deve utilizar quando estiver fazendo uma afirmação importante ou quando estiver dizendo algo que não é negociável. Por exemplo, você pode dizer: "É assim que deve ser", com este tipo de gesto.

Usando o passado, o presente e o futuro ao gesticular

É importante gesticular de uma maneira que sustente sua mensagem. Então, dependendo do que você está dizendo, seu gesto deve se movimentar da esquerda para a direita do público, por causa das áreas que representam o passado, o presente e o futuro no espaço, no recinto e no palco. A esquerda do público é seu passado; então, para eventos passados ou notícias ruins, gesticule para a esquerda dele. A direita do público é seu futuro; então, para coisas focadas no futuro e resultado positivos, você deve gesticular para a direita dele.

O mesmo é válido para posturas e movimentação pelo recinto (discutidos anteriormente neste capítulo).

Se você não gesticular

Se você não gesticular, é possível que os membros de seu público não recebam tanto estímulo visual quanto necessitam, e isso pode fazer com que eles percam a concentração. Gestos bem transmitidos certamente reduzirão a probabilidade de você ser visto como um palestrante que está apenas dizendo "blá, blá, blá". Para mais informações sobre a necessidade de gesticular, consulte o capítulo 13, que explica em mais detalhes por que certos tipos de participantes precisam de mais ou de menos gesticulação do palestrante.

Usando um púlpito

Serei honesta com você: não sou uma grande fã do púlpito. Fazer apresentações é uma excelente maneira de demonstrar sua capacidade profissional e se conectar com seu público. Ficar atrás de um púlpito tira um pouco dessa sua capacidade. Um púlpito diz: "Eu estou aqui com essa barreira entre nós e, seja como for, preciso continuar a ler as minhas anotações".

> **DICA**
>
> **Michelle diz...**
> *Quando possível, saia de trás do púlpito, ficando sem barreiras entre você e seu público.*

Se, depois de ler isso, você ainda quiser utilizar o púlpito, certifique-se de pelo menos começar (Passos 1 a 5 dos 13 Passos) no centro do palco, no ponto de acesso, longe do púlpito. O ponto de acesso é o melhor lugar para você permanecer quando seu objetivo é estabelecer uma relação com seu público. Depois, permaneça atrás do púlpito nos Passos 6 e 7 dos 13 Passos. Então, volte ao ponto de acesso ou centro da sala ou do palco no seu encerramento (Passos 8 a 13 dos 13 Passos).

TENTE FAZER ISTO

Exercício

1. Ensaie seus gestos até que eles pareçam realmente naturais.
2. Percorra sua apresentação e perceba as ocasiões em que você pode se movimentar pelo recinto do passado para o futuro e tome nota desses lugares, para se movimentar de forma mais eficiente sempre que realizar essa apresentação.

O papel do sorriso

Sorrir desempenha um papel muito importante nas apresentações. Existem muitos benefícios ao sorrir, um deles é que o faz se sentir bem! Sorrir nos torna mais cativantes, melhora nosso sistema imunológico, reduz o estresse e nos torna mais confiantes.

DICA

Michelle diz...
Adivinhe? Você pode acabar descobrindo que, se sorrir mais, se sentirá mais feliz e mais confiante!

É importante se lembrar de que seu papel como palestrante é garantir que seu rosto, suas palavras e seus movimentos corporais sejam coerentes com todo o seu objetivo emocional, ou sua intenção emocional, de um momento a outro em sua apresentação. Portanto, se sua intenção é que seu público se sinta feliz e estimulado, um sorriso é uma ótima escolha. Se, por outro lado, seu objetivo é que seu público se sinta preocupado ou temeroso com certas consequências, então se certifique de ficar realmente conectado com sua mensagem e de deixar o sorriso de lado.

DICA

Michelle diz...
Certifique-se de sorrir quando necessário para comunicar o objetivo emocional apropriado.

Principais dicas sobre a linguagem corporal

- É importante estabelecer um contato visual apropriado com cada membro de seu público.
- Seu corpo também desempenha um papel fundamental na capacidade de compreensão de sua mensagem.
- Concentre-se nos diferentes membros de seu público o máximo possível e, principalmente, quanto eles precisarem.
- No início e no fim, e quando você estiver sob pressão durante sua apresentação, tente fazer a postura natural – os pés alinhados com o quadril, deixando os músculos envolvidos firmes.
- Os dois tipos principais de gestos são formais e informais.
- Os gestos informais são quando você fala com as mãos.
- Os gestos formais são ensaiados e envolvem fazer os movimentos bem abertos.
- Os gestos formais podem substituir os *slides* de PowerPoint.
- Coloque suas mãos para baixo e ao lado do corpo e "limpe a lousa" entre todos os seus gestos, para dar uma pausa visual para seu público de vez em quando.
- A esquerda de seu público é o passado dele, a direita é o futuro e o centro da sala é o centro de inteligência, onde você transmite os fatos e dados importantes.
- Faça o que é necessário com seu corpo, para aumentar as chances de influenciar seu público.
- Certifique-se de sorrir quando necessário, para comunicar o objetivo emocional apropriado.

Capítulo 13

Envolva e entretenha!

Qualquer um que tente fazer uma distinção entre a educação e o entretenimento não sabe o básico sobre nenhum deles.

Marshall McLuhan, educador

Quando se trata de se apresentar, sabemos que o público é composto por pessoas com uma variedade de filtros de personalidade. Um dos filtros mais relevantes para se compreender quando você é palestrante, lidera reuniões, influencia as pessoas ou promove grupos, está relacionado à maneira como as pessoas processam e selecionam as informações.

Você já foi a uma apresentação ou reunião durante a qual se sentiu tão entediado que quase dormiu? Ou você já foi a uma apresentação na qual o palestrante simplesmente não estava na mesma sintonia e, para você, parecia que ele estava falando apenas "blá, blá, blá"? Talvez você já tenha tido uma experiência na qual estava falando com alguém e os olhos da pessoa ficaram vidrados, e você sentiu que poderia estar falando "blá, blá, blá"? Certamente que não!

Existe um motivo importante para se sentir assim durante uma apresentação desestimulante ou entediante. Provavelmente, o motivo é que o palestrante não estava se preocupando com suas preferências visuais, auditivas e cinestésicas. Portanto, vamos nos assegurar de que você não cometa o mesmo erro em suas apresentações!

Tudo se resume em flexibilidade

Sabemos que a habilidade para estabelecer relações ou se entender com as pessoas é muito importante, tanto nos relacionamentos profissionais como pessoais. Sabemos também que é mais fácil estabelecer relações com pessoas que demonstram características iguais ou semelhantes às nossas – pessoas que são como nós. E é difícil estabelecer relações com pessoas que não são como nós. Quando não compreendemos os outros, muitas vezes achamos difícil nos relacionar de maneira eficiente com eles, e ainda mais difícil influenciar essas pessoas em uma reunião no trabalho ou em um ambiente de apresentação.

Portanto, se você já desejou poder ser mais envolvente e estimular seu público de maneira mais eficiente durante suas apresentações, continue lendo.

Como envolver e estimular seu público

Vamos aprender rapidamente sobre a diferença entre os membros do público visuais, auditivos e cinestésicos. Uma vez que você saiba o que são essas preferências, podemos pensar em como manter cada um dos diferentes estilos completamente envolvidos em sua apresentação.

Preferência visual

Na maioria dos públicos, existem pessoas que dão preferência à sua visão para processar e armazenar informações ou memórias. Elas dão preferência a seu canal visual.

Essas são as pessoas que:
- parecem se sentir muito orgulhosas de sua aparência;
- geralmente têm uma mesa organizada, alinhada e ordenada;
- gostam de ver o que você quer dizer;
- tomam decisões baseadas na aparência das coisas;
- têm dificuldades em se lembrar de conversas ou apresentações verbais;
- são menos distraídas por interferências sonoras, porque se concentram menos em seu canal auditivo.

Dicas para estimular a preferência visual em seu público

As pessoas com preferência visual precisam de demonstrações visuais para serem envolvidas por sua mensagem, permanecerem atentas e compreenderem seu argumento com facilidade. Você pode fazer uma série de coisas para conseguir estimular essas pessoas.

- Recursos visuais. Essas pessoas precisam de demonstrações visuais para serem envolvidas por sua mensagem, permanecerem atentas e compreenderem seu argumento com facilidade. Utilize o PowerPoint e se assegure de que seus *slides* tenham gráficos nítidos e simples, além de imagens ou fotos bonitas e modernas, sem muitas palavras! Tente utilizar também cartazes, vídeos, pôsteres, *flipcharts*, lousas, folhetos e materiais de apoio. Cada uma dessas opções cria um estímulo visual.
- Movimento. Utilize gestos, posturas e movimentos pelo recinto com um objetivo, especialmente quando estiver contando uma história. Dê vida à sua história!
- Precisão. Preste atenção nos detalhes de sua aparência pessoal. Lustre seus sapatos, penteie seu cabelo, passe bem suas roupas, coloque sua camisa direito – e as mulheres devem se lembrar de reaplicar o batom durante o dia!
- Velocidade. Pessoas com preferência visual tendem a processar as informações rapidamente e ficam frustradas com perdas de tempo; portanto, tenha certeza de falar rapidamente às vezes e manter sua mensagem constante.
- Reforço. É aconselhável que você forneça alguma forma de reforço escrito de seu conteúdo às pessoas com preferência visual: folhetos, *sites*, informações de apoio.
- Contato visual. Assegure-se de estabelecer muito contato visual com as pessoas com preferência visual.
- Linguagem. Use uma linguagem baseada na visão. Seguem algumas palavras visuais para você considerar:

Alinhado	Antever	Apagar
Aparecer	Aparição	Brilhante
Brilhar	Cegar	Cintilante
Cintilar	Colírio para os olhos	Colorir

Contornar	Desenhar	Desilusão
Despontar	Diagrama	Eclipsar
Elucidar	Enxergar	Esclarecer
Escurecer	Escuridão	Espelhar
Espiar	Espreitar	Fitar
Focar	Formar	Horizonte
Iluminar	Ilustrar	Imagem
Imaginar	Luminoso	Lustrar
Luz	Luzir	Manchar
Mirar	Moldar	Mostrar
Nebuloso	Nítido	Obscurecer
Obscuro	Observar	Ofuscar
Olhar	Olho nu	Panorama
Percepção	Perspectiva	Pintar
Prever	Previsão	Realçar
Refletir	Retratar	Retrospecto
Revelar	Sombrear	Supervisão
Traçar	Turvo	Vendar
Ver	Visão	Visão em túnel
Visão limitada	Vista	Vista aérea
Visualizar	Vívido	

TENTE FAZER ISTO

Exercício

Retorne à apresentação na qual você está trabalhando ao ler este livro e certifique-se de utilizar algumas palavras visuais e de planejar algumas estratégias visuais.

> **DICA**
>
> *Michelle diz...*
> *Sempre mantenha as pessoas com preferência visual envolvidas e entretidas em sua apresentação.*

Preferência auditiva

Na maioria dos públicos, existem pessoas que dão preferência a seu sentido auditivo e sonoro, para processar e armazenar informações ou memórias. Elas dão preferência a seu canal auditivo.

Essas são as pessoas que:

- nem sempre olham para você quando estão ouvindo – elas vão virar a cabeça e usar seus ouvidos como seu canal principal de concentração de informações;
- ficam facilmente distraídas com barulhos;
- respiram pelo meio do peito;
- têm o dom da fala;
- articulam bem suas palavras, usando diferentes tons, volumes e velocidades.

Dicas para estimular a preferência auditiva em seu público

- Contato visual apropriado. Essas pessoas precisam se concentrar em seus ouvidos e ouvir quando você se comunica com elas. Não fique desconcertado se elas tirarem os olhos de você e posicionarem seus ouvidos em sua direção. Você pode estabelecer relação com elas adaptando-se à sua linguagem corporal e estabelecendo mais contato visual com as pessoas visuais na sala.
- Preparação. Preste atenção à maneira como você diz suas palavras. Prepare sua articulação com os exercícios bico/sorriso, laranja/ervilha e relincho de cavalo (capítulo 9). Prepare seu tom bocejando com a boca bem aberta.
- Variação. Use variação vocal (velocidade, tom e volume) e enfatize palavras-chave.
- Linguística. Tente utilizar aliteração, anáfora, tríade, conduplicação, epístrofe e perguntas retóricas para estimular o interesse

dessas pessoas. (Ver capítulo 6 para mais informações sobre como utilizar essas inclusões estimulantes em uma excelente apresentação.)

• Onomatopeia. Algumas onomatopeias também podem ser muito estimulantes para essas pessoas. Você se lembra delas do tempo de escola? "Kabum!" e "Bum!".

• Paciência. Não espere respostas imediatas. Pessoas com preferência auditiva normalmente precisam de tempo para refletir e discutir seu conteúdo antes de tomar decisões.

• *Feedback*. É aconselhável que você dê um *feedback* falado para os membros de seu público com preferência auditiva, a fim de reforçar o comportamento. E deixe que eles falem. Eles entenderão sua mensagem melhor se tiverem a chance de discutirem a perspectiva deles.

• Música. Tente utilizar música apropriada para iniciar ou encerrar sua apresentação.

• Linguagem. Use uma linguagem auditiva. Seguem algumas palavras auditivas para você considerar:

Aclamar	Afirmar	Alto
Amplificar	Anunciar	Aquietar
Argumentar	Articular	Audível
Balbuciar	Barulho	Bater o sino
Berrar	Bradar	Cacofonia
Censurar	Chamar	Claro como um sino
Clique	Contatar	Delatar
Descrever	Discutir	Dizer
Doce	Ecoar	Em outra nota
Emitir uma opinião	Entoar	Escutar
Estalar	Estridente	Exclamar
Falar	Gritar	Harmonia
Harmonizar	Jurar	Lamentar
Listar	Melodia	Mencionar
Mudo	Murmurar	Música

Oral	Ouvir	Perguntar
Pronunciar	Propor	Quieto
Ranger	Recitar	Reclamar
Repercutir	Replicar	Resmungar
Ressoar	Retumbar	Ritmo
Rugir	Ruidoso	Silêncio
Sintonizar	Soar bem	Som
Som harmônico	Surdo	Sussurrar
Taciturno	Tocar	Vaiar
Verbalizar	Vibrar	Vociferante
Volume	Voz	Zunir

> **DICA**
>
> **Michelle diz...**
> *É uma ótima ideia trabalhar com músicas durante sua reunião se tiver sessões especiais.*

Como utilizar música nas apresentações

Se você já desejou que suas conferências, seus programas de treinamento ou suas reuniões fossem mais envolventes, de forma que os participantes se sentissem estimulados e entretidos, e, antes de perceberem, estar na hora do jantar, tente utilizar música em todas as pausas e em atividades apropriadas. Contrate um técnico de som para prestar um serviço de qualidade. Em reuniões maiores, se você tiver um orçamento extra, é mais fácil contratar especialistas em audiovisual para controlar a música para você nos bastidores.

> **DICA**
>
> **Michelle diz...**
> *Planeje a música para se adaptar ao clima que você quer criar.*

Para selecionar algumas músicas para as atividades, escolha músicas com mensagem específicas ou batidas que se adequem ao clima da atividade. Comece com músicas populares com uma batida por segundo (no tempo da batida do coração humano). Quanto menos convencional for sua escolha, mais propenso você ficará a ofender alguém. Nas pausas, é bom tocar músicas com batidas para cima, que você ache que combinam com o tema de seu evento. Como um exemplo bem simples, em um evento de desenvolvimento de equipe você pode tocar "We are family", de Sister Sledge.

Aumentando e diminuindo o volume da música

Ao utilizar música, lembre-se de diminuir o volume da faixa no fim das atividades (abaixar o volume lentamente), em vez de simplesmente apertar o botão de parar e surpreender o público com um choque! Se você está tocando uma música específica para chamar seu público de volta de uma pausa, deixe a música chegar até seu fim natural, e depois desligue. O objetivo de usar uma mesma música para denotar o término de uma pausa é significar o começo de algo novo e interessante, e dar um tempo para as pessoas voltarem aos seus lugares.

DICA

Michelle diz...
A música pode fazer uma grande diferença para o ambiente e para os níveis de energia de seu público.

TENTE FAZER ISTO

Exercício

Retorne para sua apresentação e certifique-se de ter incluído algumas palavras auditivas e de ter planejado algumas estratégias auditivas para manter as pessoas com preferência auditiva envolvidas e entretidas.

Preferência cinestésica

A maioria dos públicos inclui pessoas que dão preferência ao toque, ao movimento e às emoções para processar e armazenar informações ou memórias. Elas dão preferência a seu canal cinestésico.

Essas são as pessoas que:

- respiram do fundo de seus pulmões;
- movimentam-se e falam devagar;
- vestem-se de forma confortável;
- geralmente são consideradas sentimentais e respondem a sensações do toque e do corpo;
- podem ter a tendência de ficar muito próximas e geralmente tocá-lo quando estão falando;
- geralmente parecem inquietas nas reuniões – elas apertam as canetas, batem as pernas e fazem muitas anotações.

Dicas para estimular a preferência cinestésica em seu público

Lembre-se de que o segredo para estabelecer relações é a habilidade de adaptar suas preferências pessoais para você se tornar o mais parecido possível com as diferentes pessoas de seu público. Segue a maneira como você pode estimular os membros de seu público que têm preferência cinestésica.

- Paciência. Quando você as questiona, não espere uma resposta imediata. As pessoas cinestésicas precisam de tempo para analisar sua mensagem da maneira delas. Necessitam de tempo para se concentrar, pensar e processar suas informações. É difícil para elas chegar a uma decisão no momento, pois geralmente precisam refletir sobre isso.
- Ambiente. Estabeleça uma forte relação com sua linguagem, sua maneira de se vestir e com a estrutura da sala. Considere as cadeiras, o aspecto e a temperatura da sala. Certifique-se de que o ambiente esteja o mais confortável possível.
- Contato físico. Os membros do público com preferência cinestésica respondem bem a apertos de mão, sorrisos e outras abordagens físicas apropriadas.

Como Fazer Apresentações

- Toque. Ofereça coisas que podem ser tocadas e exploradas fisicamente, como amostras, exemplos e folhetos. Bolinhas para aliviar o estresse e pelúcias são perfeitas.
- Evite distrações. Não dê canetas que podem ser apertadas! As pessoas com preferência cinestésica descobrirão uma maneira de bater, golpear, remexer ou apertar qualquer implemento de escrita que você der a elas (para o aborrecimento das pessoas com preferência visual ou auditiva).
- Emoção. Conte histórias que evoquem emoções e utilize anedotas, estudos de caso, exemplos, metáforas e analogias. E lembre-se de realmente contar para seu público por que você adora o assunto – isso é contagiante!
- Movimento. Certifique-se de estabelecer atividades, movimentações, conversas e interações, ou as pessoas ficarão muito inquietas no local e vão distrair os outros. É por essa razão que muitos dos principais treinadores corporativos pedem que os participantes mudem de posição com frequência e se sentem em uma cadeira diferente.
- Participação. Ofereça uma chance de as pessoas entrarem nas atividades e conversarem sobre como se sentem em relação a seu conteúdo. Isso as ajudará a tomar uma decisão.
- Imagens. Procure acervos de fotos *on-line* para encontrar algumas imagens emotivas e evocativas que você pode utilizar em seu PowerPoint, em vez de apenas colocar palavras em seus *slides*.
- Entusiasmo. Cumprimente seu público e motive nele quantas reações positivas ou bons sentimentos forem possíveis durante sua apresentação. (Ver capítulo 14 para uma explicação mais completa das reações em sua apresentação.)
- Sorriso. Seu sorriso é uma indicação de que você é simpático e está fazendo um grande esforço para se conectar. Ele também indica que você gosta de seu assunto.
- Linguagem. Use uma linguagem cinestésica, como a seguinte:

Acumular	Adormecer	Afeto
Afiado	Agitar	Alcançar
Alegre	Amar	Anexar

Envolva e entretenha!

Ansioso	Apertado	Apoio
Apontar	Argumento inflamado	Atingir
Ativar	Base sólida	Bloquear
Bruto	Cair	Calmo
Carregado	Chocado	Complacente
Compreender	Comprimir	Concreto
Condensar	Conectar	Conflitante
Conseguir	Consolidado	Conter
Controlar	Cortar	Danificar
Deprimido	Difícil	Dirigir
Elétrico	Emocional	Encaixar
Entrar em contato	Entusiasmado	Equilíbrio
Estender	Expulsar	Extático
Exuberante	Feliz	Frio
Habilidoso	Impulsionar	Indicar
Indignado	Juntos	Levantar
Ligar	Massagear	Mesclar
Misturar	Moldar	Movimentar
Passivo	Pegar	Perseverar
Perturbar	Prazeroso	Pressionar
Relacionar	Resistir	Rígido
Segurar	Sentir	Sólido
Soltar	Sondar	Sozinho
Superfície	Surpreendente	Sustentação
Susto	Unir	Utilizar

Utilizando essas estratégias, você ficará mais propenso a estabelecer relações com todos em seu público. Ficará mais interessante e envolvente, e os participantes irão ouvi-lo de maneira mais ativa.

Isso significa que você aumenta a probabilidade de influenciar o público a mudar de pensamento ou de comportamento.

Exercício

TENTE FAZER ISTO

Retorne para sua apresentação e certifique-se de ter incluído algumas palavras cinestésicas e de ter planejado algumas estratégias cinestésicas, para manter as pessoas com preferência cinestésica envolvidas e entretidas.

Principais dicas para envolver e entreter

- Os públicos são compostos por pessoas com variedade de filtros de personalidade, que explicam como processamos e selecionamos as informações.
- Alguns filtros importantes que você deve compreender e perceber ao realizar sua apresentação são os filtros visuais, auditivos e cinestésicos.
- Você pode utilizar uma variedade de métodos para estimular as preferências visuais, auditivas e cinestésicas dos membros de seu público.
- Músicas podem ser eficientes para criar um clima perfeito para uma apresentação.

> Capítulo 14

Lidando com pessoas difíceis

Siga seus instintos – é onde sua verdadeira sabedoria se manifesta.

Oprah Winfrey, magnata da mídia e atriz

A habilidade de lidar com pessoas difíceis de maneira respeitosa para todos os envolvidos é a marca do excelente palestrante. No passado, talvez sua apresentação já tenha sido atacada por pessoas de seu público que se comportaram de maneira problemática. Se isso aconteceu com você, imagino como lidou com o problema no momento. Foi fácil para você reaver o controle ou acabou surtando, sentindo-se muito desconfortável ou mesmo com raiva?

Recomendo que você preste atenção nesse comportamento perturbador e coloque um fim nisso quanto antes, para garantir que a calma permaneça em sua reunião ou apresentação.

Mantendo seu público do seu lado

Você já compareceu a uma apresentação na qual o palestrante ofendeu um membro do público, intencionalmente ou não, e, sem você perceber, o grupo todo se voltou contra o palestrante?

Se respondeu sim a essa pergunta, o que você presenciou foi o efeito propagador. Quando você joga uma pedra em um lago, os círculos concêntricos formam ondas – o mesmo ocorre quando você se apresenta. Você pode criar seus próprios círculos concêntricos metafóricos ao ofender ou cumprimentar os membros de seu público. Chamamos essa ação de ofender ou cumprimentar os membros de seu público de efeito propagador, e as reações podem ser positivas ou negativas, dependendo do que você disse ou fez como palestrante.

Excelentes palestrantes transmitem centenas de reações positivas em um único evento. Palestrantes não habilidosos podem provocar muitas reações negativas sem mesmo perceber e depois se perguntar: "O que houve de errado com o público?". Nesse caso, o palestrante geralmente não percebe que foi ele quem causou uma ou mais reações negativas.

> **DICA**
>
> ### Michelle diz...
> *Palestrantes não habilidosos podem provocar muitas reações negativas em suas apresentações e depois se perguntar: "O que houve de errado com o público?".*

Criando reações positivas e negativas

Reações positivas são causadas por:
- cumprimentar, recompensar ou reconhecer o público ou um membro dele sorrindo e dando apertos de mão de maneira respeitosa;
- fazer as pessoas de seu público se sentirem importantes e especiais – chamamos isso de "conceder *status*".

Reações negativas são causadas por:
- grosseria e insensibilidade em relação ao público ou a um membro dele;
- ignorar alguém muitas vezes ou evitar contato visual;
- humilhar, ofender ou constranger um membro do público.

> **DICA**
>
> ### Michelle diz...
> *Excelentes palestrantes transmitem centenas de reações positivas em uma única apresentação.*

A história de Natasha

Natasha é uma palestrante que estava relatando uma experiência que teve como membro de um público presente em uma conferência.

O palestrante era um orador de nível internacional, e parecia que o poder tinha lhe subido à cabeça. Cada vez que alguém do público fazia uma pergunta que indicava que estava incerto sobre o argumento ou inseguro sobre a teoria, o palestrante ridicularizava a pessoa com uma piada ou um comentário crítico e com uma grande risada. Quando o palestrante ria, ele olhava para o restante do público para obter sua aprovação quanto à crítica.

Natasha ficou cada vez mais desconfortável e, por fim, preferiu não fazer perguntas nem comentários. Basicamente, ela se fechou e se desligou. Ela refletiu que, conforme fez isso, alguns outros membros do público perceberam seu desconforto e começaram a sorrir para ela e a falar palavras gentis, para tentar ajudar a acalmar o desconforto. O número de pessoas que ficaram distraídas por essa atividade cresceu para cerca de um terço do público rapidamente. Se um terço do público estava concentrado em Natasha, no que essas pessoas não estavam concentradas? Exatamente – elas não estavam prestando atenção no palestrante.

Por fim, o palestrante percebeu as ramificações de sua insensibilidade e começou a tentar atrair os membros do grupo e Natasha de volta à apresentação. Infelizmente, os participantes continuaram ofendidos com o tratamento do palestrante em relação a seus colegas: eles se recusaram a concordar e preferiram não prestar atenção adequadamente ao restante da apresentação.

É importante percebermos que se apresentar não se trata de nosso próprio ego. Trata-se de se colocar no lugar dos membros do público e ajudá-los a relaxar e ouvir, para eles compreenderem sua mensagem e mudarem o comportamento deles. Respeite seu público. Dê "amor" em todos os momentos, e lide com as reações positivas e negativas dele.

Como consertar uma reação negativa

Se você não é um palestrante realmente rude, que não se importa nem um pouco com seu público, é muito fácil consertar uma reação negativa se causar uma sem intenção. Tudo o que você precisa fazer é se concentrar novamente em se conectar com as pessoas no grupo e depois, intencionalmente, causar uma série de reações positivas – em outras palavras, cumprimentos, sorrisos e discursos inclusivos –, para cancelar a negatividade. Você perceberá que o público vai ficar do seu lado de novo rapidamente.

> **DICA**
>
> **Michelle diz...**
> *Lembre-se: fazer apresentações não se trata de você, trata-se do público. Assegure-se de estar, em todo o momento, consciente das reações que você cria. Respeite seu público e domine sua arte.*

Lidando com comportamentos difíceis sem causar reações negativas

Talvez você já tenha enfrentado um comportamento difícil do público durante suas reuniões, conferências ou apresentações. Os exemplos podem incluir conversas paralelas, ou uma pessoa que realmente goste do som da própria voz e que continua gritando ideias ou fazendo perguntas inadequadas que não acrescentam nada ao aprendizado do grupo como um todo. O que você fez nesse momento? Isso funcionou? Você sabe o que fazer para se assegurar de reduzir a quantidade de energia que tem de gastar ao lidar com o grupo, de forma que possa dedicar mais de seu esforço em se conectar com o público e influenciar o comportamento dele?

A seguir, algumas dicas para lidar com comportamentos difíceis:

- Relação. Em todos os momentos, certifique-se de manter sua relação 100%. Não pareça irritado, pois, se fizer isso, terá perdido o controle. Lembre-se: as pessoas não são o comportamento delas. Portanto, embora o comportamento das pessoas possa parecer problemático, não significa que elas sejam problemáticas.

• Dirija-se a um amigo. Nesta técnica, você sugere para os membros de seu público que cada um se dirija à pessoa ao lado e discuta os três principais pontos relacionados ao seu assunto. Ao fazer isso, é importante que você dê pelo menos um exemplo. E certifique--se de explicar o que você está pedindo que o grupo faça de três maneiras diferentes. Dessa forma, eles estarão mais propensos a fazer o que você está pedindo.

> **DICA**
>
> *Michelle diz...*
> *Quando se trata de promover atividades em grupo, lembre-se de que na primeira vez em que você pede para as pessoas de seu público fazer algo, geralmente elas não escutam; na segunda vez, elas escutam, mas não compreendem; na terceira vez, escutam e compreendem.*

Depois, enquanto o público estiver fazendo o que você pediu para ele fazer, poderá passar um tempo tratando das pessoas que estão causando a interrupção. Após resolver a interrupção, poderá retomar seu lugar e avaliar a atividade que você pediu que o restante do grupo fizesse. Nessa altura, as pessoas geralmente já vão ter esquecido que houve uma interrupção!

Você pode pedir que os membros de seu público discutam as três coisas que mais almejam do projeto que está sendo debatido, as três preocupações que eles têm sobre o projeto ou os três obstáculos que acreditam existirem em relação ao projeto.

• Proximidade física. Caminhe perto da pessoa que está causando a interrupção sem virar a cabeça ou fazer contato visual em sua direção. Lembre-se de nunca encará-la de frente. Sua proximidade física geralmente é o suficiente para ajudar as pessoas a perceber que suas interrupções não são bem-vindas nesse momento.

• Deixar para o público. Essa é uma versão da ideia "dirija-se a um amigo". Utilize a energia de seu público e dê permissão para que todos conversem sobre algo com a pessoa ao lado. Por exemplo: "Certo, pessoal. Por favor, conversem com a pessoa ao seu lado e descubram as preocupações dela sobre o plano de projeto atual

– vocês têm dois minutos". Dessa forma, você controlou o modo como os membros do público devem realizar a atividade, e agora poderá controlá-los fazendo com que voltem a atenção deles a você ao dizer que o tempo para a atividade foi encerrado.

- Comunicando a interrupção. Esse é o momento em que você expressa que aquilo que a pessoa está fazendo é inaceitável. Por exemplo: se Shirley está interrompendo a pergunta de Heath, você pode dizer: "O seu argumento é relevante, Shirley, e estou ciente de não interromper Heath". Ou, se Brian estiver fazendo muitas perguntas e tirando o grupo do caminho, você pode dizer: "Ah, sim, outra pergunta de Brian".

Enquanto muitos de nós empregaríamos com regularidade essa técnica com nossos parentes e amigos próximos, essa é a técnica mais arriscada, porque você precisa ter uma forte relação com todo o público para realizá-la. Se não conseguir utilizar essa técnica bem, poderá causar uma reação negativa que romperá a relação de forma significante. Tenha cuidado e escolha com sabedoria.

- Ignore o problema. Às vezes essa é a melhor estratégia. De vez em quando, se você ignora o problema, ele simplesmente vai embora. Vou torcer por você!

- Enquadramento prévio. Esse é o momento em que você aborda a pessoa (que você sabe que irá interromper, por causa da última conduta) antes da apresentação e pede que ela o ajude durante sua reunião ou apresentação. Essa interação pode ser uma apresentação *"Por quê?, O quê?, Como?, E se? e O que mais?"* por si só.

TENTE FAZER ISTO

Exercício

1. Pense de novo sobre suas apresentações mais recentes. Existe algum comportamento difícil com o qual você acha que deveria ter lidado melhor? O que acha que fará de diferente na próxima vez?

2. Pense sobre uma apresentação que você tem de realizar em breve. Quem vai estar lá? Você espera algum comportamento em particular das pessoas que estarão lá? Existe algo que pode planejar com antecedência?

Principais dicas para lidar com pessoas difíceis

- Preste atenção no comportamento perturbador e coloque um fim nisso quanto antes, para garantir que a calma permaneça em suas reuniões ou apresentações.
- Os palestrantes podem causar reações tanto positivas quanto negativas em seu público.
- Excelentes palestrantes transmitem centenas de reações positivas em um único evento: eles cumprimentam o público, sorriem, reconhecem o público e concedem *status* a ele.
- Palestrantes não habilidosos podem provocar muitas reações negativas em sua apresentação: eles demonstram grosseria, insensibilidade e ignoram ou ofendem o público.
- Palestrantes habilidosos podem cancelar uma reação negativa com algumas reações positivas.
- Estratégias para ajudar a lidar com comportamentos perturbadores incluem:
  - → estabelecer e manter uma relação com seu público;
  - → fazer com que os membros do público se dirijam a um amigo para discutirem;
  - → usar sua própria proximidade física com a pessoa que está causando uma interrupção;
  - → deixar para o público fazer um breve debate para distrair o comportamento;
  - → comunicar o comportamento – apesar de você precisar ser habilidoso para conseguir fazer isso;
  - → ignorar o problema na esperança de que ele vá embora;
  - → fazer um enquadramento prévio para distrair um possível causador de problemas antes de a apresentação começar.

Capítulo 15

Utilizando recursos visuais

Alteramos o modo de apresentação sem percebermos o custo disso para o conteúdo e o público no processo.

Edward Tufte, especialista em estatística e professor emérito

O PowerPoint é uma ferramenta inestimável, poderosa e estimulante para criar recursos visuais que transformam oradores medianos em palestrantes habilidosos. Ou será que os *slides* se tornaram tão terríveis e torturantes que a expressão "morte por PowerPoint" foi inventada? Vamos nos assegurar de que você não cause morte por PowerPoint quando se apresentar. Use seus *slides* para se estabelecer como o melhor palestrante que você pode ser!

Você se sente culpado pela síndrome de criança em uma loja de brinquedos, quando seu entusiasmo pelo seu mais recente domínio dos *slides* encobre seu julgamento como palestrante? Você já pensou o suficiente sobre a necessidade de se concentrar mais em sua comunicação verbal e não verbal do que em seus recursos visuais?

Faça o teste: seus *slides* serão fatais?

Tente fazer o teste seguinte para avaliar o uso dos *slides*.
- Você não tem confiança como palestrante? Você ficaria horrorizado com a ideia de se apresentar para um público sem usar *slides*?
- Você admite a culpa de usar *slides* para tirar o foco de si mesmo?
- Você usa os *slides* como anotações cômodas?

- Você se depara olhando para seus *slides,* a fim de se lembrar do que deve dizer?
- Você utiliza o PowerPoint para escrever sua apresentação?
- Você tenta utilizar toda a funcionalidade do PowerPoint como maneira de melhorar sua apresentação? (Você até mesmo já enviou seu assistente pessoal ou executivo para um programa de treinamento de PowerPoint?)

Se você respondeu "sim" para essas perguntas, então há uma boa chance de estar confiando nos *slides* para o apoiarem como palestrante, em vez de utilizá-los simplesmente como um recurso visual para destacar as mensagens principais para seu público. Você deve ter uma grande habilidade técnica em criar *slides*, mas isso pode estar acontecendo às custas de desenvolver sua habilidade de se comunicar com seu público e se conectar adequadamente com ele.

> **DICA**
>
> *Michelle diz...*
> *Por favor, não cause "morte por PowerPoint": não se prepare para utilizar os* slides *como uma arma letal!*

O objetivo dos *slides*

Acredito que o motivo principal de muitas pessoas não utilizar os *slides* a seu favor é que elas não sabem como utilizá-los. Transmitir sua mensagem com confiança e carisma é simples, contanto que você não utilize *slides* que desinteressem seu público.

O objetivo dos *slides* é reforçar suas mensagens principais, e não lembrar você, o palestrante, do que dizer em seguida. Os *slides* têm o potencial de criar uma conexão visual, cinestésica ou talvez até mesmo auditiva entre seu público e sua mensagem. Em outras palavras, eles ajudam a estimular os membros de seu público de variadas maneiras que os ajudam a se lembrar de seu conteúdo.

> **DICA**
>
> *Michelle diz...*
> *Uma apresentação ideal com slides não causa morte por PowerPoint. Use um número reduzido de slides, com poucas informações neles.*

A seguir, minhas dez dicas para criar *slides,* a fim de ajudá-lo a se preparar como um palestrante poderoso, que utiliza *slides* como recurso para influenciar seu público em relação a seu modo de pensar, não com um roteiro.

As dez principais dicas para criar *slides* eficientes

1. Reduza o número de *slides* para um mínimo – tenha como meta não mais do que três *slides* por hora, a menos que cada *um deles* tenha apenas uma imagem ocupando toda a tela, sem texto.
2. Utilize um texto escuro em um fundo claro, para ficar legível.
3. Utilize uma fonte com, no mínimo, tamanho 30, e escolha uma fonte fácil de ser lida, como Times New Roman ou Verdana.
4. Não utilize sublinhado, itálico, negrito ou sombreado em suas fontes – mude a cor se precisar destacar alguma palavra.
5. Utilize apenas palavras-chave em seus *slides.*
6. Substitua palavras por imagens em seus *slides* sempre que possível. E retire *slides* com tópicos listados também quando possível.
7. Pinte gráficos codificados para as pessoas enxergarem a informação do gráfico facilmente a distância, sem precisarem ler as legendas ou o texto.
8. Utilize gráficos bonitos e inteligentes, não gráficos muito utilizados e cansativos.
9. Certifique-se de que suas transições de um *slide* para o seguinte não distraiam seu público.
10. Se você utilizar clipes de som, eles devem acrescentar valor, não desviarem de sua mensagem.

> **DICA**
>
> **Michelle diz...**
> *Não há necessidade de* slides *para pauta, perguntas ou encerramento. Você deve substituir esses* slides *desnecessários pelo seu contato visual direto e conectado e por um gesto ensaiado.*

Mas todos na minha empresa utilizam muito *slides...*

Sim, sei exatamente o que você quer dizer. Com certeza já vi as melhores e as piores apresentações de *slides*. Se você está tentando utilizar *slides* simples e complementar seus *slides* com gestos, *flipcharts*, folhetos e atividades em lousa, quando ninguém mais na sua empresa faz isso, é bem possível que você se sinta isolado, e isso pode ser assustador!

> **DICA**
>
> **Michelle diz...**
> *É importante que você utilize* slides *como um recurso visual, não como seu roteiro. Seja corajoso e se destaque pelas razões certas.*

Se você sente que está totalmente sozinho tentando melhorar seu uso dos *slides*, pode falar com o departamento de *marketing* de sua empresa e sugerir algumas alternativas para o uso de *slides*. Isso é importante, porque, se sua empresa tem regras e orientações bem estritas sobre o uso de certas fontes, cores e padrões, você precisará de permissão para mudar alguma coisa.

Ou talvez você possa conversar com seu gerente e fazer algumas mudanças em sua equipe direta – se as regras não forem muito estritas onde você trabalha.

Ou que tal tentar apenas algumas das técnicas e implementar as mudanças lentamente na maneira como você cria seus *slides*?

A história de Susan

Susan é médica. Ela recebeu a oportunidade de falar sobre melanoma para um grupo de consultores e seguradoras. Ela criou um número limitado de belos *slides*, incluindo um deles que descrevia como é difícil encontrar um caso de melanoma terminal preexistente que não possa ser segurado.

Havia todo tipo de gráficos, diagramas, modelos e padrões terríveis que ela poderia ter utilizado para ilustrar a ideia. Em vez de bombardear os membros do público com muitas informações, que eles não conseguiriam ler de onde estavam sentados na plateia de 500 pessoas, ela usou uma imagem com muitos confetes de chocolate lindamente coloridos, com um confete marrom-escuro bem evidente.

A ideia ficou muito clara: "É como tentar achar um único confete marrom no pacote". Não havia necessidade de todos aqueles modelos e padrões entediantes.

O público compreendeu a ideia em dez segundos. É para isso que os *slides* servem. Susan recebeu o *feedback* de que sua apresentação foi excelente.

Como apresentar informações técnicas

Em um dos meus programas de treinamento, um engenheiro disse para o grupo (e para mim): "Mas sou um engenheiro, não preciso ser interessante!". Credo! Você está falando sério? Esse é um conceito errado clássico! Esse engenheiro não foi a primeira pessoa em um programa meu que pensava que sua inteligência superior, seu assunto tecnicamente contundente e seus *slides* de PowerPoint sobrecarregados eram o suficiente para surpreender um público.

Sem dúvida, as pessoas que apresentam conteúdos mais técnicos e sérios precisam tentar ao máximo ser interessantes. As pessoas frequentemente acham que sua capacidade e informação convencerão por si mesmas. Isso com certeza não é verdade.

Se refletirmos sobre isso, sabemos, lá no fundo, que cem *slides* com fonte e diagramas muito pequenos que não conseguiríamos ler em uma hora (se tivéssemos uma hora livre!) não vão fazer uma mensagem se tornar digna de ser ouvida, muito menos criarão uma mensagem que seja envolvente ou persuasiva para um público.

Infelizmente, a maioria das apresentações de negócios ainda é extremamente monótona e entediante. Como treinadora de habilidades em apresentações há muitas décadas, já vi milhares de apresentações técnicas, e você teria sorte se conseguisse ficar acordado no decorrer delas, mesmo bebendo um energético ou um café forte no momento. E acho uma pena, porque, na maioria dos casos, os palestrantes eram verdadeiros especialistas no assunto – eles apenas não sabiam como demonstrar sua capacidade profissional de maneira estimulante para seu público.

> **DICA**
>
> *Michelle diz...*
> *Não importa quanto você seja inteligente, quanto sua pesquisa seja contundente ou quanto sua opinião seja conclusiva se ninguém estiver ouvindo!*

Certifique-se de que sua comunicação seja cativante o suficiente, com muito contato visual direto, com mensagens claras focadas no público e com *slides* excelentes que ajudem seu público a se concentrar nas mensagens principais. Dessa forma, as pessoas vão querer ouvir sua mensagem, não importa quanto ela seja técnica ou séria.

Principais dicas para apresentar informações técnicas

As dicas que você já leu no decorrer deste livro para criar apresentações incríveis também se aplicam se você precisa transmitir informações técnicas. Todo mundo pode ser um excelente palestrante. É apenas uma questão de saber o que deve ser feito e de colocar isso em prática. A seguir, minhas principais dicas para apresentar informações técnicas.

- Conheça seu público. Sua área técnica provavelmente influencia cada aspecto do negócio do qual você faz parte. Lembre-se: só porque você conhece os detalhes minuciosos relacionados à sua função, não significa que as pessoas com as quais você está falando

Utilizando recursos visuais

conhecem sobre seu assunto. Você deve compreender o nível de conhecimento e as funções das pessoas para as quais está se apresentando; assim, você pode ajustar sua mensagem e expressar as coisas de maneira que seu público compreenda.

- Estabeleça uma relação. As pessoas gostam de pessoas que são como elas. Portanto, descubra um modo de utilizar suas roupas, sua linguagem corporal, sua voz e seus padrões de linguagem para se assemelhar o máximo possível às pessoas em seu público; dessa forma, você estabelecerá uma relação desde o começo.
- Motive seu público. Muitas pessoas vão a diversas reuniões que são uma completa perda de tempo. Lembre-se de que sua função é motivar seu público a ouvir – do contrário, ele pode não fazer isso!
- Lide com as objeções. Passe algum tempo pensando sobre todas as objeções que os membros de seu público podem ter em relação ao seu conteúdo. Quais perguntas eles poderão fazer e quais são as diferentes respostas que você poderia dar? Estar prevenido é estar preparado.
- Defina as diretrizes. Assegure-se de que os participantes tenham conhecimento dos limites em sua apresentação. O que será ou não abordado? Eles devem deixar os telefones no modo silencioso? Quanto tempo a apresentação vai durar e quando eles devem fazer perguntas? Estabelecer limites o ajudará a evitar o caos.
- Ensaie. Excelentes palestrantes ensaiam a abertura e o encerramento de suas apresentações diversas vezes.
- Utilize uma lousa ou um *flipchart*, assim como *slides*. Desenhe imagens. Seu público vai gostar de ver suas imagens sendo criadas naturalmente em sua frente em uma lousa ou um *flipchart*. E você vai parecer muito inteligente se conseguir desenhar seus gráficos e imagens à mão livre e de imediato.
- Ame seu conteúdo. As pessoas frequentemente me dizem que não sabem como fazer seu tema parecer interessante, pois ele é tão entediante e sério. Bem, se você pensa que ele é entediante e sério, o que seu público irá achar? Descubra as partes de sua mensagem das quais você gosta e certifique-se de destacar essas partes com ênfase vocal (fale mais alto e de maneira energética em determinados momentos).

- Seja você mesmo. Não fale com o público como se ele fosse um bando assustador e crítico, que acha sua informação entediante, ou muito tolo para compreender sua ideia se você falar em um ritmo lógico. Em vez disso, converse com os participantes como se eles fossem velhos amigos.
- Faça da sua apresentação uma discussão com seu público. Na maioria das situações, as pessoas preferem fazer parte de uma discussão a apenas ouvirem. Não confie totalmente em seus *slides* e não apenas leia o que está na tela. Lembre-se de que você é um ser humano vivo, real, e sua função é se conectar com os seres humanos vivos e reais em seu público.
- Evoque emoções e motive. As pessoas ficam mais propensas a mudar o pensamento ou comportamento quando você conta histórias ou usa analogias que estão relacionadas ao seu assunto e que evoquem emoção.
- Não suponha que você precisa de *slides*. Uma suposição comum ao realizar uma apresentação é a de que você precisa utilizar *slides*. Isso não é verdade. Uma breve conversa utilizando uma lousa, um *flipchart* ou um folheto detalhado pode ser a melhor maneira de transmitir seus pontos. Meu conselho é utilizar os *slides* como um recurso para seu público se lembrar dos seus três pontos principais. Utilize também outros recursos visuais, como gestos, expressões faciais e movimentos físicos.
- Utilize ilustrações, não tópicos. É mais fácil contar uma história quando você utiliza imagens ou gráficos em vez de tópicos com marcadores. Imagens e diagramas, gráficos de pizza e tabelas podem ser uma maneira melhor de comunicar sua mensagem, e auxiliam seu público também. Quando utilizar imagens, certifique-se de que elas ocupem a tela toda – até as bordas.
- Prepare-se, prepare-se e prepare-se! Apresentações eficientes devem ser planejadas, completamente pensadas e aperfeiçoadas por dias, ou então por semanas, levando à sua apresentação. Preparar seu material com muita antecedência lhe dá tempo de focar certos aspectos e de programar seu subconsciente em relação ao fluxo e à mensagem geral de sua apresentação. Dessa forma, sua comunicação parecerá mais natural.

Utilizando recursos visuais

• Você não precisa superar os limites. Não se preocupe em se tornar um comediante carismático! Seja você mesmo e converse sobre o que você sabe. Sua autenticidade, sua confiabilidade e sua integridade ficarão evidentes aos membros de seu público, e eles ficarão mais bem situados para se conectar com você e aceitar sua ideia ou seu conceito. Você também ficará mais confortável consigo mesmo, capaz de relaxar e realizar uma apresentação mais poderosa.

Utilize essas dicas quando apresentar informações técnicas e observe seu público sentado e ouvindo com interesse!

A história de Brad

Brad é um jovem especialista em medicina e consultor dedicado. Ele tem se apresentado ao redor do mundo em conferências médicas nos últimos anos.

Quando começou como palestrante, disseram para ele permanecer despercebido e se apresentar da maneira como todo mundo fazia. Disseram para ele seguir o protocolo e ler seu ensaio longo, prolixo e complicado para seu público, palavra por palavra, confiando bastante no PowerPoint, sem ou com pouco contato visual – pois "é assim que fazemos as coisas por aqui". Brad estava muito motivado em se tornar um líder mundial na área que escolheu. Por alguns anos, ele fez conforme foi orientado, e cada vez mais percebia que quase ninguém prestava atenção em suas apresentações. Que surpresa!

Brad decidiu que não fazia sentido se apresentar nessas conferências se ninguém ouvia o que ele dizia! Percebeu que a vida é muito curta para agir como se suas ideias não fossem importantes ou dignas de serem ouvidas. Ele decidiu que não queria ocultar suas opiniões e suas surpreendentes descobertas médicas em *slides* lotados de centenas de palavras em fontes de tamanho 8. Percebeu que, se quisesse patrocínio para seus projetos de pesquisa, precisaria fazer com que as pessoas do público ficassem sentadas na ponta de suas cadeiras para ouvir o que ele tinha a dizer!

Brad chegou até mim buscando algumas dicas para dar um toque especial em suas apresentações. Ele me relatou que queria ir contra o que é natural e se destacar! Incrível – adoro relatos como esse!

Como Fazer Apresentações

Mostrei para Brad como pensar acerca da apresentação da perspectiva dos membros do público – pensar sobre o que eles precisavam ouvir dele. Passamos algum tempo aplicando meus 13 Passos ao conteúdo dele. E apresentei a Brad as dicas listadas anteriormente.

Ele ficou bem preocupado com a ideia de que o público fosse rejeitar seu novo método. Apesar de tudo, era uma grande mudança em relação aos papéis entediantes e cheios de "blá, blá, blá" com os quais o público estava habituado. Na verdade, Brad não precisava ter se preocupado. Ele foi aplaudido de pé em sua primeira tentativa com o novo estilo e se tornou líder mundial em sua área. Frequentemente é convidado para palestrar em conferências médicas. As pessoas em seu setor sabem o que ele pensa; elas escutam quando ele fala e podem sentir sua paixão pelo assunto. Elas geralmente o aplaudem bem alto. Um resultado extraordinário!

> **DICA**
>
> *Michelle diz...*
> *Não existem desculpas para ser um palestrante entediante – não mesmo!*

Utilizando folhetos

Mencionei anteriormente neste capítulo que os folhetos podem ser uma alternativa maravilhosa para os *slides*. Os folhetos são ótimos se seu público for de um tamanho com que você possa lidar. Em reuniões e pequenas apresentações, os folhetos são uma boa ideia, especialmente com padrões e informações complexos, como um organograma ou uma série de gráficos comparativos que ninguém conseguiria ver em um *slide*.

A pergunta é: quando você deve entregar os folhetos? Normalmente é uma boa ideia colocá-los nas cadeiras das pessoas ou na frente delas, em suas mesas, antes do início da apresentação. Dessa maneira, as pessoas não perderão tempo enquanto você entrega os folhetos e você não vai irritar as pessoas que estão sentadas no fundo, caso elas tenham de esperar os folhetos chegarem até elas (isso é especialmente irritante quando o público é muito grande). Se você está preocupado que as pessoas possam começar a ler os folhetos antecipadamente, considere ter algumas pessoas que possam ajudá-lo a distribuí-los no tempo correto de sua programação. Por outro lado, lembre-se da habilidade de estruturar (capítulo 5) e use suas palavras para direcionar a atenção das pessoas entre o folheto e você mesmo. Por exemplo:

> Por favor, vejam a página 7, na qual encontrarão um esquema da configuração de rede atual comparada com a configuração proposta.
>
> Vocês encontrarão o esquema em seu folheto, mas vou pedir para ainda não se direcionarem a ele. Dessa maneira, vocês entenderão o raciocínio antes de verificarem a comparação. Obrigada.

DICA

Michelle diz...
Um folheto é uma ótima ideia para diagramas cheios de conteúdo que seu público não conseguiria ler se estivessem dispostos em um slide.

Preparação antes da apresentação

Agora que você já criou seus *slides* de maneira magnífica, o próximo passo é a preparação da sua sala. Ao utilizar *slides* em sua apresentação, assegure-se de chegar antes para preparar a sala adequadamente. Uma boa preparação do local é essencial para usar recursos visuais, mas principalmente para os *slides* de PowerPoint.

Dicas para preparar a sala para os *slides*

Prepare a sala para aumentar as chances de os membros de seu público ficarem entusiasmados em estar nela com você! As três coisas que você deve se lembrar de fazer são:

- montar a tela na lateral;
- manter as luzes acesas;
- controlar suas próprias distrações.

Montar a tela na lateral

Posicionar de forma incorreta a tela, o projetor e o púlpito em uma apresentação é o primeiro grande erro que muitos palestrantes cometem quando decidem usar *slides*. Se você quer utilizar *slides*, assim como a maioria dos palestrantes corporativos, é importante que não deixe o equipamento dos *slides* (o móvel, os fios, entre outros) atrapalhá-lo, criando um muro invisível que age como uma barreira entre você e o público.

Você deve se lembrar, do capítulo 12, que o centro do palco é conhecido como o ponto de acesso. É seu centro de influência, o ponto mais favorável para você projetar sua imagem como palestrante com confiança e credibilidade. Portanto, prepare sua sala deixando as telas e o projetor ao lado, para que você possa permanecer no centro do palco com confiança e carisma. Isso é chamado de assumir seu espaço.

Em uma sala grande, o ideal é você ter duas telas, uma em cada lado do palco; assim, os membros do público podem relaxar e olhar para você e para os *slides* de todas as direções!

DICA

Michelle diz...

Se você vai utilizar um púlpito, posicione-o um pouco fora do centro, no lado oposto do palco à tela do projetor. Essa disposição permite que você caminhe do centro do palco, ou ponto de acesso, para o púlpito de tempos em tempos, se e quando precisar recorrer às suas anotações.

Manter as luzes acesas

Você já esteve em uma apresentação na qual o palestrante apagou as luzes? O que você fez? Dormiu? Ou ficou distraído? Talvez pense que estava escutando com atenção, mas você consegue se lembrar do conteúdo?

Na verdade, existem duas respostas comuns para uma apresentação com *slides* quando as luzes são apagadas:

1. O público dorme – tanto metaforicamente quanto de verdade! Isso com certeza não está certo.

2. O público é cativado pelos *slides* e bloqueia o palestrante. Você provavelmente percebe que faz isso durante um filme. Quando as luzes são apagadas, você fica ligado à tela ou ao filme. Essa é uma boa escolha somente se você está vendendo uma ideia por meio dos *slides* e quer que seu público fique ligado à tela. Se você fizer isso, quando os *slides* acabarem e as luzes forem acesas, certifique-se de envolver o público novamente (contato visual bem no fundo dos olhos e de ser humano para ser humano) e encerrar a venda.

Quando as luzes estão acesas, com certeza é verdade que as pessoas se sentem mais inclinadas a prestar atenção.

Se seu público não consegue ver seus *slides* com as luzes acesas, então os recrie ou substitua por um *flipchart*, uma lousa ou alguns folhetos.

Controlar suas próprias distrações

Preparar a sala corretamente não apenas aumentará os benefícios de usar os *slides*, como também o ajudará a lidar com suas próprias distrações – abordarei a preparação da sala em detalhes no capítulo 16.

Quão bem os membros do público observam e escutam ao mesmo tempo?

Existe um fenômeno interessante que é causado pela maioria dos palestrantes de negócios. É quando o palestrante usa *slides* e fala com seu público simultaneamente, e os participantes ficam incertos sobre para onde devem olhar. Então, acabam alternando o olhar entre o palestrante e os *slides* repetidamente, como se estivessem em uma partida de tênis!

Como resultado de uma pesquisa australiana, o professor John Sweller, da Universidade de Nova Gales do Sul, desenvolveu um conceito conhecido como teoria da carga cognitiva. Esse conceito sugere que o cérebro humano processa e retém mais informações se elas forem assimiladas em seu formato verbal ou em seu formato escrito, não os dois simultaneamente.

Como Fazer Apresentações

A pesquisa descobriu que diagramas, esquemas e gráficos podem ser úteis, mas devem ser usados com cuidado. Descobriu também que existe muita carga na mente quando um palestrante lê as palavras que estão escritas em seus *slides*. Isso aparentemente diminui a habilidade do público em compreender completamente o que está sendo apresentado.

Se seus *slides* possuem gráficos, diagramas, tópicos ou palavras, é importante entender a teoria da carga cognitiva do professor Sweller. Para evitar a carga cognitiva, ou o que chamo de "atenção dividida", deixe claro que os membros de seu público devem olhar para você (conforme você assume seu espaço e os envolve a partir de seu ponto de acesso, com a tela desligada) ou para a tela (conforme você se afasta e permite um tempo para que eles leiam o *slide*).

> **DICA**
>
> *Michelle diz...*
>
> *Tente usar o modo de suspensão do seu computador ou o botão <blank> de seu controle remoto. Ao selecionar o modo de suspensão ou pressionar o botão <blank>, a tela será desligada. Pressionar uma segunda vez revela a imagem novamente na tela. Isso é ideal para desligar os* slides *quando você está envolvendo o grupo com seu contato visual.*

Controlando os *slides*

Poucos de nós temos alguém para levar para nosso evento de apresentação, a fim de nos ajudar com os *slides*. E muitos palestrantes não gostam da ideia de deixar outra pessoa controlar seus recursos visuais. Nesses casos, você pode usar o controle remoto para controlar os *slides* ou trocá-los manualmente pelo computador.

Os conferencistas geralmente utilizam o controle remoto com uma sutileza incrível, e muitas vezes por necessidade – falta de amigos! É brincadeira! Na verdade, um dos principais motivos de sua habilidade com um controle remoto é que ele é usado para se apresentar em grandes eventos nos quais se mostra como a única escolha viável para trocar os *slides*.

Utilizando recursos visuais

Os empresários muitas vezes não foram ensinados a respeito das distinções sutis da etiqueta para trocar os *slides*, e então eles podem criar grande confusão com seus *slides*. Já os vi avançando muito rápido a apresentação, pedindo desculpas e basicamente deixando o público doido! Vamos aprender o que você precisa saber para conseguir fazer grandes coisas por seu público, usando uma mensagem bem desenvolvida, alguns belos *slides* e um controle remoto.

Aqui estão algumas dicas para usar um controle remoto:

- Saiba como usar o controle remoto. Familiarize-se com os botões e com o que eles fazem. Certifique-se de chegar ao local com antecedência e treinar. Não é uma boa ideia aparecer no dia e esperar que o melhor aconteça. Você está procurando problema, e provavelmente vai ficar constrangido. Chegue com antecedência e ensaie, ensaie e ensaie – sem desculpas!

- Não fique inquieto com o controle remoto. Certifique-se de colocá-lo em seu bolso quando não precisar utilizá-lo ou ensaie quantas vezes for suficiente para ter certeza de que não ficará inquieto com ele. Tente não ficar inquieto com seus pincéis atômicos, com os suportes ou com o controle remoto. Isso não faz você parecer preparado, confortável ou confiante como gostaria.

- Intercale seus *slides*, o espaço e sua mensagem.

Experimente este método para controlar os *slides* enquanto você se apresenta:

- Encontre o *slide* que você quer exibir em breve na tela.

- Use o botão <blank> no controle remoto ou o modo de suspensão do seu computador, para desligar os *slides* antes de começar.

- Assuma seu espaço e envolva seu público.

- Estabeleça um contato visual olhando bem no fundo dos olhos dos participantes.

- Realize sua apresentação.

- Suponha que você está se apresentando com uma grande tela no centro da sala (pois essa é a disposição mais comum nos negócios).

- Quando chegar a um conteúdo que você queira reforçar em um *slide*, pressione o botão <blank> do controle remoto e se afaste dos *slides*, para não ficar no campo de visão de seu público. Você deve fazer isso para se assegurar de não distrair o público.

- Se você tem duas telas, uma em cada lado da sala, você pode ficar no ponto de acesso, ou centro da sala.

- Quando está fora do caminho, você pode explicar para o público o que ele está observando ou pode permanecer em silêncio.

- Aproveite o poder da pausa e tente evitar interromper a concentração do público conforme ele lê seus pontos na tela ou absorve sua representação pictórica da mensagem.

- Se você quer interpretar sua mensagem para o público, porque os *slides* precisam de uma explicação, então se movimente até a tela e utilize a palma aberta, para indicar ao público que ele deve escutá-lo e observar os *slides*.

> **DICA**
>
> *Michelle diz...*
> *Lembre-se de ensaiar se você for usar um controle remoto para controlar seus* slides.

Se você não tiver um controle remoto

Se você não tiver um controle remoto para utilizar, pode usar as teclas do seu computador para trocar os *slides*. A melhor maneira de fazer isso é encontrar o *slide* que você quer exibir em breve na tela e utilizar o modo de suspensão para desligar os *slides* antes de começar. Depois, siga as instruções anteriores e, quando chegar ao conteúdo que você quer reforçar com um *slide*, vá até o *laptop* e pressione alguma tecla para revelar o *slide* que está em espera, e continue seguindo as instruções dadas anteriormente.

Se outra pessoa controlar os *slides* para você

Você pode preferir que outra pessoa troque seus *slides,* para que não fique preso ao lado do computador, e não vai ter um *mouse* ou controle remoto em sua mão para ficar brincando involuntariamente. Novamente, siga as instruções para se apresentar usando *slides*; quando chegar ao conteúdo que você quer reforçar com um *slide*, diga:

"Próximo *slide*, por favor, [nome]", e se afaste para o outro lado da sala. Em outras palavras, se a tela está à direita, caminhe para o lado esquerdo da sala. Se você ficar desconfortável em anunciar o próximo *slide*, simplesmente faça um gesto para quem estiver controlando os *slides,* a fim de indicar que você quer o próximo *slide*, e continue. Se você tem muito tempo para ensaiar, então é uma ótima ideia trabalhar com a pessoa que for controlar os *slides,* para ela trocar os *slides* sem nenhum movimento seu.

> **DICA**
>
> *Michelle diz...*
> *Reserve um tempo para ensaiar a maneira como você trocará os* slides. *Faça pelo menos três ensaios antes de um evento importante.*

Usando uma caneta *laser* – ou não?

Não sou muito fã de canetas *laser*. No entanto, certamente já testemunhei muitos dos meus clientes incríveis, poderosos e carismáticos da indústria farmacêutica usando uma caneta *laser* com precisão e confiança surpreendentes.

Admitirei mais duas coisas para você. Primeiro, algumas vezes é a melhor maneira de destacar alguma coisa. Segundo, em alguns casos, se você não usar um *laser* vermelho, seu público pensa que você não tem credibilidade, porque às vezes alguns participantes têm a expectativa de que você use uma caneta *laser*.

Em uma tentativa de destacar a parte mais importante de um diagrama, gráfico ou imagem, acredito que muitas pessoas utilizam esse pequeno *laser* vermelho irritante contra si mesmas. Você provavelmente vai concordar comigo que o ponto de *laser* costuma pular por todos os lados e fazer até o mais competente dos palestrantes parecer estar tremendo e nervoso. Não cometa erros: a caneta *laser* pode ser uma maneira lenta e dolorosa de torturar seu público!

Então, como apontar alguma coisa em um *slide*? Essa é uma pergunta importante, pois esse ponto de *laser* irritante não é a única coisa não sofisticada que os palestrantes utilizam quando apontam partes importantes em seus *slides*. A outra forma torturante com a qual as pessoas indicam o que deve ser observado em seus *slides* é ficando na frente da luz do projetor na ponta dos pés para apontar algo na tela. Esse método pode distrair o público de sua mensagem, pois as pessoas ficam vendo sua sombra na tela. Não sei você, mas não conheço muita gente cujo nariz fica lindo quando visto de perfil!

Em vez de usar o ponto de *laser* ou de caminhar na frente do projetor para apontar alguma coisa na tela, tente codificar seu *slide* com cores; então, você pode mencionar as diferentes cores do outro lado da sala. Dessa forma, todos saberão para onde você quer que eles olhem.

Por exemplo:

Percebam que, nos últimos 12 meses, os números – representados em azul – indicam uma elevação significante nos valores de nossas ações.

As áreas destacadas em amarelo em Nova Gales do Sul representam nossas principais regiões de atuação, enquanto nossas atuações mais fracas estão na cor vermelha.

Desse modo, você ajuda seu público a compreender que ele deve escutá-lo e observar a tela.

A história de Mike

Mike é um especialista no setor de Tecnologia da Informação. Com frequência, organizações solicitam que ele viaje ao redor do mundo porque precisam que seus profissionais de TI aprendam sobre a especialização de Mike.

Ele teve a oportunidade de se apresentar nos Estados Unidos para um público que contava com milhares de pessoas. Antes do evento, quando sugeriu aos organizadores que gostaria de deixar a tela ao lado, eles não ficaram felizes, pois essa não era a maneira como costumavam organizar seus eventos.

Depois, ele disse que ficaria contente em ajustar seus *slides* com antecedência, mas queria poder trocar os *slides* sozinho, pois desejaria desligar a tela de tempos em tempos. Os organizadores acharam essa sugestão radical e ficaram preocupados, achando que as pessoas não se concentrariam mais se a tela fosse desligada. Por fim, Mike convenceu os organizadores de que sabia o que estava fazendo, e eles deixaram que ele fizesse do seu jeito.

A resposta do público foi excelente. Os organizadores disseram que nunca tinham visto alguém utilizar os *slides* de forma tão convincente antes, e eles concordaram que desligar os *slides* de vez em quando fez uma grande diferença na concentração do público em relação às mensagens principais.

Você também ficará contente com os resultados de sua próxima apresentação, se seguir as diretrizes simples neste capítulo. Você será um palestrante envolvente, que utiliza os recursos visuais para apoiar seus pontos principais. As pessoas vão gostar da experiência que você vai criar para elas e sairão de sua apresentação sentindo-se muito bem. Elas podem até mudar o comportamento delas como você deseja!

> **DICA**
>
> *Michelle diz...*
>
> *Consiga o que você quer dos membros do público ao se conectar com eles como pessoas e ao utilizar seus slides somente para reforçar os pontos principais.*

Quando se trata de apresentar seus *slides*, desafio você a se tornar excelente. Destaque-se e seja brilhante. Use seus *slides* para garantir que você reforce suas mensagens principais e aumente a chance de mudar o comportamento de seu público.

Se você não quiser utilizar *slides*

É uma boa ideia combinar seus recursos visuais quando fizer uma apresentação em um ambiente de trabalho. Quanto mais maneiras você puder utilizar para interessar seu público e mantê-lo prestando a atenção, melhor.

Se você decidiu ser corajoso e desenhar em uma lousa ou um *flipchart*, seguem minhas dicas para ter sucesso.

- Ao escrever em um *flipchart* ou em uma lousa, certifique-se de utilizar caixa-alta e caixa-baixa. Caixa-alta e caixa-baixa são uma letra maiúscula no começo da frase e letras minúsculas em seguida.

- Use círculos para formar a base das letras redondas como "a" e "b".
- Use linhas precisas e verticais nas letras como "f" e "t", alinhando o máximo possível.
- Retire quaisquer distrações dos diagramas e apague a lousa quando terminar de explicar um ponto (equivalente a usar o modo de suspensão do computador).
- Treine como escreverá as letras, para você saber como incluir algumas palavras e diagramas complicados.
- Utilize um lápis nos diagramas, se você precisa de ajuda com o desenho, e verifique se ele pode ser visto dos assentos do público. Quando chegar o momento de desenhar o diagrama, você só precisará contornar as linhas e vai parecer um artista nato!
- As diferentes cores têm seus significados – siga as diretrizes na tabela 15.1.

Tabela 15.1: o significado das diferentes cores a serem utilizadas em lousas ou *flipcharts*

Cor	Significado e uso
Azul-escuro	Cor de autoridade. Utilize em títulos e em conteúdos concretos.
Vermelho	Destaca a palavra e faz uma declaração ousada.
Verde	Criativo, fundamental, expansivo. Representa crescimento e movimento – não é uma boa escolha para pontos principais.
Preto	Verdadeiro, intenso e absoluto. Utilize nos contornos, como base para imagens coloridas.
Amarelo	Leve, energético. Utilize para enfatizar ou destacar, não para escrever as palavras. Sempre utilize um contorno preto em volta de imagens em amarelo.
Roxo	Profundo. Utilizado como o azul-escuro, para assinalar os pontos principais. Não utilize tanto quanto o azul-escuro, ou seus títulos não vão parecer títulos.

Laranja	Utilize para pontos menos importantes. Use moderadamente e mantenha afastado do vermelho.
Rosa	Vibrante e leve. Utilize como um filtro para quebrar as outras cores.
Marrom	Fundamentado e estabelecido. Utilize como um filtro para quebrar as outras cores.

TENTE FAZER ISTO

Exercício

1. Depois de fazer um *storyboard* de sua apresentação e acrescentar os vários padrões de linguagem, é hora de criar seus *slides*.
2. Usando a apresentação na qual você está trabalhando enquanto lê este livro, verifique o que irá dizer e marque em quais partes de seu roteiro você acha que alguns *slides* acrescentarão um valor adicional para seu público.
3. Crie alguns *slides* usando as diretrizes deste capítulo, assegurando que eles se mantenham o mais simples possível. Certifique-se de não exagerar.
4. Pense se utilizar um *flipchart* ou uma lousa poderia aprimorar sua mensagem, e planeje de maneira adequada.

TENTE FAZER ISTO

Exercício

1. Pense sobre a próxima apresentação que você vai realizar.
2. Será utilizado equipamento necessário suficiente, como *flipcharts*, lousas (e canetas e um apagador), projetor?
3. Programe um tempo perto da apresentação, para verificar se a lâmpada do projetor não precisa ser trocada (um sinal aparece avisando que a lâmpada deve ser substituída).

Como Fazer Apresentações

Principais dicas para usar recursos visuais

- O PowerPoint serve para reforçar suas mensagens principais, não para você se lembrar do que deve dizer.
- Os *slides* podem causar "morte por PowerPoint" – tome cuidado para utilizá-los com sabedoria!
- Reduza o número de *slides* para um mínimo – tenha como meta não mais do que três *slides* por hora!
- Utilize um texto escuro em um fundo claro, uma fonte de, no mínimo, tamanho 30 e legível, como Times New Roman ou Verdana.
- Não utilize sublinhado, itálico, negrito ou sombreado em suas fontes. Use somente palavras-chave em seus *slides*.
- Mude a cor da fonte se você precisa destacar mais uma palavra.
- Substitua palavras por imagens sempre que possível.
- Pinte gráficos codificados para as pessoas enxergarem a informação do gráfico facilmente a distância.
- Utilize gráficos bonitos e inteligentes, não gráficos muito utilizados e cansativos. Certifique-se de que suas transições de um *slide* para o seguinte não distraiam.
- Os clipes de som devem acrescentar valor, não desviarem de sua mensagem.
- Chegue com antecedência, para preparar a sala e mantenha as luzes acesas.
- Intercale os *slides*, o espaço, a mensagem e sua marca pessoal – o modo de suspensão do computador o ajudará a fazer isso.
- Ensaie com seus *slides*.
- Diminua o uso da caneta *laser* – ela pode distrair seu público.
- Use *flipcharts* e lousas, para acrescentar um elemento fundamental à sua apresentação.
- Consiga o que você quer de seu público conectando-se com as pessoas e utilizando seus *slides* e outros recursos visuais, para cativá-las e influenciá-las.

Capítulo 16

Preparando a sala

Seja um padrão de qualidade. Algumas pessoas não estão acostumadas a um ambiente no qual se espera excelência.

Steve Jobs, cofundador da Apple Inc.

É verdade que queremos a atenção total de nosso público em nossa apresentação o máximo possível. Sabemos que a maioria das pessoas acha difícil se concentrar na mensagem do palestrante quando existem distrações em volta; então, é importante retirar todas as distrações de sua apresentação pessoal e de seu ambiente.

Se você já esteve em uma apresentação na qual o palestrante que falou antes de você deixou a sala em estado desorganizado, saberá quanto pode ser difícil se concentrar no que o palestrante está dizendo. Já vi muitas vezes a sala de reunião com os desenhos do palestrante anterior na lousa, os folhetos e outros papéis ainda nas mesas, e todos aqueles copos de café e formas de bolinhos espalhados pelas mesas – eca!

A teoria para lidar com as distrações em sua sala de apresentações é chamada de deixar o espaço zen: é a arte de lidar com as reações inconscientes das pessoas. As reações inconscientes são as que as pessoas têm e que nem percebem. Interessante, não?

Que tipo de disposição da sala você deve querer?

O primeiro passo em direção ao sucesso é tomado quando você se recusa a ser prisioneiro do ambiente no qual você se encontrou primeiramente.

Mark Caine, autor

O segredo para uma boa disposição da sala é demonstrar respeito a seu público e retirar todas as distrações que forem possíveis – não importa se seja em seu local de trabalho ou não. Preste atenção aos detalhes antes de começar a se apresentar.

- Retire seu crachá de segurança durante a apresentação.
- Retire pelinhos brancos de roupa em você e no chão.
- Apague todas as lousas.
- Retire pôsteres e outros desenhos ou imagens das paredes (lembre-se de colocá-los de volta quando tiver terminado).
- Assegure-se de ter o número certo de cadeiras para os participantes. Uma cadeira vazia significa que alguém não pôde ser incomodado para participar hoje, porque essa apresentação não é digna de ser ouvida. Se você está se apresentando para um público grande, recomendo que coloque sinais de "reservado" em folhas A4 atrás dos assentos do fundo do auditório. Isso força as pessoas a se sentarem nas cadeiras da frente, incluindo na primeira fileira! Só retire os sinais de reservado das cadeiras do fundo quando a primeira fileira estiver ocupada. Inteligente, não?!
- Certifique-se de que as cadeiras sejam o mais confortáveis possível.
- Certifique-se de que a temperatura na sala esteja amena (nem muito quente nem muito fria).
- Quando possível, certifique-se de que o bufê seja de boa qualidade.
- Se você utiliza *flipcharts*, depois de desenhar em suas páginas, lembre-se de pendurá-las com fita adesiva ou tachinhas nas paredes da sala de apresentações atrás de você, de maneira simétrica, para reforçar o aprendizado. Essa é uma dica inteligente, pois, quando os membros de seu público se desligam da sua mensagem de tempos em tempos, ela ainda estará fixada se olharem bem para suas belas folhas.

> **DICA**
>
> *Michelle diz...*
> *Não fique incomodado quando se apresentar no ambiente de outra pessoa. Sempre organize o espaço de forma que seu público possa se concentrar em você e em sua mensagem.*

Chegue com antecedência e faça a preparação antes de seu público chegar

Você está em ação a partir do momento em que algum membro do público coloca os olhos em você. Não seja pego arrumando os aparelhos tecnológicos, brincando com seu equipamento, preparando a sala ou ensaiando a sequência de seus *slides* quando os membros do público entrarem na sala. Prepare-se o máximo possível para os participantes não sentirem que devem ajudá-lo a movimentar seu equipamento pelo local e sincronizar seu *laptop* com o projetor. Assuma seu espaço e esteja o mais preparado, respeitoso e organizado possível. Em outras palavras, assegure-se de passar a imagem certa desde o começo.

> **DICA**
>
> *Michelle diz...*
> *Assuma seu espaço e esteja o mais preparado, respeitoso e organizado possível.*

Organizando a disposição da sala para os *slides*

Você já participou de uma reunião e percebeu que ficou distraído com os fios desorganizados que se agrupavam e se entrelaçavam bem diante de si e do restante do público?

Nem todas as empresas possuem suportes de projetores modernos que fixam os projetores no teto; portanto, quando você for o palestrante, é uma boa ideia verificar qual suporte vai utilizar. Se você vai se apresentar com um projetor em uma mesa, lembre-se de levar sua própria

Como Fazer Apresentações

fita isolante para amarrar os fios, ou peça para as pessoas que cuidam do local amarrarem os fios para você. Dessa maneira, você aumenta a probabilidade de que o público preste atenção em você e na sua mensagem.

A história de Colin

Treinei um diretor de uma grande empresa internacional por muitas semanas antes de uma apresentação importante que ele deveria realizar para os distribuidores da organização. Era uma abordagem de vendas desenvolvida para acelerar o público e prepará-lo para ir adiante e vender os serviços da organização. O diretor tinha belos *slides* e ensaiou a apresentação muitas vezes. Ele estava destinado a ser incrível!

Após sua apresentação, ele me ligou para me atualizar. A primeira coisa que ele disse foi: "Eu não fui muito bem hoje". "Por quê?", perguntei. "Bem", ele disse, "tive de ficar atrás do púlpito porque colocaram meu *laptop* sobre ele e eu precisava trocar meus *slides*. Ao lado do púlpito tinha uma mesa pesada que me impedia de me movimentar até o centro do palco. Acabei tendo de ficar na sombra, então o público não conseguia ver meu rosto". Sério – foi isso que ele disse. Um diretor de negócios! Fiz a ele a pergunta óbvia: "Por que você não mudou a mesa de lugar quando chegou ao evento?". Ele respondeu: "O pessoal do *marketing* a colocou lá, e presumi que eles iriam precisar dela para alguma coisa".

Podemos aprender uma lição muito importante com a história de Colin. Você pode ver que às vezes é difícil organizar o que geralmente é conhecido como ecologia, vibração ou atmosfera do espaço, mesmo para os palestrantes mais versados e experientes. Às vezes é complicado controlar o espaço como se fosse seu, especialmente quando outras pessoas (que podem ter fortes opiniões) estão envolvidas.

É realmente importante organizar sua sala e seu espaço, porque você não apenas diminuirá seu nervosismo ao se sentir mais no controle, mas também ficará mais propenso a alcançar seus resultados quando as pessoas tiverem pouco com o que se distrair. Seu público ficará contente ao testemunhar uma apresentação quando sua mensagem e seus *slides* estiverem sincronizados como o mecanismo de um relógio.

Onde o palestrante deve ficar

Eu moro em Sydney, Austrália, e muitos dos meus clientes estão situados em escritórios altos com vista para a linda Baía de Sydney, com a Ópera de Sydney e a Ponte da Baía de Sydney. Muitos desses clientes também renovaram seus escritórios com a moda atual e agora têm salas de reuniões que são totalmente envidraçadas. As paredes de vidro significam que as pessoas podem ver sua reunião e o público pode ver lá fora o espaço de trabalho. Portanto, é bem complicado manter os membros de seu público concentrados, a menos que você se assegure de que eles estejam de costas para o vidro, para a paisagem e para as outras distrações.

Se você viver uma situação semelhante ao se apresentar nas reuniões, certifique-se de que seu público fique sentado de costas para a paisagem, quando possível. Isso será mais difícil para você, porque ficará de frente para o vidro e para as pessoas espreitando em sua passagem. Lembre-se: não se trata de você, trata-se de seu público – portanto, fique de frente para a vista, conecte-se bem no fundo dos olhos dos membros de seu público e facilite a concentração de seu público.

E se você não puder prever a disposição da sala?

Você sempre pode prever a disposição da sala. Acredito que você, como palestrante, está no controle de si mesmo (a forma como se veste, como se movimenta, como fala e como age), de sua mensagem (as palavras que você escolhe dizer) e de seu ambiente (o espaço onde você está se apresentando). Portanto, recomendo que você crie um diagrama que possa enviar para o organizador da conferência, sugerindo a disposição que deseja na sala. Tenha certeza de que seja um diagrama, não uma descrição por escrito, a fim de que seja mais fácil para o organizador da conferência compreender. Envie esse diagrama com muita antecedência, para o organizador implementar suas sugestões.

Faço isso quando vou apresentar um discurso em uma conferência, e nunca (até hoje) um organizador me disse não. Na verdade, pelo que sei, sempre que enviei esse diagrama, fui a única a pedir alguma coisa, então os organizadores não se importaram em fazer o que solicitei.

Por que você não tenta fazer isso? Mesmo se eles disserem não, você ainda vai saber como a disposição da sala será, e poderá fazer planos adequadamente.

TENTE FAZER ISTO

Exercício

1. Na próxima vez em que você agendar uma reunião ou concordar em fazer um discurso em uma conferência, verifique a sala antecipadamente.
2. Crie um documento com uma imagem da disposição da sala desejada que você pretende utilizar na apresentação.
3. Quando possível, providencie que sua apresentação aconteça após uma pausa, assim você poderá entrar na sala e organizá-la um pouco antes de se apresentar.
4. Certifique-se de sempre colocar seus clientes de costas para a paisagem, para as janelas de vidro ou para os colegas que estão passando!

Principais dicas para preparar a sala

- Reserve um tempo para pensar sobre a sala na qual você vai se apresentar.
- Defina onde você vai ficar e onde gostaria que seu público se sentasse.
- Planeje o que precisar, para garantir que sua sala atenda às necessidades de sua apresentação.
- Controle as distrações na sala.
- Amarre os fios dos aparelhos eletrônicos.

Capítulo 17

Obtenha *feedbacks* positivos

Feedback *é o café da manhã dos campeões.*

Ken Blanchard, autor

De acordo com minha experiência, um dos motivos principais para muitas pessoas terem medo de falar em público é que elas se concentram muito em seus pontos negativos e em seu nervosismo, em vez de se concentrarem em seus atributos positivos, como sua voz ou sua apresentação pessoal. É muito comum as pessoas me dizerem: "Eu simplesmente não gosto de ser o centro das atenções, não gosto de todas aquelas pessoas olhando para mim".

Bem, acho o seguinte: não importa quem você seja, homem ou mulher, você é incrível! De verdade, você é ótimo, é especial e é excelente em sua maneira única. Lembre-se desse fato importante e deixe seus atributos positivos como palestrante resplandecerem.

Preparar um sistema em sua organização no qual pode dar *feedbacks* e recebê-los de outras pessoas que você respeite, e que sejam sensíveis às suas necessidades, é uma ótima maneira de descobrir o que você está fazendo direito. Receber esses *feedbacks* positivos pode estimular muito sua confiança. Até mesmo *feedbacks* sobre o que você precisa fazer de forma diferente da próxima vez, se forem dados de maneira gentil e respeitosa, podem ser maravilhosos para sua confiança como um todo.

Hoje você é Você, isso é mais verdadeiro do que a verdade.
Não existe alguém que seja mais Você do que Você.

Dr. Seuss, escritor

Um modelo de *feedback* que vai estimular a sua confiança

O modelo que recomendo para dar e receber *feedbacks* é chamado de modelo de *feedback* em quatro passos. Fica muito claro pelo nome que se trata de quatro passos! A tabela 17.1 explica esses quatro passos.

Tabela 17.1: o modelo de *feedback* em quatro passos

Passo	Definição
Passo 1	Liste tudo aquilo que você acha que fez produtivamente quando se apresentou. Na sua opinião, o que você acha que fez direito? Seja o mais específico possível.
Passo 2	Liste tudo aquilo que você gostaria de melhorar ou fazer de forma diferente na próxima vez em que se apresentar. O que você mudaria se pudesse realizar a apresentação novamente?
Passo 3	Este é o momento em que seu público ou um amigo escolhido lhe dá alguns *feedbacks* sobre o que acredita que você poderia melhorar ou fazer de forma diferente, a partir da perspectiva dele. Você pode fazer perguntas esclarecedoras nesse ponto, mas não discuta ou tente justificar suas ações: isso vai fazer com que ele não queira dar sua opinião.
Passo 4	Este é o momento em que seu público ou um amigo escolhido diz para você todas as coisas que ele acredita que você fez produtivamente. Novamente, isso deve ser feito a partir da perspectiva dele. Você pode fazer perguntas esclarecedoras nesse ponto, mas, de novo, não discuta ou tente justificar suas ações, pois isso vai fazer com que ele não queira dar sua opinião.

Quando você observa a definição de cada um dos quatro passos, consegue ver que o modelo de *feedback* em quatro passos é uma maneira surpreendentemente positiva e compreensiva para dar e receber *feedbacks*. Recomendo que você o experimente.

A história de Melanie

Melanie era chefe de uma equipe que participou de um de meus programas de habilidades em apresentações como um elemento obrigatório em um programa de aspirantes a líder. Em outras palavras, ela participou porque precisava, não porque queria estar lá.

Ela era uma mulher sociável por fora, mas, quanto mais eu a conhecia, mais ela mencionava o fato de que tinha pavor de falar em público. Na verdade, Melanie me confidenciou durante um dos intervalos que tinha tido 30 empregos nos últimos 20 anos. Por que ela esteve em tantos empregos? Bem, ela explicou que tinha feito tudo o que podia para evitar falar em público, incluindo largar empregos!

Após aprender o modelo de *feedback* em quatro passos em meu programa e conversar com os colegas dela depois da apresentação, Melanie percebeu que tinha uma série de excelentes qualidades que faziam dela uma palestrante envolvente. Na verdade, disseram que ela era "uma palestrante interessante, generosa, gentil, sincera, intelectualmente instigante, envolvente e amigável".

Então, ela escreveu em seu formulário de avaliação do curso:

"Michelle, você transformou minha vida! Eu não tinha a mínima ideia de que poderia ser boa em falar em público. Achava que minha voz era estridente e não sentia que conseguia passar a minha ideia de maneira interessante para as pessoas. O grupo parecia verdadeiramente interessado no que eu tinha a dizer, e as pessoas fizeram alguns comentários muito honestos e positivos para mim na sessão de *feedback* em quatro passos, comentários que me fizeram sentir confiante e inspirada. Agora estou bem entusiasmada em encontrar outras oportunidades nas quais possa me apresentar. Muito obrigada".

> **DICA**
>
> **Michelle diz...**
> *Estabeleça um mecanismo de* feedback *em seu local de trabalho para melhorar sua autoconfiança.*

É realmente importante estabelecer um mecanismo de *feedback* em seu local de trabalho que funcione para você e lhe dê a chance de ouvir o que poderia corrigir ou melhorar, assim como quais aspectos de sua apresentação são produtivos. Tenho certeza de que você terá uma ótima surpresa!

DICA

Michelle diz...

Não peça feedback *de pessoas que você sabe que serão mal-intencionadas. Você não precisa do* feedback *delas!*

TENTE FAZER ISTO

Exercício

1. Explique o modelo de *feedback* em quatro passos para as pessoas que trabalham com você.
2. Faça com que algumas pessoas (que conheçam o modelo de *feedback* em quatro passos e que você respeite) se tornem companheiras de *feedback* e lhe deem alguns *feedbacks* em seu próximo ensaio ou apresentação de verdade.
3. Após se apresentar, pergunte a si mesmo o que você fez direito, assim como o que gostaria de melhorar.
4. Descubra o que seu companheiro de *feedback* acha que você poderia melhorar e o que você fez direito.
5. Anote o *feedback* que você deu a si mesmo e o que seu companheiro lhe deu.
6. Escreva seu plano para trabalhar as coisas que gostaria de melhorar.

Outra maneira de obter alguns *feedbacks*

Em nossas vidas ocupadas, muitas vezes não temos tempo para dar *feedbacks* para nossos colegas, então é importante descobrir maneiras de aprender sobre seu desempenho sem envolver os outros.

Recomendo que você se filme ou pelo menos grave sua voz. Em meus longos anos de experiência, descobri que assistir a si mesmo após uma apresentação é geralmente uma experiência muito mais positiva do que você possa imaginar. A maioria dos meus clientes que se filmam diz para mim que não são nem de longe tão ruins quanto pensavam! Isso aumenta a confiança deles para a próxima apresentação.

> **DICA**
>
> **Michelle diz...**
> *Filme a si mesmo – você vai ficar positivamente surpreso!*

Principais dicas para obter *feedbacks* positivos

- Muitas pessoas têm medo de falar em público porque elas se concentram muito em seus pontos negativos e em seu nervosismo, em vez de se concentrarem em seus atributos positivos.
- Se você fica muito egocentrado, não consegue pensar o suficiente sobre seu público e como poderia atendê-lo.
- Não importa quem você seja, você é incrível! Lembre-se disso e deixe seus atributos positivos como palestrante resplandecerem.
- Preparar um sistema de *feedbacks* positivos (utilizando um método como o modelo de *feedback* em quatro passos) pode ajudá-lo a descobrir o que você está fazendo direito.

Capítulo 18

Resumo das dicas de Como Fazer Apresentações

Existem certas coisas nas quais a mediocridade não deve permanecer.
Elas são: a poesia, a música, a pintura e o discurso público.

Jean de La Bruyère, ensaísta e moralista francês

Este capítulo é um resumo de todas as dicas que são explicadas de forma mais completa nos capítulos 12 a 17. Ele o fará se lembrar de todos os pontos importantes deste livro com um único relance. Que tal usar essas dicas como seu guia prático quando estiver se preparando para a sua próxima apresentação? Certamente, você pode retornar aos capítulos anteriores se sentir que precisa de informações mais detalhadas. Eu também incluí uma lista de verificação no fim deste capítulo para você conferir na próxima vez em que se apresentar, a fim de se assegurar de que pensou em tudo!

Lembre-se de que existem três etapas para uma excelente apresentação. São elas: análise, criação e comunicação. A análise (capítulo 2) é a etapa na qual você define o que almeja alcançar e também na qual você se coloca no lugar de seu público e define o estado desejado dele, para saber como o está transformando. A criação (capítulos 3 a 7) é o desenvolvimento do roteiro de sua atual apresentação. Isso inclui sua estrutura geral, sua criação, o uso da linguagem, o ato de contar histórias e o humor. A comunicação (capítulos 8 a 18) é normalmente conhecida como sua habilidade no palco e inclui tudo o que você faz com seu corpo, sua voz e sua apresentação de *slides*.

Acima de tudo, o lema de sua apresentação deve ser: **Não se trata de mim. Trata-se do público!**

Etapa 1: Análise

- Uma apresentação é qualquer forma de comunicação na qual você tenta influenciar seu público a mudar o comportamento dele.
- Comece definindo seu tema. Seu tema é o conteúdo sobre o qual você irá falar. Ele é amplo por natureza.
- Quando tiver seu tema, é hora de definir sua meta. Uma meta é uma expressão do que você quer alcançar. Ela é completamente focada em você e no que você quer. As metas geralmente começam com a palavra "convencer".
- A partir da meta, você pode transformar sua apresentação para que ela seja focada no público. Você consegue fazer isso definindo seu objetivo. Seu objetivo é a meta em sua versão focada no público. É sua meta (que é focada no palestrante) expressada a partir da perspectiva de seu público.
- Seu objetivo o ajudará a decidir seu discurso principal. Seu discurso principal é sua mensagem mais importante. É o fato no qual você realmente quer que seu público acredite.
- Seu público estará pensando, sentindo e fazendo algo enquanto se senta para ouvi-lo. Nós chamamos isso de seu estado atual.
- Toda vez que você se apresenta, quer fazer seu público pensar, sentir ou fazer algo. Nós chamamos isso de seu estado desejado.
- Seu papel é transformar o público do estado atual dele para seu estado desejado.
- Se você passar um tempo tentando conhecer seu público, irá se sentir muito mais confiante quando realizar sua apresentação.
- O modelo de preparação em cinco passos irá acelerar a criação de uma apresentação produtiva e influente.
- O modelo Pensar/Sentir/Fazer é uma importante ferramenta de análise do público para o estágio de preparação de sua apresentação.

Etapa 2: Criação

- Certifique-se de utilizar um modelo focado no público em vez de um modelo focado no palestrante para estruturar suas apresentações.
- Utilize as quatro perguntas que compõem a base do 4MAT System da dra. Bernice McCarthy quando estruturar sua mensagem.
- As perguntas são *Por quê?, O quê?, Como?* e *E se?* e *O que mais?*
- Ao utilizar essas perguntas para estruturar sua apresentação, você descobrirá que sua mensagem está mais completa e ficará mais propenso a atender às necessidades de todos os membros de seu público, sempre.
- O *storyboarding* é uma ferramenta usada com o 4MAT System para criar sua apresentação em uma quantidade mínima de tempo.
- O *storyboarding* garante que você capture todas as suas ideias importantes de forma rápida e sucinta, sem deixar para depois.
- O *storyboarding* também é uma ferramenta de memória, então diminui sua necessidade de usar anotações e permite que você se conecte com seu público.
- Certifique-se de utilizar notas adesivas quando fizer o *storyboard*: elas irão ajudá-lo a acelerar o processo e a lembrar dos objetivos principais.
- Considere os 13 Passos para Criar uma Excelente Apresentação, a fim de saber o que dizer para seu público e aumentar a probabilidade de transformar seu comportamento.
- Utilize os 13 Passos para Criar uma Excelente Apresentação na ordem correta, a menos que você ache que trocar a ordem aumentará sua habilidade de influenciar seu público a fazer o que você quer.
- Certifique-se de fazer uma abertura para sua apresentação de maneira a estabelecer uma relação. Discursos inclusivos refletem o que os membros de seu público já sabem ser verdade e, portanto, ajudam-no a estabelecer uma relação forte.
- Lembre-se de motivar seu público usando o padrão de linguagem para a resposta da pergunta O que vou ganhar com isso?: reduzir, manter e melhorar.

Como Fazer Apresentações

- Lide com as objeções de seu público utilizando a técnica Determinando as Objeções: declare a objeção, diga "e", "então" ou faça uma pausa, tente usar as expressões "na verdade" ou "de fato", proponha uma solução e finalize com a palavra "porque" e uma justificativa.
- Controle e relaxe seu público usando estruturas que estabeleçam limites.
- Explique sua credibilidade na parte de estruturação, para passar confiança a seu público.
- Aborde as seções *O quê?* e *Como?* de sua apresentação conforme a necessidade de seu público.
- Quando você chegar ao fim de sua apresentação, o público já pode ter esquecido a maioria das coisas que você disse; portanto, lembre-se de expressar suas três mensagens principais em seu resumo.
- Um resumo normalmente inclui um argumento do *Por quê?*, um do *O quê?* e um do *Como?* do 4MAT System.
- É importante chamar seu público para uma ação, a fim de que ele saiba o que fazer em seguida.
- A sessão de perguntas e respostas é uma oportunidade de demonstrar sua capacidade profissional.
- A sessão de perguntas e respostas pode ser tão controlada quanto o restante de sua apresentação.
- Se você não souber a resposta para uma pergunta, não finja saber!
- Lembre-se de incluir as consequências negativas e positivas.
- Não diga "obrigado" no fim de sua apresentação.
- Os discursos de encerramento são elaborados para concluir sua apresentação com chave de ouro!
- Se você está realmente disposto a envolver seu público, é uma boa ideia pelo menos tentar transmitir sua apresentação sem utilizar quaisquer anotações ou *slides* como apoio.
- Se você se esquecer de alguma informação, não peça desculpas ou leve tão a sério o fato de ter se esquecido. Respire fundo, beba um pouco de água, verifique suas anotações e continue!
- Tente pausar e fazer a respiração diafragmática em vez de usar vícios de linguagem que rompem a relação com seu público.

Resumo das dicas de Como Fazer Apresentações

- Certifique-se de que as palavras que você diz ajudam seu público a concordar com você ao invés de discordar. Tente evitar dizer as palavras "ok", "basicamente", "obviamente", "sabe?" e "certo?".
- Use uma linguagem inclusiva e focada em seu público durante suas apresentações, como "vocês", "seu", "nosso", "juntos", "nós".
- Tente usar uma linguagem definida, como "isso é", "eu sei", "isso será", assim você demonstrará confiança e certeza de si mesmo.
- Palavras poderosas podem ajudá-lo a aumentar a força de sua mensagem.
- Considere utilizar recursos linguísticos como aliteração, tríade, epístrofe, conduplicação, anáfora e perguntas retóricas, para garantir que suas mensagens sejam ainda mais marcantes para seu público.
- As histórias nos acompanham desde o início dos tempos. Elas são uma excelente maneira para você comunicar sua mensagem de forma que seu público o considere um orador interessante e cativante.
- Como uma história bem contada é muito convincente para seu público, contar histórias também pode ajudá-lo a comunicar suas mensagens principais a ele.
- As histórias são mais bem contadas quando se utiliza a Fórmula Mágica para Contar Histórias, com um incidente, um ponto e um benefício, para cativar seu público.
- Qualquer um dos itens seguintes pode empregar a mesma técnica da Fórmula Mágica para Contar Histórias: anedotas, metáforas, analogias, exemplos, estudos de caso, lendas, contos de fadas, mitos e fábulas.
- Você pode contar histórias de forma produtiva em diversos momentos de sua apresentação.
- As metáforas e as analogias são mais marcantes do que simples fatos ou estatísticas, e nossa função como palestrante é fazer com que nossas mensagens sejam marcantes para o público.
- O humor pode ser qualquer coisa, desde um sorriso maroto até um comentário divertido. O humor bem utilizado é envolvente, interativo e um deleite para seu público. Apenas tenha o cuidado de utilizá-lo com sabedoria.

- O exagero é a expansão ou redução dos detalhes de uma situação; ele faz parte do meio de sua apresentação, melhor do que na abertura ou no encerramento.

Etapa 3: Comunicação

- É importante preparar sua mente, seu corpo e sua voz antes de se apresentar.
- Ensaiar é uma boa maneira de preparar sua mente e, quanto mais você ensaia, mais soará espontâneo e natural.
- Ensaiar não é o mesmo que aprender por repetição. Aprender por repetição é quando você aprende seu roteiro palavra por palavra, e ensaiar é quando você percorre suas mensagens principais usando diferentes palavras em cada vez.
- Encontre diversos lugares para ensaiar, assim o local em que você realmente irá se apresentar será apenas mais um lugar.
- Aproveite o poder do pensamento positivo para controlar seu nervosismo.
- Encontre uma palavra diferente de "nervosismo" para redefinir a experiência e fazer com que a apresentação seja uma experiência positiva: mude a palavra e mude a experiência.
- Sua pergunta essencial é sua pergunta profunda e interna que conduz sua apresentação.
- Independentemente de sua preferência pela perfeição ou pela excelência, certifique-se de ter uma pergunta essencial que permita que você seja o seu melhor.
- Em nossa sociedade, costumamos associar a credibilidade e a autoridade às pessoas com uma qualidade vocal rica e ressonante.
- Os aquecimentos criam uma voz rica e ressonante.
- Sua voz é uma ferramenta poderosa que deve ser aquecida, para garantir que você se desempenhe da melhor forma e não cause nenhum dano a si mesmo.
- Você pode preparar sua respiração, sua qualidade vocal e sua articulação com uma variedade de exercícios, tais como tensão e relaxamento, bico/sorriso e trava-línguas.

Resumo das dicas de Como Fazer Apresentações

- Você pode se aquecer em qualquer lugar no qual não se sinta constrangido em bocejar com a boca bem aberta!
- Se você se preparar, será notado como convincente e persuasivo, e ficará mais propenso a conseguir o que quer.
- Use as técnicas de relaxamento para sua mandíbula, suas mãos, seus pés e seus olhos.
- Expandir o Ego é uma maneira produtiva de lidar com seu nervosismo e se conectar muito bem com seu público.
- Expandir o Ego tira o foco de seu nervosismo e coloca sua atenção em seu público, o que, por sua vez, aumenta sua conexão ou relação com ele.
- Para Expandir o Ego, imagine simplesmente que existe uma bolha em volta de você e de seu público. Você também está na bolha. Conecte-se com cada indivíduo do público, um de cada vez.
- Utilize o método da estrela para fazer o contato visual.
- Certifique-se de olhar para todo mundo no público, até mesmo para as pessoas que não estão olhando para você.
- Existe uma voz suave e confiante dentro de todos nós.
- Quando sua voz soa confiante, seu público tende a relaxar e ouvir mais.
- Utilize a variação vocal mais apropriada para mensagem. Se você quer ser cativante e convincente ao falar, tente utilizar uma variação natural de tom, velocidade e volume.
- O tom são os altos e baixos de sua voz.
- A velocidade são todos os diferentes tempos entre rápido e lento.
- O volume são os extremos alto e suave.
- A pausa é poderosa e necessária para seu público. Quando você pausa, o público consegue alcançá-lo!
- Fazer pausas o auxiliará a respirar profundamente com o diafragma, o que o ajuda a relaxar e manter o controle de si mesmo enquanto você se apresenta.
- O melhor sistema de som é aquele que o público nem percebe.
- O microfone de lapela e o microfone auricular projetam sua voz, então você não precisa forçá-la. Eles projetam um som agradável, calmo e suave, assim fica mais fácil seu público escutá-lo.

- Os microfones acopláveis devem ser presos em seu cinto; portanto, lembre-se de usar um.
- Ensaie com o microfone, se puder.
- Se você se apresentar com outro palestrante, certifique-se de terem dois microfones e que o microfone da outra pessoa seja ligado bem antes de você terminar sua apresentação.
- É importante estabelecer um contato visual apropriado com cada membro de seu público.
- Seu corpo também desempenha um papel fundamental na capacidade de compreensão de sua mensagem.
- Concentre-se nos diferentes membros de seu público o máximo possível e, principalmente, quanto eles precisarem.
- No início e no fim, e quando você estiver sob pressão durante sua apresentação, tente fazer a postura natural – os pés alinhados com o quadril, deixando os músculos envolvidos firmes.
- Os dois tipos principais de gestos são formais e informais.
- Os gestos informais são quando você fala com as mãos.
- Os gestos formais são ensaiados e envolvem fazer os movimentos bem abertos.
- Os gestos formais podem substituir os *slides* de PowerPoint.
- Coloque suas mãos para baixo e ao lado e "limpe a lousa" entre todos os seus gestos, para dar uma pausa visual para seu público de vez em quando.
- A esquerda de seu público é o passado dele, a direita é o futuro e o centro da sala é o centro da inteligência, onde você transmite os fatos e dados importantes.
- Faça o que for necessário com seu corpo para aumentar as chances de influenciar seu público.
- Certifique-se de sorrir quando necessário para comunicar o objetivo emocional apropriado.
- Os públicos são compostos por pessoas com uma variedade de filtros de personalidade. Esses filtros explicam como processamos e selecionamos as informações.
- Alguns filtros importantes que você deve compreender e perceber ao realizar sua apresentação são os filtros visuais, auditivos e cinestésicos.

Resumo das dicas de Como Fazer Apresentações

- Você pode utilizar uma variedade de métodos para estimular as preferências visuais, auditivas e cinestésicas dos membros de seu público.
- Músicas podem ser eficientes para criar um clima perfeito para uma apresentação.
- Preste atenção ao comportamento perturbador e coloque um fim nele quanto antes, para garantir que a calma permaneça em suas reuniões ou apresentações.
- Os palestrantes podem causar reações tanto positivas quanto negativas em seu público.
- Excelentes palestrantes transmitem centenas de reações positivas em um único evento: eles cumprimentam o público, sorriem, reconhecem o público e concedem *status* a ele.
- Palestrantes não habilidosos podem provocar muitas reações negativas em sua apresentação: eles demonstram grosseria, insensibilidade e ignoram ou ofendem o público.
- Palestrantes habilidosos podem cancelar uma reação negativa com algumas reações positivas.
- Estratégias para ajudar a lidar com comportamentos perturbadores incluem:
  - → estabelecer e manter uma relação com seu público;
  - → fazer com que os membros do público se dirijam a um amigo para discutirem;
  - → usar sua própria proximidade física com a pessoa que está causando uma interrupção;
  - → deixar para o público fazer um breve debate para distrair o comportamento;
  - → comunicar o comportamento – apesar de você precisar ser habilidoso para conseguir fazer isso;
  - → ignorar o problema na esperança de que ele vá embora;
  - → fazer um enquadramento prévio para desviar um possível causador de problemas antes de a apresentação começar.
- Os *slides* podem causar "morte por PowerPoint" – tome cuidado para utilizá-los com sabedoria!
- Reduza o número de *slides* para um mínimo – tenha como meta três *slides* por hora!

Como Fazer Apresentações

- Utilize um texto escuro em um fundo claro, uma fonte de, no mínimo, tamanho 30 e legível, como Times New Roman ou Verdana.
- Não utilize sublinhado, itálico, negrito ou sombreado em suas fontes. Use somente palavras-chave em seus *slides*.
- Mude a cor da fonte, se você precisar destacar mais uma palavra.
- Substitua palavras por imagens sempre que possível.
- Pinte gráficos codificados, para as pessoas enxergarem a informação do gráfico facilmente a distância.
- Utilize gráficos bonitos e inteligentes, não gráficos muito utilizados e cansativos. Certifique-se de que suas transições de um *slide* para o seguinte não distraiam.
- Os clipes de som devem acrescentar valor, não desviarem de sua mensagem.
- Chegue com antecedência para preparar a sala e mantenha as luzes acesas.
- Intercale os *slides*, o espaço, a mensagem e sua marca pessoal – o modo de suspensão do computador o ajudará a fazer isso.
- Ensaie com seus *slides*.
- Diminua o uso da caneta *laser* – ela pode distrair seu público.
- Use *flipcharts* e lousas para acrescentar um elemento fundamental em sua apresentação.
- Consiga o que você quer de seu público conectando-se com as pessoas e utilizando seus *slides* e outros recursos visuais para cativá-las e influenciá-las.
- As distrações distraem! Portanto, retire todas as distrações que forem possíveis.
- Amarre os fios dos aparelhos eletrônicos.
- Certifique-se de que o público esteja o mais confortável possível em seu ambiente. Preste atenção ao estilo das cadeiras, à temperatura e ao bufê.
- Nas reuniões, sempre faça o público se sentar de costas para distrações, como uma paisagem espetacular ou paredes de vidro.
- Considere solicitar a disposição da sala que você deseja. Você pode acabar conseguindo o que quer.

Resumo das dicas de Como Fazer Apresentações

- Muitas pessoas têm medo de falar em público, porque se concentram muito em seus pontos negativos e em seu nervosismo, em vez de se concentrarem em seus atributos positivos.
- Não importa quem você seja, você é incrível! Lembre-se disso e deixe seus atributos positivos como palestrante resplandecerem.
- Preparar um sistema de *feedbacks* positivos (usando um método como o modelo de *feedback* em quatro passos) pode ajudá-lo a descobrir o que você está fazendo direito. Isso pode ser excelente para sua autoconfiança.

Lista de verificação do palestrante

Acredito que todo mundo pode ser um excelente palestrante. É apenas uma questão de saber o que deve ser feito e de colocar isso em prática! Portanto, criei essa lista de verificação prática que você pode conferir e usar para avaliar sua habilidade como palestrante. Experimente fazer isso – ela o ajudará a definir o que você precisa melhorar (e acredite em mim, todas essas coisas são muito fáceis de serem melhoradas). Ela também lhe mostrará o que você está fazendo direito – e provavelmente existem mais pontos positivos do que você imagina!

Etapa 1: Análise

- Você sabe como definir o que está tentando alcançar?
- Você completou uma análise em cinco passos sobre essa apresentação?
- Você consegue pensar sobre sua apresentação do ponto de vista de seu público?
- Você sabe como é o local ou a sala?
- Você já arranjou um estacionamento?
- Você sabe a programação? Você vai discursar antes ou depois de outra pessoa?
- Você está contente com o horário do dia no qual você foi agendado? Se não, você fez o que pôde para mudar o horário? Sobre o que os outros palestrantes vão falar? Qual é o estilo de apresentação deles?

Como Fazer Apresentações

- Você precisa solicitar um determinado tipo de disposição da sala?
- Você precisa levar algum material, como folhas para *flipchart*, canetas, folhetos dos participantes ou outros recursos de escrita?

Etapa 2: Criação

- Você sabe como estruturar uma apresentação tendo as necessidades de seu público em mente?
- Você consegue criar sua apresentação em uma quantidade mínima de tempo?
- Você realiza sua abertura de maneira que estabeleça uma relação e motive seu público?
- Você se prepara para as objeções e lida com elas?
- Você transmite fatos, números e dados convincentes?
- Você planeja contar histórias relacionadas a seu conteúdo e que ajudem a trazer suas informações para a realidade?
- Você utiliza uma variedade de recursos para apresentações, como lousa, *slides*, vídeo, folhetos e material de apoio?
- Você consegue se apresentar com o uso limitado de anotações?
- Você ensaia?
- Você se alimenta bem e descansa antes de se apresentar?
- Você se lembra de evitar o consumo de cafeína e álcool, para sua garganta não ficar muito seca?
- Você prepara seu corpo, sua voz e sua mente antes de se apresentar?
- Você envia uma lista de verificação para o local, a fim de que organizem a sala como você solicitar?
- Você tem os fios e as conexões corretas para garantir que seus aparelhos tecnológicos funcionem?

Etapa 3: Comunicação

- Você testou seu microfone de lapela?
- A iluminação está boa?
- Você retirou as cadeiras vazias ou colocou sinais de reservado nas fileiras ou mesas do fundo para o público preencher a primeira fileira?
- Você consegue ver todo mundo que está em seu público do palco?
- Sua roupa está elegante e apropriada?
- Você cuidou dos cabelos e das unhas?
- O seu cheiro está bom?
- Você está planejando entrar no palco pela esquerda do público (seu passado), também conhecida como a direita do palco?
- Você se lembrou de que deve apertar a mão de seu mestre de cerimônias ao entrar no palco?
- Você está em uma postura ereta, com as costas retas?
- Você permite que suas expressões faciais naturais sejam demonstradas?
- Você olha para as pessoas?
- Você deixa suas mãos se moverem livremente ao falar?
- Você se movimenta no espaço?
- Você permite que sua voz se manifeste em uma variedade de tons, velocidades e volumes?
- Você aparenta ser o mesmo quando está se apresentando e quando está conversando normalmente?
- Você discursa com clareza?
- Você diminui a divagação?
- Você consegue manter a linha de pensamento de sua mensagem?
- Você consegue evitar vícios de linguagem como "hum", "ah", "vocês sabem"?
- Você envolve seu público?
- Você se lembra de explicar os limites para as apresentações (programação, horários, perguntas, telefones)?
- Você conta histórias?
- Você usa metáfora, analogia, estudos de caso e exemplos?

- Você incorporou recursos linguísticos como aliteração, tríade, epístrofe, conduplicação, anáfora e perguntas retóricas para garantir que suas mensagens sejam ainda mais marcantes para seu público?
- Você consegue se apresentar com o PowerPoint como um recurso em vez de deixar o PowerPoint controlar sua apresentação?
- Você resume seus pontos principais no fim da apresentação?
- Você se lembra de chamar seu público para uma ação?
- Você consegue controlar a sessão de perguntas e respostas de forma eficiente?
- Você sabe como lidar com membros difíceis do público?
- Você segue o horário determinado para você?
- Existe outra coisa que você faz direito?
- E o que mais?
- E o que mais?

Se você quer melhorar sua habilidade em alguma dessas áreas, pode se inscrever em algum de meus programas futuros, nos quais os números são limitados a dez pessoas, e pode melhorar radicalmente sua habilidade de se apresentar e influenciar as pessoas.

Agora é com você

Parabéns! O fim deste livro marca o fim de um dos avanços estimulantes em sua jornada para se apresentar de forma influente. De muitas maneiras, também significa o começo do restante de sua jornada. Que maravilha!

Lendo esta obra, você demonstrou seu comprometimento, desejo e motivação para melhorar sua habilidade para apresentar ideias no trabalho de forma mais influente. Agora, é hora de aproveitar as oportunidades para se comunicar de forma clara, carismática e influente o máximo possível, para ser quem você nasceu para ser, e para continuar e aproveitar ao máximo as oportunidades que surgem em seu caminho. Não existem mais razões para você se apresentar sem envolver, inspirar e convencer seu público a tomar uma ação. Agora, esqueça quaisquer hábitos antigos que fizeram você se tornar um palestrante egocêntrico e autofocado no passado.

Eu o incentivo a levar ainda mais além o domínio de sua nova sabedoria, a fim de que sua jornada de aprendizado seja o mais produtiva possível e de que você sempre se apresente com confiança, clareza e carisma!

Seguem algumas de minhas sugestões para você continuar seu aprendizado:

- Encontre o máximo possível de oportunidades para se apresentar.
- Integre seu aprendizado o máximo possível em diferentes aspectos da sua vida, como no trabalho, em casa, nos clubes esportivos, em

grupos de *hobby*, no *e-mail*, no telefone, nas reuniões e nas apresentações formais.

- Utilize suas novas habilidades todos os dias em sua vida e nas conversas, especialmente o padrão de imprimir ritmo e liderar. É assim que você vai obter mais daquilo que almeja.
- Mantenha este livro por perto e recorra a ele quando necessário.
- Ensine aos outros o que você sabe agora. Se você tem filhos, esse é um ótimo começo! Imagine o poder de saber tudo desta obra desde a infância!
- Venha e junte-se a mim em um de meus programas de treinamento de habilidades em apresentações. Para mais informações, basta acessar meu *site*: <www.michellebowden.com.au>.
- Acesse meu *site* e faça o download de todas as fontes gratuitas especialmente desenvolvidas para ajudá-lo, ou inscreva-se em minha publicação eletrônica mensal, que se chama "How to Present". Essa fonte essencial contém muitas técnicas e dicas para apresentações com foco nos resultados.
- Para receber meu blog repleto de dicas sobre apresentações e sobre como exercer influência na área de negócios, por favor, acesse meu *site*: <www.michellebowden.com.au>.
- Quando você realizar uma dessas sugestões ou todas elas, vai continuar a melhorar sua habilidade em alcançar resultados por meio de suas apresentações.

Mantenha contato

É muito importante que você entre em contato comigo contando suas histórias de sucesso e me diga tudo sobre como você alcançou seus resultados ao aperfeiçoar suas habilidades em apresentações! Eu adoraria conhecer suas histórias. Entre em contato comigo pela minha página comercial no Facebook: <www.facebook.com/MichelleBowdenEnterprises> – e escreva suas perguntas, seus comentários e seus pensamentos, para eu saber como você está se saindo!

Boas apresentações!

michelle bowden

Fontes

Criei uma seção especial em meu *site*, repleta de modelos, dicas adicionais e planilhas para os leitores de Como Fazer Apresentações. Para acessar as planilhas, os modelos e dicas adicionais, basta acessar o link: <www.michellebownden.com.au/howtopresent> (conteúdo em inglês).

Você também encontrará outras fontes em meu *site*. "How to Present" é uma publicação eletrônica gratuita e mensal, repleta de dicas e técnicas, para manter sua concentração e seu comprometimento em apresentações focadas nos resultados. Essa publicação indispensável traz dicas e conselhos dos principais palestrantes e especialistas no assunto no mundo. Para garantir que sua cópia dessa publicação seja enviada diretamente para sua caixa de entrada mensalmente, acesse <www.michellebowden.com.au> e assine hoje mesmo.

Eu tenho um blog ativo repleto de artigos e sugestões para excelentes apresentações. Aproveite para acessar essas fontes constantemente. Acesse: <www.michellebowden.com.au>. Até mais!

Nota do Editor

A Madras Editora não participa, endossa ou tem qualquer autoridade ou responsabilidade no que diz respeito a transações particulares de negócio entre o autor e o público.

Quaisquer referências de internet contidas neste trabalho são as atuais, no momento de sua publicação, mas o editor não pode garantir que a localização específica será mantida.

Índice Remissivo

Símbolos

4MAT System para estruturar a apresentação 64, 65, 66, 67, 68, 69, 70, 71, 73, 75, 76, 77, 80, 81, 134, 142, 143, 153, 170, 287, 288

benefícios 34, 45, 46, 47, 56, 69, 71, 78, 99, 229, 263

Como? 65, 67, 68, 70, 71, 75, 76, 119, 122, 134, 138, 143, 168, 248, 287, 288

E se? e O que mais? 65, 67, 68, 70, 71, 76, 120, 138, 248, 287

O quê? 65, 66, 67, 68, 70, 71, 75, 76, 118, 119, 122, 134, 143, 168, 170, 248, 287, 288

Por quê? 65, 66, 68, 70, 71, 75, 76, 77, 122, 134, 135, 143, 248, 276, 287, 288

quadrantes 66, 77

storyboarding 74, 75, 78, 79, 80, 81, 153, 180, 287

13 Passos 80, 83, 84, 99, 104, 105, 106, 110, 117, 121, 122, 123, 124, 130, 131, 132, 134, 135, 136, 137, 138, 139, 140, 141, 142, 143, 153, 166, 223, 228, 260, 287

A

acompanhar e conduzir 96

aliteração 151, 152, 153, 157, 160, 235, 289, 298

anáfora 151, 155, 156, 157, 160, 235, 289, 298

análise (etapa 1) 42, 55, 56, 57, 61, 105, 106, 113, 117, 118, 123, 124, 134, 135, 153, 209, 285, 286, 295

lista de verificação 285, 295, 296

analogia 164, 168, 169, 170, 171, 297

anotações 33, 61, 63, 74, 78, 79, 81, 112, 141, 142, 144, 153, 202, 228, 239, 251, 262, 287, 288, 296

Como Fazer Apresentações

apresentação 7, 8, 9, 11, 20, 21, 23, 24, 25, 27, 28, 29, 30, 31, 32, 33, 34, 35, 36, 41, 42, 43, 44, 45, 49, 50, 51, 53, 54, 55, 56, 57, 59, 61, 62, 63, 65, 66, 67, 71, 73, 74, 76, 77, 78, 79, 80, 81, 83, 84, 85, 86, 88, 89, 90, 92, 93, 94, 96, 97, 98, 99, 100, 105, 108, 109, 110, 112, 113, 114, 115, 118, 119, 120, 121, 122, 123, 124, 125, 127, 129, 130, 131, 132, 133, 134, 135, 137, 138, 141, 142, 143, 144, 146, 149, 151, 153, 156, 157, 158, 159, 162, 163, 166, 168, 169, 170, 171, 172, 173, 174, 175, 179, 180, 181, 182, 183, 188, 191, 192, 193, 194, 197, 199, 200, 201, 204, 208, 210, 211, 212, 214, 215, 218, 219, 220, 221, 222, 229, 230, 231, 232, 234, 235, 236, 238, 240, 242, 243, 244, 245, 248, 249, 251, 252, 253, 255, 257, 258, 259, 260, 261, 262, 264, 265, 269, 271, 272, 273, 274, 276, 278, 279, 280, 281, 282, 283, 285, 286, 287, 288, 289, 290, 292, 293, 294, 295, 296, 298
  definida 100, 289
apresentações 7, 8, 9, 12, 13, 14, 15, 18, 19, 20, 23, 24, 25, 26, 27, 29, 30, 32, 34, 37, 41, 42, 49, 54, 55, 61, 62, 63, 64, 66, 67, 69, 71, 81, 84, 94, 98, 99, 104, 106, 110, 111, 112, 113, 114, 119, 121, 122, 123, 129, 151, 153, 154, 155, 156, 157, 159, 160, 162, 165, 166, 168, 169, 170, 171, 173, 179, 181, 184, 186, 187, 194, 202, 203, 204, 219, 222, 228, 229, 231, 232, 237, 244, 246, 248, 249, 254, 256, 257, 259, 260, 273, 274, 281, 287, 289, 293, 296, 297, 300, 301
  abertura 11, 84, 85, 88, 89, 94, 95, 96, 97, 98, 99, 132, 133, 134, 143, 152, 168, 170, 173, 175, 179, 196, 257, 287, 290, 296
  detalhes de contato 122
  encerramento 94, 121, 122, 130, 132, 133, 134, 139, 144, 168, 173, 175, 179, 228, 254, 257, 288, 290
  focadas no público 51, 256
  outras informações 84, 120
  perguntas e respostas 67, 84, 119, 124, 125, 126, 127, 129, 130, 131, 144, 288, 298
  resumo 35, 61, 68, 122, 123, 143, 285, 288
atividades 7, 21, 54, 67, 119, 140, 237, 238, 240, 247, 254

B

barriga engraçada 184

C

caneta laser 267, 272, 294
chamado para uma ação 123, 124, 170, 223
combinar e refletir 91
conceito dos três chapéus
  Crítico 75, 77, 78, 80
  Realista 75, 76, 77, 80
  Sonhador 75, 76, 77, 80

Índice Remissivo

conduplicação 151, 153, 160, 235, 289, 298
confiança 10, 17, 18, 28, 31, 33, 36, 50, 63, 79, 84, 108, 115, 117, 126, 138, 142,
 143, 146, 148, 154, 156, 160, 179, 185, 189, 193, 194, 199, 201, 207, 210,
 221, 251, 252, 262, 267, 279, 280, 283, 288, 289, 299
 desenvolver 23, 33, 109, 151, 185, 187, 252
contar histórias 9, 161, 163, 165, 174, 285, 289, 296
 analogia 164, 168, 169, 170, 171, 297
 exagero 172, 173, 174, 175, 226, 290
 Fórmula Mágica para Contar Histórias 161, 162, 166, 174, 289
 humor 8, 165, 171, 172, 174, 285, 289
 metáfora 164, 167, 168, 170, 171, 297
 técnica 12, 35, 36, 55, 63, 74, 88, 91, 97, 98, 107, 108, 109, 122, 126, 128, 131,
  139, 142, 143, 155, 161, 174, 183, 185, 200, 201, 203, 204, 205, 247, 248,
  252, 256, 288, 289
contato visual 21, 79, 91, 96, 127, 141, 142, 200, 201, 202, 203, 205, 212, 216, 218,
 223, 230, 233, 235, 244, 247, 254, 256, 259, 263, 264, 265, 291, 292
conteúdo, ame seu 7, 8, 43, 56, 57, 61, 67, 68, 75, 76, 77, 78, 79, 83, 88, 93, 94, 105,
 106, 112, 119, 122, 141, 142, 149, 170, 171, 181, 210, 233, 236, 240, 251,
 252, 257, 260, 261, 262, 265, 266, 286, 296, 301
controle remoto, usar 264, 265, 266
criar apresentações 256
 contar histórias 9, 161, 163, 165, 174, 285, 289, 296
 criar 7, 18, 27, 32, 42, 54, 55, 56, 62, 65, 73, 74, 75, 79, 81, 93, 140, 141, 142, 149,
  152, 163, 192, 193, 195, 209, 225, 237, 242, 243, 251, 252, 253, 256, 265,
  269, 271, 287, 293, 296
 lista de verificação 285, 295, 296
 uso da linguagem 285

D

deixar para depois 78, 81, 287
detalhes de contato 122
Determinando as Objeções 107, 108, 109, 143, 288
discursos inclusivos 85, 86, 87, 88, 89, 90, 92, 95, 96, 97, 99, 105, 246
 escrever 20, 70, 73, 76, 78, 84, 88, 89, 110, 143, 153, 252, 269, 270
 número de 90, 103, 113, 245, 253, 272, 293
 truísmos 86
 universais 86
discursos principais
 discursos inclusivos e 96, 97
disposição da sala 274, 275, 277, 278, 294, 296
 anterior 14, 45, 107, 273
 aprender por repetição 180, 188, 290
 ideal 32, 50, 63, 94, 126, 215, 253, 262, 264

Como Fazer Apresentações

PowerPoint 14, 20, 25, 27, 29, 32, 33, 51, 55, 61, 73, 74, 79, 118, 162, 170, 224, 230, 233, 240, 251, 252, 253, 255, 259, 261, 272, 292, 293, 298

recursos visuais 10, 27, 137, 251, 258, 261, 264, 269, 272, 294

E

ego 183, 203, 204, 245. *Consulte também* Expandir o Ego
  autêntico 28, 29, 125, 180, 195
enquadramento prévio 249, 293
ensaiar 31, 179, 180, 181, 182, 188, 210, 212, 266, 267, 290
  método 7, 8, 18, 19, 20, 23, 25, 27, 30, 33, 41, 49, 52, 69, 92, 140, 162, 166, 180, 205, 260, 265, 268, 283, 291, 295
envolver 49, 51, 66, 67, 120, 122, 141, 144, 159, 232, 242, 263, 283, 288, 299
  preferência auditiva 235, 236, 238
  preferência cinestésica 239, 240, 242
  preferência visual 233, 235, 240
epístrofe 151, 154, 157, 160, 235, 289, 298
escrever apresentações. *Consulte também* criar apresentações
estabelecer limites 111, 113, 114
estatísticas, apresentando 66, 68, 118, 169, 174, 289
estilos de aprendizado
  preferência auditiva 235, 236, 238
  preferência cinestésica 239, 240, 242
  preferência visual 233, 235, 240
estresse 30, 31, 207, 229, 240
estrutura e estruturação. *Consulte* estabelecer limites
estruturar a credibilidade 116, 117
estruturar a mensagem. *Consulte também* preparação
  4MAT System 64, 65, 66, 67, 68, 69, 70, 71, 73, 75, 76, 77, 80, 81, 134, 142, 143, 153, 170, 287, 288
  modelo focado no público 61, 64, 69, 70, 71, 287
etapas da apresentação
  etapa 1 (análise) 76, 95, 117, 123
eu autêntico 29, 125
exagero 172, 173, 174, 175, 226, 290
Expandir o Ego 31, 35, 200, 201, 202, 204, 205, 291

F

fatos, apresentando 66, 67, 68, 84, 118, 169, 174, 223, 230, 289, 292, 296
feedback 8, 49, 165, 166, 209, 210, 222, 236, 255, 280, 281, 282, 283, 295
filtro de personalidade 102
flexibilidade 232
flipchart 76, 80, 118, 257, 258, 263, 269, 271, 296
folhetos 233, 240, 254, 260, 263, 273, 296

Fórmula Mágica para Contar Histórias 161, 162, 166, 174, 289

G

gestos 20, 163, 216, 223, 224, 225, 229, 230, 233, 254, 258, 292
  nenhum 193, 198, 224, 231, 267, 290
  praticando 8, 183, 194

H

humor 8, 165, 171, 172, 174, 285, 289

I

implementação, passos para a 43, 45, 46, 48, 138
influência 17, 18, 27, 54, 158, 197, 262, 300
informações técnicas 255, 256, 259
  apresentando 19, 31, 35, 49, 51, 85, 119, 129, 183, 189, 217, 221, 223, 257, 265, 274, 277, 297
interrupções 110, 111, 112, 114, 181, 247
  estabelecer limites 111, 113, 114
  pessoas difíceis 10, 243, 249

L

linguagem 8, 9, 21, 29, 84, 91, 96, 102, 103, 104, 110, 115, 127, 134, 140, 143, 145, 146, 148, 149, 150, 151, 152, 157, 158, 160, 163, 165, 167, 182, 215, 216, 230, 233, 235, 236, 239, 240, 257, 271, 285, 287, 288, 289, 297
  definida 100, 289
  foco no público 187, 201
  palavras poderosas 149, 150
  perguntas retóricas 158, 159, 160, 235, 289, 298
  preferência auditiva 235, 236, 238
  preferência cinestésica 239, 240, 242
  preferência visual 233, 235, 240
linguagem corporal 29, 91, 96, 127, 165, 215, 216, 230, 235, 257
  contato visual 21, 79, 91, 96, 127, 141, 142, 200, 201, 202, 203, 205, 212, 216, 218, 223, 230, 233, 235, 244, 247, 254, 256, 259, 263, 264, 265, 291, 292
  gestos 20, 163, 216, 223, 224, 225, 229, 230, 233, 254, 258, 292
  postura 27, 127, 128, 129, 158, 215, 216, 219, 220, 221, 222, 225, 226, 227, 230, 292, 297
  sorrir 174, 184, 229, 230, 245, 292
lousas, usar 233, 270, 271, 272, 274, 294
lutar ou fugir 30, 184

M

metáforas 167, 168, 174, 240, 289
metas, identificando 9, 39, 56, 57, 86, 100, 186, 204, 286
microfone 11, 210, 211, 212, 213, 214, 291, 292, 297
modelo Pensar/Sentir/Fazer 52, 54, 56, 57, 61, 105, 123, 286
morte por PowerPoint 25, 162, 251, 252, 253, 272, 293
motivação 100, 101, 102, 186, 299
motivar o público a ouvir
  O que vou ganhar com isso? 103, 104, 105, 110, 131, 143, 287
  preferências 102, 186, 231, 232, 239, 242, 293

N

negociadores 98
nervosismo 29, 30, 31, 32, 34, 35, 36, 37, 55, 63, 124, 183, 184, 185, 186, 187,
    188, 200, 201, 204, 205, 216, 276, 279, 283, 290, 291, 295. *Consulte tam-
    bém* aquecimento
  dicas para 33, 57, 71, 81, 113, 143, 157, 160, 168, 169, 171, 188, 198, 205, 242,
    246, 249, 253, 256, 259, 265, 269, 272, 278, 283, 300

O

objeções, lidando com as 83, 84, 105, 106, 107, 109, 110, 117, 136, 143, 257, 288,
    296
  Determinando as Objeções 107, 108, 109, 143, 288
objetivo, determinar o 42, 43, 45, 46, 47, 48, 49, 50, 55, 56, 57, 61, 75, 76, 80, 84,
    85, 118, 135, 136, 152, 153, 209, 210, 224, 225, 228, 229, 230, 233, 238, 252,
    286, 292
obrigado, evitar 7, 8, 99, 121, 144, 288
O que eu vou ganhar com isso? 66, 100
  padrão de linguagem 102, 103, 104, 110, 115, 143, 287
outras informações 84, 120

P

palco, locais no 11, 31, 35, 167, 197, 217, 222, 223, 227, 228, 262, 276, 285, 297
passado, presente e futuro
  gestos 20, 163, 216, 223, 224, 225, 229, 230, 233, 254, 258, 292
pensamento positivo 36, 183, 188, 290
pergunta essencial 187, 188, 290
perguntas, responder 18, 41, 53, 54, 62, 64, 65, 66, 67, 68, 69, 70, 71, 75, 76, 81,
    83, 84, 109, 110, 112, 113, 114, 118, 119, 124, 125, 126, 127, 129, 130, 131,
    134, 135, 136, 137, 138, 139, 144, 158, 159, 160, 173, 187, 226, 235, 245,
    246, 248, 252, 254, 257, 280, 287, 288, 289, 297, 298, 300
perguntas retóricas 158, 159, 160, 235, 289, 298
perspectiva, expressar a 19, 44, 47, 57, 84, 95, 107, 171, 236, 260, 280, 286

Índice Remissivo

pessoas difíceis, lidar com 10, 243, 249
  reação em cadeia 171
  técnicas para 13, 14, 15, 24, 170
postura 27, 127, 128, 129, 158, 215, 216, 219, 220, 221, 222, 225, 226, 227, 230, 292, 297
  natural 89, 94, 171, 180, 181, 188, 201, 207, 211, 214, 219, 220, 221, 230, 238, 258, 259, 290, 291, 292
  tipos de 30, 41, 50, 64, 86, 104, 105, 106, 122, 203, 204, 228
posturas 127, 219, 221, 225, 227, 233
  calculista 128, 129
  nivelador 227
PowerPoint 14, 20, 25, 27, 29, 32, 33, 51, 55, 61, 73, 74, 79, 118, 162, 170, 224, 230, 233, 240, 251, 252, 253, 255, 259, 261, 272, 292, 293, 298
  canetas laser, usando 267
  controlando 267
  controle remoto, usar 264, 265, 266
  disposição da sala para 275
  morte por 25, 162, 251, 252, 253, 272, 293
  slides eficientes 253
  teoria da carga cognitiva 263, 264
preferência auditiva 235, 236, 238
preferência cinestésica 239, 240, 242
preferência visual 233, 235, 240
preparação 42, 44, 45, 49, 50, 56, 57, 70, 73, 78, 79, 95, 109, 122, 141, 189, 198, 261, 263, 275, 286
  cinco passos 42, 43, 49, 57, 95, 109, 141, 153, 286, 295
  corpo 9, 20, 31, 34, 70, 118, 127, 128, 138, 168, 188, 189, 190, 191, 193, 198, 201, 215, 219, 221, 224, 227, 230, 239, 285, 290, 292, 296
  mente 9, 27, 31, 33, 36, 50, 63, 152, 179, 183, 188, 189, 191, 215, 217, 264, 290, 296
  Passo 1 (identificar o tema) 43, 84, 99, 280
  Passo 2 (decidir a meta) 44, 45, 95, 99, 280
  Passo 3 (determinar o objetivo) 45, 99, 104, 131, 280
  Passo 4 (escrever o discurso principal) 47, 105, 106, 110, 280
  Passo 5 (analisar o público) 50, 110, 117, 122
  respiração 34, 91, 142, 145, 147, 160, 190, 193, 194, 195, 198, 203, 208, 213, 220, 288, 290
  voz 9, 15, 20, 27, 29, 31, 34, 36, 91, 96, 149, 188, 189, 192, 193, 195, 197, 198, 201, 207, 208, 209, 210, 211, 213, 214, 218, 220, 246, 257, 279, 281, 283, 285, 290, 291, 296, 297
público 9, 11, 12, 17, 18, 20, 21, 23, 24, 25, 26, 27, 28, 29, 31, 32, 33, 34, 35, 37, 41, 42, 43, 44, 45, 47, 48, 49, 50, 51, 52, 53, 54, 55, 56, 57, 61, 62, 63, 64, 65, 66, 67, 68, 69, 70, 71, 73, 74, 76, 77, 78, 79, 80, 81, 83, 84, 85, 86, 87, 88, 89, 90, 91, 92, 93, 94, 95, 96, 97, 98, 99, 100, 102, 104, 105, 106, 107, 108, 109, 110,

111, 113, 114, 115, 116, 117, 118, 119, 120, 121, 122, 123, 124, 125, 126, 127, 128, 130, 131, 132, 133, 134, 135, 138, 140, 141, 142, 143, 144, 145, 146, 147, 148, 151, 152, 153, 158, 159, 160, 161, 162, 163, 164, 165, 166, 168, 169, 170, 171, 172, 174, 175, 177, 179, 180, 182, 183, 187, 199, 200, 201, 202, 203, 204, 205, 207, 208, 209, 210, 211, 212, 214, 215, 216, 217, 218, 219, 220, 222, 223, 224, 225, 226, 227, 228, 229, 230, 231, 232, 233, 235, 236, 238, 239, 240, 241, 242, 243, 244, 245, 246, 247, 248, 249, 251, 252, 253, 255, 256, 257, 258, 259, 260, 261, 262, 263, 264, 265, 266, 267, 268, 269, 270, 271, 272, 273, 274, 275, 276, 277, 278, 279, 280, 281, 283, 285, 286, 287, 288, 289, 291, 292, 293, 294, 295, 296, 297, 298, 299, 301

acompanhar e conduzir 96

análise 42, 55, 56, 57, 61, 105, 106, 113, 117, 118, 123, 124, 134, 135, 153, 209, 285, 286, 295

chamado para ação 124, 133

controlar e relaxar 111, 117

entreter 226, 242

estado atual 23, 33, 52, 53, 56, 57, 83, 123, 286

estado desejado 23, 33, 52, 53, 54, 56, 57, 83, 123, 285, 286

influenciar 1, 3, 7, 13, 14, 15, 18, 24, 28, 32, 42, 50, 53, 61, 63, 70, 73, 74, 79, 80, 90, 97, 98, 105, 115, 143, 162, 173, 192, 193, 205, 216, 222, 230, 232, 241, 246, 253, 286, 287, 292, 298

mudança de comportamento. *Consulte também* estado desejado

púlpito, usando 228, 262, 276

R

reação em cadeia 171

recursos visuais 10, 27, 137, 251, 258, 261, 264, 269, 272, 294. *Consulte também* PowerPoint

controlando 267

cores, uso das 140, 254, 268, 270, 271

flipchart 76, 80, 118, 257, 258, 263, 269, 271, 296

folhetos 233, 240, 254, 260, 263, 273, 296

informações técnicas 255, 256, 259

lousa 118, 224, 230, 254, 257, 258, 263, 269, 270, 271, 273, 292, 296

slides de PowerPoint, eficientes 25, 32, 33, 74, 224, 230, 255, 261, 292

referências, apresentando 301

relação 30, 35, 42, 51, 55, 66, 73, 79, 83, 84, 85, 86, 87, 89, 90, 91, 92, 94, 95, 97, 98, 99, 105, 107, 111, 112, 115, 121, 127, 128, 130, 132, 141, 142, 143, 146, 147, 160, 162, 165, 172, 173, 186, 187, 200, 205, 216, 228, 235, 239, 240, 244, 245, 246, 247, 248, 249, 253, 257, 258, 260, 269, 287, 288, 291, 293, 296. *Consulte também* Expandir o Ego

discursos inclusivos 85, 86, 87, 88, 89, 90, 92, 95, 96, 97, 99, 105, 246

Índice Remissivo

estabelecer 50, 55, 66, 79, 85, 90, 91, 95, 97, 98, 107, 111, 113, 114, 121, 127, 143, 146, 173, 186, 200, 203, 216, 228, 230, 232, 233, 235, 239, 240, 241, 249, 251, 282, 287, 292, 293

relaxar 34, 111, 117, 184, 191, 193, 208, 214, 245, 259, 262, 291. *Consulte também* nervosismo

respiração diafragmática 34, 142, 147, 160, 208, 288

roteiro 20, 63, 73, 74, 110, 122, 126, 131, 132, 135, 150, 157, 158, 162, 180, 188, 253, 254, 271, 285, 290

Passo 1 (estabelecer relação) 43, 84, 99, 280

Passo 2 (expressar perspectiva) 43, 84, 99, 280

Passo 3 (motivar a prestar atenção) 43, 84, 99, 280

Passo 4 (lidar com as objeções) 43, 84, 99, 280

Passo 5 (controlar o público) 43, 84, 99, 280

Passo 6 (comunicar os fatos) 43, 84, 99, 280

Passo 7 (implementação dos passos) 43, 84, 99, 280

Passo 8 (outras informações) 43, 84, 99, 280

Passo 9 (resumir) 43, 84, 99, 280

Passo 10 (chamar para uma ação) 43, 84, 99, 280

Passo 11 (abordar as perguntas e respostas) 43, 84, 99, 280

Passo 12 (consequências) 43, 84, 99, 280

Passo 13 (encerrar com chave de ouro) 43, 84, 99, 280

resumo 35, 61, 68, 122, 123, 143, 285, 288

S

sorrir 174, 184, 229, 230, 245, 292

storyboarding 74, 75, 78, 79, 80, 81, 153, 180, 287

4MAT System no 75

benefícios do 78

método 7, 8, 18, 19, 20, 23, 25, 27, 30, 33, 41, 49, 52, 69, 92, 140, 162, 166, 180, 205, 260, 265, 268, 283, 291, 295

T

tema, identificar 7, 43, 44, 45, 46, 47, 48, 49, 50, 56, 57, 80, 105, 115, 135, 168, 172, 174, 238, 257, 286

teoria da carga cognitiva 263, 264

tipo padrão 185, 186

trava-línguas 152, 197, 198, 290

tríade 151, 154, 155, 156, 157, 160, 235, 289, 298

V

você mesmo 28, 31, 207, 221, 258, 259, 261. *Consulte também* eu autêntico

voz 9, 15, 20, 27, 29, 31, 34, 36, 91, 96, 149, 188, 189, 192, 193, 195, 197, 198, 201,

207, 208, 209, 210, 211, 213, 214, 218, 220, 246, 257, 279, 281, 283, 285, 290, 291, 296, 297

ênfase 163, 257

nas apresentações 8, 110, 111, 229, 237, 300

pausas 50, 112, 146, 208, 209, 214, 237, 238, 291

tom 195, 207, 208, 214, 215, 235, 291

velocidade 96, 101, 102, 207, 208, 214, 235, 291